职业教育·道路运输类专业教材

合同管理

(第2版)

刘三会　何少平　主　编
周　直（重庆交通大学）　主　审

人民交通出版社股份有限公司
China Communications Press Co.,Ltd.

内 容 提 要

本书为职业教育道路运输类专业教材,主要内容包括:第一章绪论、第二章合同法律基本知识、第三章公路工程招标投标、第四章国内工程项目合同管理、第五章合同管理。

本书对 FIDIC 条款《土木工程施工合同条件》(通用条款)、中华人民共和国招标投标法(2017年12月27日修正)、工程建设项目施工招标投标办法(2013年4月修订)的相关内容链接了二维码数字资源,方便师生拓展学习。书后附录还增加了近年监理工程师合同管理考试题及答案。

本书可作为各类职业教育道路桥梁工程技术专业、工程监理专业等交通土建类专业教材,也可供有关工程技术人员学习参考,同时,也可以作为监理工程师合同管理考试辅导用书。

图书在版编目(CIP)数据

合同管理/刘三会,何少平主编. —2版. —北京:人民交通出版社股份有限公司,2018.8
ISBN 978-7-114-14796-8

Ⅰ.①合… Ⅱ.①刘… Ⅲ.①道路工程—经济合同—管理—高等职业教育—教材 Ⅳ.①U415.1

中国版本图书馆 CIP 数据核字(2018)第 124297 号

职业教育·道路运输类专业教材

书　　名:	合同管理(第2版)
著 作 者:	刘三会　何少平
责任编辑:	刘　倩
责任校对:	刘　芹
责任印制:	张　凯
出版发行:	人民交通出版社股份有限公司
地　　址:	(100011)北京市朝阳区安定门外外馆斜街3号
网　　址:	http://www.ccpress.com.cn
销售电话:	(010)59757973
总 经 销:	人民交通出版社股份有限公司发行部
经　　销:	各地新华书店
印　　刷:	北京印匠彩色印刷有限公司
开　　本:	787×1092　1/16
印　　张:	13.5
字　　数:	319千
版　　次:	2006年9月　第1版 2018年8月　第2版
印　　次:	2021年12月　第2版　第3次印刷　总第12次印刷
书　　号:	ISBN 978-7-114-14796-8
定　　价:	38.00元

(有印刷、装订质量问题的图书由本公司负责调换)

第2版 前·言 Preface

目前,合同管理已成为我国工程建设管理的主要方式,是业主(招标人)缩短工期、保证质量、节约投资的重要手段,同时也是监管部门防止腐败、减少行政干预、保护国家和社会公众利益的有效工具。因此,合同管理已成为一项程序性、法律性、政策性很强,社会关注度很高的工作。

工程建设目标的实现更多的是通过合同实施来完成的。因此,合同管理应成为项目管理的核心。要规范合同管理,就必须让已从事和有志于从事这项工作的人员具有这方面的知识和技能。为此,2006年,人民交通出版社组织编写了《合同管理》第一版。

第一版《合同管理》自出版10余年来,受到广大读者的好评,并多次重印。但随着时间的推移,许多法律规范都落后于时代。为了更好地为广大读者服务,2018年4月,山西交通职业技术学院刘三会、湖北交通职业技术学院何少平老师对全书相关内容进行了修正,并特别邀请重庆交通大学周直教授担任本书主审。新版教材根据最新的标准规范进行编写,附录内容增加了2015年、2016年监理工程师合同管理考试题及答案,增强了内容的实用性。

由于作者水平有限,错误和疏漏在所难免,敬请各位读者批评指正。

编　者

2018年4月

前·言 Preface 第1版

为了确保迅猛增长的公路建设市场健康有序发展,维护市场的公平和效率,我国陆续出台了一系列法律法规来规范市场主体和监管部门的行为。本教材所描述的就是公路建设中亟须的合同管理方面的内容。

目前,合同管理已成为我国公路建设管理的主要方式,已成为业主缩短工期、保证质量、节约投资的重要手段;成为监管部门防止腐败、减少行政干预、保护国家和社会公众利益的有效工具。因此,合同管理工作已成为一项程序性、法律性、政策性很强,社会关注度很高的工作。

公路工程建设目标的实现更多的是通过合同实施来完成。因此,合同管理应成为项目管理的核心。由于公路工程项目的特殊性,需要通过工程变更等这些特殊的形式来完善项目功能,提升项目价值;通过施工索赔(反索赔)这种合同履行过程中的正常现象来促进合同履行,维护当事人的合法权益等等。

基于以上认识,我们认为,要规范合同管理,就必须让已从事和有志于从事这项工作的人员具有这方面的知识和技能。为此,我们根据最新的法律法规,并结合2006年交通部监理工程师执业资格考试《合同管理大纲》,编写了本书。

本书由刘三会、何少平编写,刘三会编写第一章、第二章、第三章、第五章(1、2、3、4节);何少平编写第四章、第五章(5、6节)。全书由刘三会统稿。全国交通土建高职高专规划教材编审委员会特邀重庆交通大学周直教授担任本书主审。

本书在编写过程中,查阅和检索了许多信息、资料,尤其是2006年4月在贵阳召开的审稿会议上,贵州省高速公路建设开发总公司总工程师马珍先生、人民交通出版社 卢仲贤 编审及各位专家提出了非常好的建议,在此向相关人员一并致谢。

由于作者水平有限,错误和疏漏在所难免,敬请各位读者批评指正。

编 者
2006 年 7 月

目 录
Contents

第一章 / 绪论 ········· 001
   第一节　合同的概念及合同法律关系 ········· 001
   第二节　合同的起源和发展 ········· 004
   第三节　合同管理相关的主要法规 ········· 006
   思考题 ········· 008

第二章 / 合同法律基础知识 ········· 009
   第一节　合同概述 ········· 009
   第二节　合同的订立 ········· 011
   第三节　合同的代理与生效 ········· 018
   第四节　合同的履行 ········· 022
   第五节　合同的担保、鉴证与公证 ········· 026
   第六节　合同的变更、转让和终止 ········· 031
   第七节　合同纠纷的处理 ········· 034
   思考题 ········· 036

第三章 / 公路工程招标投标 ········· 038
   第一节　招标投标概述 ········· 038
   第二节　公路工程施工招标 ········· 039
   第三节　公路工程施工投标 ········· 077
   思考题 ········· 084

第四章 / 国内工程项目合同管理 ········· 085
   第一节　工程项目合同管理概述 ········· 085
   第二节　公路施工承包合同管理 ········· 088
   第三节　公路施工监理合同管理 ········· 097

  第四节 工程项目其他相关合同管理 …………………………………… 104
  思考题 …………………………………………………………………… 117

第五章 / 合同管理的主要内容 ……………………………………………… 118
  第一节 工程风险的管理 ………………………………………………… 118
  第二节 工程分包的管理 ………………………………………………… 129
  第三节 工程变更的管理 ………………………………………………… 138
  第四节 工程延期的管理 ………………………………………………… 147
  第五节 费用索赔的管理 ………………………………………………… 153
  第六节 违约与争端的处理 ……………………………………………… 178
  思考题 …………………………………………………………………… 184

附录一 / 2015 年监理工程师合同管理考试题及答案 …………………… 185

附录二 / 2016 年监理工程师合同管理考试题及答案 …………………… 196

参考文献 ………………………………………………………………………… 207

第一章 绪 论

第一节 合同的概念及合同法律关系

一、合同的概念

合同也称为契约。根据一些学者的考证,在我国,合同一词早在两千五百多年前即已存在,但一直未被广泛采用。中华人民共和国成立以前,著作中都使用"契约"而不使用"合同"一词,自20世纪50年代初期至今,我国除台湾外,立法和司法实践主要采用的是"合同"而不是"契约"的概念。

合同的含义十分广泛,凡是一切确立权利义务关系的协议都可以叫作合同,所以合同又有广义和狭义之分。广义的合同,是指当事人以确立权利义务为内容的协议。它几乎在各部门法中都有表现,如行政法律、法规、规章中就规定了一些行政合同。狭义的合同则仅指民法上的合同,又称民事合同。《中华人民共和国合同法》(以下简称《合同法》)规定:"合同是平等主体的自然人、法人、其他组织之间设立、变更、终止民事权利义务关系的协议。"按照该条规定,凡民事主体之间设立、变更、终止民事权利义务关系的协议都是合同,而同属民事法律领域的婚姻、收养、监护等有关身份关系的协议,以及其他法律性质的协议,适用其他法律的规定。

根据我国《合同法》的规定,合同具有以下法律特征:

(1)合同是一种民事法律行为。民事法律行为,是指以"意思表示"为要素,依其意思表示的内容而引起民事法律关系设立、变更和终止的行为。合同是合同当事人意思表示的结果,是以设立、变更、终止财产性的民事权利义务为目的,且合同的内容即合同当事人之间的权利义务是由意思表示的内容来确定的。因此,合同是一种民事法律行为。

(2)合同是一种双方或多方共同的民事法律行为。合同是两个或两个以上的民事主体在平等自愿的基础上互相或平行做出意思表示,且意思表示一致而达成的协议。

(3)合同是以在当事人之间设立、变更、终止财产性的民事权利义务关系为目的的。首先,合同当事人签订合同的目的,在于各自的经济利益或共同的经济利益,因而合同的内容为当事人之间财产性的民事权利义务;其次,合同当事人为了实现或保证各自的经济利益或共同的经济利益,会以合同的方式来设立、变更、终止财产性的民事权利义务关系。

(4)订立、履行合同,应当遵守法律、行政法规。这其中包括:合同的主体必须合法,订立合同的程序必须合法,合同的形式必须合法,合同的内容必须合法,合同的履行必须合法,合同的变更、解除必须合法等。

(5)合同依法成立,即具有法律约束力。所谓法律约束力,是指合同的当事人必须遵守合同的规定;如果违反,就要承担相应的法律责任。合同的法律约束力主要体现在以下两个方面:一是不得擅自变更或解除合同;二是违反合同应当承担相应的违约责任。

二、合同法律关系

合同法律关系,是指由合同法律规范调整的当事人在民事流转过程中形成的权利义务关系。

合同法律关系同其他法律关系一样,都由主体、客体和内容三个不可缺少的部分组成,这三个部分又被称为法律关系的构成要素。

(一) 主体

合同法律关系的主体,是指具有合同法律关系,依法享有权利,承担义务的当事人。具体又分为自然人、法人、其他组织3种。

1. 自然人

自然人是指基于自然规律而产生的一切具有生命形式的人。自然人作为合同法律关系的主体,应当具有相应的民事权利能力和民事行为能力。所谓民事权利能力,是指民事主体具有参加具体的民事法律关系,享有具体的民事权利,承担具体的民事义务的前提条件。自然人的权利始于出生,终于死亡,是国家法律直接赋予的。所谓民事行为能力,是指民事主体以自己的行为参与民事法律关系,进而取得享受民事权利和承担民事义务的资格。并不是所有自然人都具有民事行为能力,根据不同年龄和精神健康状况,自然人可分为完全民事行为能力人、限制民事行为能力人和无民事行为能力人。

2. 法人

我国《民法通则》规定,所谓法人是与自然人对称的另一类民事主体,是具有民事权力能力和民事行为能力,依法独立享有民事权利和承担民事义务的组织。法人是指按照法定程序成立,设有一定的组织机构,拥有独立的财产或独立经营管理的财产,能以自己的名义在社会经济活动中享有权利和承担义务,并能在法院起诉和应诉的社会组织。

法人在法律上又称为"拟制人"。作为一个社会组织,必须具备法定条件才能成为法人。法人应具备以下4个条件:

(1)依法成立。得到国家机关的登记、注册和认可。企业法人的注册机关是国家工商行政机关;事业法人的注册机关是上级政府主管机关。

(2)有独立支配的财产和经费。这是保证法人能独立进行经济活动、承担民事责任的物质基础。法人没有独立支配的财产,或者法人从事超出自己财产范围之外的生产经营活动,不利于市场经济秩序的稳定。

（3）有自己的名称和组织机构。企业在办理法人登记时，要申明自己的法人名称、组织机构、联系地址、开户银行等。

（4）能够独立承担民事义务和进行诉讼活动。即法人对自己的法律行为所产生的法律后果承担全部法律责任，如签订经济合同，在经营管理中出现了亏损，以及在经济活动中欠下债务等，都要由法人负责。

我国确立法人制度的意义主要表现在以下3个方面。首先，实行法人制度，有利于加深改革和落实政企分开、两权分离的经济体制，保证具有法人条件的各种社会组织独立地享有民事权利和承担民事义务，以利于增强企业活力，搞活整个国民经济。其次，法人制度有利于维护社会主义经济秩序，加速社会主义市场经济的发展。再次，实行法人制度，可以保障市场经济即法制经济的健康发展。国家主管机关和工商行政管理机关通过审批、核准、登记等法定程序，确认法人的法律地位、权利能力和行为能力；依法监督法人的各种活动，保护其合法权益，并制止或制裁其违法行为，以保障社会主义市场经济秩序正常运行。

法人作为"人格化"的经济法律关系的主体，依法也应具有权利能力和行为能力。所谓法人的权利能力，是指法律赋予法人参与经济活动时，依法享有经济权利和承担经济义务的资格。例如，企业法人的权利能力，表现为其经营活动只能根据依法登记的营业范围进行，不得擅自超越或违反，否则，不受法律保护。所谓法人的行为能力，是指法人能以自己的行为参与经济活动，依法享有经济权利和承担经济义务，进而引起经济法律关系发生、变更、终止的资格。法人的行为能力由法人领导机构或法定代表人行使。法人实行集体负责制的，由管委会或董事会行使；实行单一负责制的，由厂长、经理等法定代表人行使。

3. 其他组织

其他组织是指依法成立，不具备法人资格，但能以自己的名义参与民事活动的经济实体或法人的分支机构等社会组织。

（二）客体

合同法律关系的客体，是指法律关系主体的权利和义务所指向的对象。在法律关系中，主体之间的权利义务之争总是围绕着一定的对象所展开的，没有一定的对象，也就没有权利义务之分，当然也就不会存在法律关系了。合同法律关系客体包括行为、财、物、智力成果4种。所谓行为，这里是指人们在主观意志支配下所实施的具体活动，包括作为和不作为，如义务人向权利人支付一定的货币，交付一定的物，完成一定的工作，提供一定的劳务等；还包括权利人对其所有物的支配行为。所谓财，一般是指货币资金，也包括有价证券，它是生产和流通过程中停留在货币形态上的那部分资金，如借款合同的信贷资金。所谓物，是指可为人们控制，具有使用价值和经济价值的生产资料和消费资料。这里所说的物即是合同中的标的，其种类和范围均由法律加以规定。所谓智力成果亦称非物质财富，它是指脑力劳动的成果，如专利权、商标权和著作权等。

（三）内容

合同法律关系的内容主要是权利与义务。

所谓权利,是指权利主体依据法律规定和约定,有权按照自己的意志做出某种行为,同时要求义务主体做出某种行为或者不得做出某种行为,以实现其合法权益。当其权利受到侵犯时,法律将予以保护。一方面,权利受到国家保护,如果一个人的权利因他人干涉而无法实现或受到了他人的侵害时,可以请求国家协助实现其权利或保护其权利;另一方面,权利是有行为界限的,超出法律规定,非分的或过分的要求就是不合法的或不被视为合法的权利。权利主体不能以实现自己的权利为目的而侵犯他人的合法权利或侵犯国家和集体的利益。

所谓义务,是指义务主体依据法律规定和权利主体的合法要求,必须做出某种行为或不得做出某种行为,以保证权利主体实现其权益,否则要承担法律责任。一方面,义务人履行义务是权利人享有权利的保障,所以,法律规范都针对保障权利人的权利规定了具体的法律义务,尤其是强制性规范,更是侧重对义务的规定,而不是对权利的规定;另一方面,法律义务对义务人来说是必须履行的,如果不履行,国家不但要依法强制执行,因不履行造成后果的,还要追究其法律责任。

第二节 合同的起源和发展

一、国外合同的起源和发展

1. 合同的起源

合同于公元前18世纪就已经在汉谟拉比法典《石柱法》中初见端倪。古代《罗马法》最早采用合同的形式,把商品交换关系固定下来,使合同双方形成了一定的债权、债务关系,并用债的法律形式保障义务的履行。《罗马法》在初期对合同的形式极为重视,签订合同必须经过规定的方式才能发生法律效力,如果合同的术语和运作方式遗漏了任何一个细节,都会导致整个合同的无效。这种烦琐的形式也影响了商品交换的发展。

随着合同理论的进步,《罗马法》逐步克服了缔约中的形式主义,排除了由于合同形式上的缺陷而被否定的危险。合同制度的充分发展,可以说是资本主义商品经济高度发展的结果。

《法国民法典》明确规定了"契约为一种合意",并把"负担义务的当事人的同意"列为契约有效成立的主要条件之首位。《法国民法典》在《罗马法》的基础上,总结了合同所产生之债的特征,根据商品经济的需要,从"契约或合意之债"的一般规定,到买卖、借贷、租赁、合伙、互易、寄托等各种合同,均设专章做了具体规定。其中有关合同的条文占全部法典的1/3以上,这些规定对资本主义国家,特别是对大陆法系国家的合同制度具有重要的影响。

2. 合同制度的发展

随着商品经济的发展,契约自由的原则逐渐得到资本主义国家法律的普遍确认。在18世纪和19世纪,西方各国强调权利本位,实行契约自由,促进了资本主义市场经济的发展。进入20世纪以来,西方的法律价值观也在发展,开始了从权利本位向社会本位的过渡。在强调契约自由的同时,采取国家适当调控的方式,特别注重经济发展、社会进步与合同制度完善之间的统一和协调。

从1803年3月15日开始到1804年3月30日,陆续分篇章以单行法形式公布的世界上第一部民法典——《法国民法典》中,有1/3的条文与合同有关。该法典的第1101条规定:"契约,为一人或数人对另一人或另数人承担给付某物、做或不做某事的义务的合意。"它对契约和合意之债所做规定的影响和意义与法典本身一样,在民法发展史上占有重要地位。

英国是一个实行判例法的国家,在中世纪的英国法律中,并没有形成合同的概念。最初出现的,只有所谓诺言之诉,即受诺人请求法院强制执行违背其诺言的诺言人曾做出的诺言的诉讼。在15世纪和16世纪,英国普通法院创建了执行诺言的法律准则。18世纪英国法院的法官是英国契约法的直接创造者。他们大多崇尚自然法理论,主张法律不应限制人们缔约的权利,也不应以主持公道为借口对当事人加以干涉。英国的这种古典的契约自由的概念包含两层意思:一是契约以协议为基础;二是契约自由是自由选择的产物。如果说契约自由法则是英国契约法实现"从身份到契约"的第一次飞跃,那么对价理论则构成了英国整个契约法的核心。20世纪以来,英国契约制度也在不断更新,如广泛采用格式合同;议会通过了《不公平合同条款法》;在违约补救方面,除继续使用普通法上的补救制度外,加大了平衡法补救制度的实施力度,特别是实行禁止令、撤销和返还等制度,保证贯彻公平主义原则和保障社会公益。

美国法律是英国法律的继承和发展。美国也是一个判例法国家,其合同法主要由判例法构成。整个19世纪,被历史学家视为契约的世纪,美国在此时期形成了维护私人缔约自由权的合同法律制度。进入20世纪以来,美国的合同法也在不断改进。1952年通过并在以后多次修订的《统一商法典》,是一部全面涉及商事交易和合同制度的法典,它在对各种商事契约的对价制度的适用、效力的认定和不履行后果的承担等方面,制定了对交易中提供特别保护以及维护社会公益等一系列新的合同制度规则。

二、我国合同的起源和发展

1. 合同的起源

在我国,合同制度也有着悠久的历史。早在《礼仪·乐书篇》就有"流而不息,合同而化,而乐兴焉"的记载。我国古代对具有合同形式的文书有很多名称,如傅别、约剂、质剂、质券、质要等。《周礼·天官·小宰》中记载:"听称责以傅别。"东汉郑玄在其所著《礼记注》中对此话做了解读,即我国古代不论是合同,还是具有合同性质的契约、券书,都具有法律特征。唐代孔颖达所著《礼仪正义》中记载:"谓断争财之狱,用券契正定之。"郑玄在《礼仪注》中也有:"听讼责者券书决之"的记载。唐代杨倞在《荀子注》中说:"质律,质剂也。可以为法,故言质律也。"

综上所述,我国古代的借贷、贸易等当事人双方都要签订合同或具有合同性质的券书,在履行合同过程中,一旦发生纠纷,需要诉讼,官方在判案时,确定各方责任,都需要以合同作为依据。

2. 合同制度的发展

1949年以后,国家有关部门颁发了一些涉及合同的规范性文件。1950年,中央人民政府政务院财政经济委员会颁发了《机关、国营企业、合作社签订合同契约暂行办法》,贸易部也颁发了《关于认真订立与严格执行合同的决定》。1951年,中央财政经济委员会提出了基本建设工程必须推行合同制,遂引进了苏联基本建设委员会制定的《基本建设条款》(合同文本)。这一切都表明我国已初步确立了合同管理制度。但是,由于我国当时正处于计划经济体制下,一切经济活动都受政府计划的制约,缺乏有关合同法律、法规,因此合同制度未能得到贯彻和完善。

改革开放以来,我国逐步实行了有计划的社会主义市场经济,各项法律制度在不断地建立健全,各项事业的管理也逐步纳入法制的轨道,开始依法治国。1981年,全国人民代表大会通过了《中华人民共和国经济合同法》,以后,又陆续颁发了《中华人民共和国技术合同法》《中华人民共和国涉外经济合同法》等。配合这些法律的贯彻实施,国务院先后制定了一些实施细则、管理条例等,国家工商行政管理机关和最高人民法院分别从合同管理和合同纠纷案件处理的角度颁发了一系列规范性文件和司法解释,对保护合同当事人的合法权益,维护社会经济秩序,促进社会主义现代化建设,发挥了巨大的作用。

1999年,九届全国人大二次会议通过的《中华人民共和国合同法》既符合我国国情,又借鉴了国外合同法的先进经验,是我国合同法制建设史上的一个里程碑。

第三节 合同管理相关的主要法规

改革开放以来,我国合同管理相关法律、法规也经历了一个逐步完善的过程。与合同管理相关的法律、法规主要有以下几个。

一、《中华人民共和国合同法》

1999年3月15日,第九届全国人大第二次会议通过了《中华人民共和国合同法》(以下简称《合同法》),于1999年10月1日起施行,从该日起,《中华人民共和国经济合同法》《中华人民共和国涉外经济合同法》《中华人民共和国技术合同法》同时废止。《合同法》中除对合同的订立、效力、履行、变更和转让、合同权利义务的终止、违约责任等有规定外,还载有关于买卖合同,供水、电、气、热力合同,赠予合同,信贷合同,租赁合同,融资租赁合同,承揽合同,建设工程合同,运输合同,技术合同,保管合同,仓储合同,委托合同,行纪合同和居间合同等的具体规定。

二、《中华人民共和国招标投标法》

1999年8月30日,第九届全国人大常务委员会第十一次会议通过了《中华人民共和国招标投标法》(以下简称《招标投标法》),于2000年1月1日起施行。该法包括招标、投标、开标、评标和中标等内容,其制定目的在于规范招标投标活动,保护国家利益、社会公共利益和招标投标活动当事人的合法权益,提高经济效益及保证工程项目质量等。2017年12月27日,第十二届全国人民代表大会常务委员会第三十一次会议修正,具体内容见本章末01二维码资源。

三、《中华人民共和国仲裁法》

1994年8月31日,第八届全国人大常务委员会第九次会议通过了《中华人民共和国仲裁法》(以下简称《仲裁法》),于1995年9月1日起施行。其制定目的在于保证公正、及时地仲裁经济纠纷,保护当事人的合法权益及保障社会主义市场经济的健康发展。《仲裁法》的主要内容包括关于仲裁协会及仲裁委员会的规定,仲裁协议,仲裁程序,仲裁庭的组成、开庭和裁决,申请撤销裁决,裁决的执行以及涉外仲裁的特殊规定等。

四、《合同鉴证办法》

1997年11月3日,国家工商行政管理局第80号令公布了《合同鉴证办法》。鉴证是工商行政管理机关审查合同真实性及合法性的一种监督管理制度,以减少合同争议和违法合同,保护当事人的合法权益,并提高履约率。

五、《中华人民共和国公证条例》

国务院1982年4月13日发布了《中华人民共和国公证条例》。公证是国家公证机关根据当事人的申请,以及有法律意义的文书和事实的真实性、合法性,依法证明其法律行为,以保护公共财产,保护公民身份、财产的权利和合法利益。

六、《中华人民共和国担保法》

1995年6月30日,第八届全国人大常务委员会第十四次会议通过了《中华人民共和国担保法》,自1995年10月1日起施行。该法旨在促进资金融通和商品流通,保障债权的实现,以发展社会主义市场经济,并规定了保证、抵押、质押、留置和定金等担保方式。建设工程合同管理中的有关各种担保基金及争端的处理均应依据该法。

七、《中华人民共和国保险法》

1995年6月30日,第八届全国人大常务委员会第十四次会议通过了《中华人民共和国保险法》,自1995年10月1日起施行。该法旨在规范保险活动,保护保险活动当事人的合法权益,以加强对保险业的监督管理,促进保险业的健康发展,并对保险合同(包括财产保险合同和人身保险合同)做了规定。

八、《中华人民共和国安全生产法》

2002年6月29日,第九届全国人大常务委员会第二十八次会议通过了《中华人民共和国安全生产法》,自2002年11月1日起施行。该法旨在加强安全生产监督管理,防止和减少生产安全事故,保障人民群众生命和财产安全,促进经济发展,并对生产经营单位的安全生产保障,从业人员的权利和义务,安全生产的监督管理,生产安全事故的应急救援与调查处理以及相关的法律责任做了规定。

九、FIDIC 条款《土木工程施工合同条件》

FIDIC 是国际咨询工程师联合会(Fédération Internationale Des Ingénieurs Conseils 的法文缩写,中文音译为"菲迪克"。这一独立的国际组织,于 1913 年由欧洲 5 国独立的咨询工程师协会在比利时根特成立,是国际上最有权威的被世界银行认可的咨询工程师组织。目前,FIDIC 的成员来自于全球各个地区的六十多个国家。

FIDIC 下设许多专业委员会,制订了许多建设项目管理规范与合同文本,已为联合国有关组织和世行、亚行等国际金融组织以及许多国家普遍承认和广泛采用。公路行业现行 FIDIC 条款《土木工程施工合同条件》只是其中之一。它是由国际咨询工程师联合会和欧洲建筑工程联合会,在英国土木工程师学会的合同条款基础上,于 1957 年制定出版发行的,由通用条件、专用条件两部分组成,分别于 1965 年、1977 年、1988 年、1999 年、2017 年进行了修订。它是世界各国土木工程建设百年来管理经验的总结,科学的把国际工程技术、管理、经济、法律有机的结合在一起,用合同的形式把它们固定下来,详细规定了业主、承包人、监理工程师各方的权利、义务和责任,是各国通用的规范性文件。FIDIC 合同条款《土木工程施工合同条件》(通用条件)见本章末 02 二维码资源。

十、《工程建设项目施工招投标办法》

2013 年 4 月,国务院交通运输部、住房与建设部等七部委发布 30 号令,发布《工程建设项目施工招投标办法》,于 2013 年 5 月 1 日起施行。该法包括工程建设项目的招标、投标、开标、评标、定标、法律责任等内容,其制定目的在于规范工程建设项目的招标投标活动,使工程施工招标投标活动遵循公开、公平、公正和诚实信用的原则进行,并特别说明施工招标投标活动不受地区或者部门的限制。依照《国务院办公厅印发国务院有关部门实施招标投标活动行政监督的职责分工意见的通知》,根据各地规定的职责分工,对工程施工招标投标活动实施监督,依法查处工程施工招标投标活动中的违法行为,保护国家利益、社会公共利益和招标投标活动当事人的合法权益。《工程建设项目施工招投标办法》见本章末 03 二维码资源。

01 二维码-中华人民共和国招标投标法(2017 年 12 月 27 日修正)

02 二维码-FIDIC 条款《土木工程施工合同条件》(通用条款)

03 二维码-工程建设项目施工招标投标办法(2013 年 4 月修订)

1. 什么是合同?其法律特征是什么?
2. 什么是合同法律关系?
3. 什么是合同的主体、客体、内容?
4. 我国与合同管理相关的主要法规有哪些?
5. 合同法主要有哪些内容?

第二章 CHAPTER TWO
合同法律基础知识

第一节 合同概述

一、合同的基本原则

《合同法》在总则部分规定了合同要遵循以下基本原则：

(1) 平等原则。合同当事人法律地位一律平等，一方不得将自己的意志强加给另一方，各方应在权利义务对等的基础上订立合同。

(2) 自愿原则。自愿是贯彻合同活动整个过程的基本原则。当事人依法享有自愿订立合同的权利，任何单位和个人不得非法干预。自愿是活动准则，而前提是依法，即在不违反强制性法律规范和社会公共利益的基础上，当事人可自愿地进行合同法律行为。

(3) 公平原则。当事人应当遵循公平原则确定各方的权利和义务。任何当事人不得滥用权力，不得在合同中规定显失公平的内容；要根据公平原则确定风险的承担，确定违约责任的承担。

(4) 诚实信用原则。合同法规定，当事人行使权利、履行义务应当遵循诚实信用原则。当事人应当诚实守信，善意地行使权利、履行义务，不得有欺诈等恶意行为。在法律、合同未做规定或规定不清的情况下，要依据诚实信用原则来解释法律和合同，平衡当事人之间的利益关系。

(5) 守法、不损害社会公共利益原则。当事人订立、履行合同，应当遵守法律、行政法规，尊重社会公德，不得扰乱社会经济秩序，损害社会公共利益。

二、合同的分类

根据不同的标准，可将合同分为不同的种类。合同的分类有助于当事人正确地理解法律，订立和履行合同，有助于正确地适用法律，处理合同纠纷，还可对合同法律的完善起到促进作用。通常，对合同可做以下分类。

1. 有名合同与无名合同

根据法律是否规定了一定合同名称,可以将合同分为有名合同与无名合同。

有名合同,又称典型合同,是指在立法上规定有确定名称与规则的合同。如《合同法》在分则中规定的买卖合同、赠予合同、借款合同、租赁合同等各类合同。

无名合同,又称非典型合同,是指在立法上尚未规定有确定名称与规则的合同。根据"合同自由"的原则,合同当事人可以自由决定合同的内容。

这种分类的意义在于两种合同的法律适用不同。对于有名合同,可直接适用《合同法》中关于该种合同的具体规定。对于无名合同,则只能在适用《合同法》总则中规定的一般规则的同时,参照该法分则或者其他法律中最相类似的规定执行。

2. 单务合同与双务合同

根据合同当事人是否互相享有权利、负有义务,可将合同分为单务合同与双务合同。单务合同是指仅有一方当事人承担义务的合同,如赠予合同。双务合同是指双方当事人相互享受权利、承担义务的合同,如买卖合同、承揽合同、租赁合同等。这种分类的法律意义在于,两种合同义务承担的内容不同,因而它们的法律适用也不同,如在单务合同履行中不存在同时履行抗辩权等问题。

3. 有偿合同与无偿合同

根据合同当事人是否为从合同中得到的利益支付代价,可将合同分为有偿合同与无偿合同。有偿合同是指当事人为从合同中得到利益要支付相应代价的合同,如买卖合同。无偿合同是指当事人不需为从合同中得到的利益支付相应代价的合同,如赠予合同。

4. 诺成合同与实践合同

根据合同是自当事人意思表示一致时成立,还是在当事人意思表示一致后,仍需有卖标交付标的物的行为才能成立,可将合同分为诺成合同与实践合同。诺成合同是在当事人意思表示一致时即告成立的合同。实践合同是在当事人意思表示一致后,仍需有实际交付标的物的行为才能成立的合同。通常,确认某种合同是否属于实践合同除根据商务惯例外,还应有法律明确规定。

5. 要式合同与不要式合同

根据法律是否要求合同必须符合一定的形式才能成立,可将合同分为要式合同与不要式合同。要式合同是必须按照法律规定的特定形式订立方可成立的合同。不要式合同是法律对合同订立未规定特定形式的合同。通常,合同除有法律特别规定外,均属不要式合同。

6. 主合同与从合同

根据合同是否须以其他合同的存在为前提而存在,可将合同分为主合同与从合同。主合同是无须以其他合同存在为前提即可独立存在的合同。从合同是必须以其他合同的存在为前提才可存在的合同。从合同因为不能独立存在,所以又被称为附属合同。主合同的成立与效力直接影响从合同的成立与效力。

第二节 合同的订立

一、合同的内容与形式

1. 合同的内容

合同的内容,即合同当事人订立合同的各项具体意思表示,具体体现为合同的各项条款。根据我国《合同法》的规定,在不违反法律强制性规定的情况下,合同的内容由当事人约定,一般包括以下条款:

(1)当事人的名称或者姓名和住所。自然人应写明姓名与住址,法人或组织要写明名称及单位所在地,以便双方联系。

(2)标的。即合同中当事人双方权利和义务共同所指的对象。由于合同的种类不同,标的也不相同。标的,可以是货物、劳务活动、智力成果等,也可以是某种工程。比如,勘察设计合同的标的是提供的勘察设计资料;公路工程施工承包合同的标的是公路工程项目等。没有标的的合同是不存在的。标的不明确,会给合同的履行带来严重的影响。

(3)数量。所谓数量是对合同标的的具体化,是衡量标的大小、多少、轻重的尺度。注意不仅要采用统一的计量单位,还要做到计量标准化、规范化。

(4)质量。标的的质量和数量一样也是对合同标的的具体化。它是合同的主要内容,是合同当事人履行权利与义务优劣的标准。比如,在公路工程施工承包合同中,用"工程量清单""技术规范""图纸"等文件来明确规定标的的数量和质量。

(5)价款或报酬。价款或报酬统称为"价金"。所谓价款或报酬,是指合同当事人一方向交付标的物的另一方支付的以货币为表现形式的代价。在以货物为标的的合同中,这种代价称为价款;在以劳务、智力成果为标的的合同中,这种代价称为报酬。标的物的价格,由当事人双方协商确定,或通过招标确定。

(6)履行期限、地点和方式。履行期限是指履行经济合同标的和价金的时间界限。合同的履行期限并不等于有效期限,合同有效期是指合同生效之日起至合同中当事人的权利和义务终结的时间,有时合同履行期限结束了,合同依然有效。例如,公路工程施工承包合同的有效期并不等于合同工期,合同工期结束了,但承包合同依然有效,合同关系依然存在。所以,如承包人未按时完工,业主可依据合同对其扣留违约金。履行地点是交付或提取标的物的地方。在公路工程施工承包合同中,履行地点为公路工程项目所在地。履行地点也应该明确,否则易产生合同纠纷。履行方式,是指当事人采用什么方式履行合同义务;合同的履行方式,首先取决于标的的性质。不同性质的标的,有不同的履行方式,但无论采用什么方式都必须明确规定是一次履行还是分期、分批履行,是当事人自己履行还是由他人代为履行等。如公路工程施工承包合同中,通常应将转让和分包问题、分段移交问题等在合同中做出明确规定。履行方式包括标的的交付方式和价金的结算方式。在价金结算过程中,除国家允许用现金履行义务外,必须通过银行转账结算,且应以人民币形式支付。

(7) 违约责任。违约责任,指由于当事人一方或双方,自身的过错而造成合同不能履行或不能完全履行时,责任方必须承担的责任。规定违约责任,一方面可以促使当事人按时、按约履行合同义务;另一方面又可以对当事人的违约行为进行制裁,以弥补守约一方因对方违约造成的损失。

(8) 解决争议的方法。若合同当事人在履行合同过程中发生争议,解决争议的方法是首先通过协商解决,协商不成,可以调解或仲裁、诉讼。

为使合同能够订立得更加严谨,以保护当事人的权益,当事人可以参照各类合同的示范文本订立合同。

当事人对合同条款的理解存在争议的,应当按照合同所使用词句、合同的有关条款、合同的目的、交易习惯以及诚实信用原则,确定该条款的真实意思。合同文本采用两种以上文字订立,约定具有同等效力的,对各文本使用的词句推定具有相同含义;各文本使用的词句不一致的,应当根据合同的目的予以解释。

涉外合同的当事人可以选择处理合同争议所适用的法律,法律另有规定的除外。涉外合同的当事人对此没有选择的,适用与合同有最密切联系的国家的法律。在中华人民共和国境内履行的中外合资经营企业合同、中外合作经营企业合同、中外合作勘探开发自然资源合同,《合同法》规定,适用中华人民共和国法律。

在合同的订立中,要注意格式条款的适用问题。格式条款是当事人为了重复使用而预先拟定,并在订立合同时未与对方协商的条款。格式条款的适用可以简化签约程序,加快交易速度,减少交易成本。但是,由于格式条款是由一方当事人拟订,且在合同谈判中不容对方协商修改,双方地位实际上并不平等,其条款内容难免有不够公平之处。所以《合同法》对其适用性做了特别规定,以保证另一方当事人的合法权益。《合同法》第39条规定,采用格式条款订立合同的,提供格式条款的一方应当遵循公平原则,确定当事人之间的权利和义务,采取合理的方式提请对方注意免除或者限制其责任的条款,并按照对方的要求,对该条款予以说明。如果格式条款具有《合同法》规定的合同无效和免责条款无效的情形,或者提供格式条款一方免除其责任、加重对方责任、排除对方主要权利的,该条款无效。此外,《合同法》还规定,对格式条款的理解发生争议的,应当按照通常的理解予以解决;对格式条款有两种以上解释的,应当做出不利于提供格式条款一方的解释;格式条款和非格式条款不一致的,应当采用非格式条款。

2. 合同的形式

根据订立合同的形式不同划分,合同可分为口头合同和书面合同。

书面合同是指合同书、信件和数据电文(包括电报、电传、传真,电子数据交换和电子邮件)等可以有形地表现所载内容的形式。口头合同内容简单且当面成交,履约时间短,无须签订书面协议。由于口头合同无据可查,一旦发生合同纠纷,难以举证,无从处理,因此,对于法律、行政法规规定采用书面形式的以及当事人约定采用书面形式的,应当采用书面形式。根据《合同法》第270条规定,建设工程合同应当采用书面形式。对于必须采用书面形式的合同,是否采用了书面形式,就成了判断经济合同是否有效的条件之一。在公路工程承包合同中,不仅其合同应采用书面形式,而且双方来往的函件以及监理工程师在合同管理中做出的指示、同意、决定或批准等都应当采用书面形式,这些文件都可以视为承包合同的补充文件。

二、合同订立的程序

当事人订立合同,应当具备相应的资格,即具有相应的民事权利能力和民事行为能力。民事权利能力,是当事人作为民事主体能够享有民事权利和承担民事义务的资格。民事行为能力,是民事主体能够以自己的行为享有民事权利和承担民事义务的能力。当事人依法可以委托代理人订立合同。

当事人订立合同,采取要约、承诺的方式进行。当事人意思表示真实一致时,合同即可成立。

此外,国家根据需要下达指令性任务或者订货任务的,有关法人、其他组织之间应当依照有关法律、行政法规规定的权利和义务订立合同。

1. 要约

所谓要约,是指希望和他人订立合同的意思表示。根据《合同法》规定,该意思表示应当符合下列规定:

(1)确定具体内容,即表达出订立合同的意思,包括一经承诺合同即可成立的各项基本条款。

(2)表明经受要约人承诺,要约人即受该意思表示约束。

在此,要注意将要约与要约邀请相区别。要约邀请是希望他人向自己发出要约的意思表示,不属于订立合同的行为。寄送的价目表、拍卖公告、招标公告、招股说明书、商业广告等,性质为要约邀请。但如商业广告的内容符合要约的规定,如悬赏广告,则视为要约。

要约可以向特定人发出,也可以向非特定人发出。要约到达受要约人时生效。采用数据电文形式订立合同,收件人指定特定系统接收数据电文的,该数据电文进入该特定系统的时间,视为到达时间;未指定特定系统的,该数据电文进入收件人的任何系统的首次时间,视为到达时间。

要约可以撤回。撤回要约的通知应当在要约到达受要约人之前或者与要约同时到达受要约人。要约可以撤销。撤销要约的通知应当在受要约人发出承诺通知之前到达受要约人,但有下列情形之一的,要约不得撤销:

(1)要约人确定了承诺期限或者以其他形式明示要约不可撤销;

(2)受要约人有理由认为要约是不可撤销的,并已经为履行合同做了准备工作。

有下列情形之一的,要约失效:

(1)拒绝要约的通知到达要约人;

(2)要约人依法撤销要约;

(3)承诺期限届满,受要约人未做出承诺;

(4)受要约人对要约的内容做出实质性变更。

2. 承诺

所谓承诺,是受要约人同意要约的意思表示。承诺应当由受要约的特定人或非特定人向要约人以通知的方式做出,通知的方式依要约要求可以是口头形式或书面形式,但根据交易习惯或要约表明可以通过行为做出承诺的除外,如受要约人根据交易习惯做出履行行为等。不过,通常对沉默或不行为不能视为承诺。

承诺应当在要约确定的期限内到达要约人。要约没有确定承诺期限的,承诺应当依照下列规定到达:

(1)要约以对话方式做出的,应当即时做出承诺,但当事人另有约定的除外。

(2)要约以非对话方式做出的,承诺应当在合理期限内到达。所谓合理期限,是指依通常情形可期待承诺到达的时间,一般包括要约到达受要约人的时间、受要约人做出承诺的时间、承诺通知到达要约人的时间。

要约以信件或者电报做出的,承诺期限自信件载明的日期或电报交发之日开始计算。信件未载明日期的,自投寄该信件的邮戳日期开始计算。要约以电话、传真等快速通信方式做出的,承诺期限自要约到达受要约人时开始计算。这是我国法律参照《联合国国际货物销售合同公约》(国际商事合同通则)规定的,以做到与国际商务惯例接轨。

承诺的法律效力表现为,承诺生效时合同成立。承诺自通知到达要约人时生效。承诺不需要通知,自根据交易习惯或者对要约的要求做出承诺的行为时生效。承诺采用数据电文形式订立合同。收件人指定特定系统接收数据电文的,该数据电文进入该特定系统的时间,视为承诺到达时间;未指定特定系统的,承诺该数据电文进入收件人的任何系统的首次时间,视为承诺到达时间。

承诺人发出承诺后反悔的,可以撤回承诺。其条件是撤回承诺的通知应当在承诺通知到达要约人之前或者与承诺通知同时到达要约人,即在承诺生效前到达要约人。在这个问题上,我国法律未采用英美法系立法不容许撤回承诺的发信主义。受要约人超过承诺期限发出承诺的,为迟延承诺,除要约人及时通知受要约人该承诺有效的以外,应视为新要约。

受要约人在承诺期限内发出承诺,按照通常情形能够及时到达要约人,但因其他原因使承诺到达要约人时超过承诺期限的,除要约人及时通知受要约人因承诺超过期限不接受该承诺的以外,该承诺有效。

承诺的内容应当与要约的内容一致。但在实践中,承诺有时并非简单地表现为对要约一字不差地接受,受要约人可能对要约的文字乃至内容做出某些修改,这时就须对承诺是否具有法律效力加以确认。如要求承诺必须与要约的内容绝对一致,这可能会影响合同的及时成立,不利于交易的进行,对受要约人也不够公平。为此,我国《合同法》针对受要约人对要约内容修改的性质做出相应规定。受要约人对要约的内容做出实质性变更的,为新要约。有关合同标的、数量、质量、价款或者报酬、履行期限、履行地点和方式、违约责任和解决争议方法等内容的变更,是对要约内容的实质性变更。承诺对要约的内容做出非实质性变更的,除要约人及时表示反对或者要约表明承诺不得对要约的内容做出任何变更的以外,该承诺有效。合同的内容以承诺的内容为准。

3. 要约和承诺的表现形式

以竞争形式订立合同时,要约和承诺最典型的表现形式是招标和拍卖。

(1)招标

招标可分为招标文件的准备与发送、投标、评标定标三个阶段。

①招标文件的准备与发送是招标人通过一定的方式公布一定的标准和条件,招请有关单位参与投标的行为。这一过程在性质上属于要约邀请,无特定对象,不发生招标人必须与对方

订立合同的效力。

②投标是投标人按照招标人提出的标准和条件,在指定的期限内向招标人报送标书,提出报价的行为。投标是一种要约,对投标人有约束力。投标人在投标有效期内不得变更或撤销标书,并负有按标书内容与招标人订立合同的义务。为约束投标人履行这一义务,通常要求投标人在投标时提交投标担保。

③评标和定标是招标人对投标人投送的标书进行评定、比较、选择并确定中标人的行为。向中标人签发中标通知书是定标的标志,定标有发生承诺的效力。

投标与定标的过程实际上即是要约与承诺的过程,定标即意味着双方当事人的意思表示一致,合同成立。

(2)拍卖

拍卖是由出卖标的物的人提出出卖该物的要求和条件,再由各应买方提出自己的条件,相互报价,进行竞争,最后由出卖人拍定成交的行为。出卖人叫作拍卖人,买受人叫作拍买人或应买人。一般情况下,拍卖人提出的拍卖要求和条件属于要约邀请,无特定对象,应买人提出的条件属于要约;拍卖人的拍定属于承诺。一旦拍定,即表明双方当事人意思表示一致,合同即告成立。

4. 合同成立的时间与地点

(1)合同成立的时间

《合同法》针对当事人订立合同的不同形式,规定了确认合同成立的不同时间标准。当事人采用合同书形式订立合同的,自双方当事人签字或者盖章时合同成立。由于法律规定,"承诺生效时合同成立",所以,凡合同不以承诺生效时成立,而以双方当事人在合同书上签字或盖章时成立的,当事人应当事先在要约或承诺中做出明确规定,否则,只要已有承诺,未签合同书不再能作为合同未成立的依据。如双方当事人未同时在合同书上签字或盖章,则以当事人中最后一方签字或盖章的时间为合同成立的时间。

当事人采用信件、数据电文等形式订立合同的,可以在合同成立之前,即做出承诺之前,要求签订确认书。合同在签订确认书时成立,而不是承诺生效时成立。

(2)合同成立的地点

《合同法》规定,承诺生效的地点为合同成立的地点。采用数据电文形式订立合同的,收件人的主营业地为合同成立的地点;没有主营业地的,其经常居住地为合同成立的地点。当事人另有约定的,按照其约定。当事人采用合同书形式订立合同的,双方当事人签字或者盖章的地点为合同成立的地点。如双方当事人未在同一地点签字或盖章,则以当事人中最后一方签字或盖章的地点为合同成立的地点。

(3)实际履行与合同成立的关系

《合同法》规定了两种特殊情况下对合同成立的确认。第一,法律、行政法规规定或者当事人约定采用书面形式订立合同,当事人未采用书面形式,但一方已经履行主要义务,对方接受的,该合同成立;第二,法律、行政法规规定或者当事人约定采用合同书形式订立合同,在签字或者盖章之前,当事人一方已经履行主要义务,对方接受的,该合同成立。在这两种特殊情况下,虽然合同的成立在形式要件上不够完备,但当事人已通过为对方接受的对合同的实际履行行为,表明合同已经成立。

例题 2-1

1995年4月5日,被告王二丹向原告某市房地产开发公司(以下简称"开发公司")购买一套三居室的住宅,双方在住宅楼修建过程中签订买卖合同。合同约定:原告应当在同年8月1日前将房屋交付被告实际使用;被告在合同签订后10天内交付1万元定金;房款共24万元,被告应当分期支付,于5月1日前支付第一笔8万元,第二笔8万元于7月1日交付,其余8万元于办理房地产过户手续后立即一次性付清。双方在签订合同后,未办理预售房屋登记手续。后被告以房价过高为由拒绝支付房款,并请求归还其定金。

分析:在本案的审理过程中,就原告与被告之间的合同是否成立存在不同的看法。第一种观点认为,原告与被告之间自愿合法地订立了房屋预售合同,并已经支付了定金,所以该合同已经成立。第二种观点认为,原告与被告虽然订立了合同,但由于没有办理预售房屋登记手续,所以合同没有成立。

我们认为,原告与被告之间的合同是否已经成立,关键要看是否已经符合合同成立的要件,以及是否正确区别合同的成立与合同的生效。就本案情况分析:

第一,双方已经达成合意。本案中,原告与被告就合同的内容已经达成一致。双方通过要约与承诺的程序,就合同的标的物、价款、履行时间、履行方式以及定金条款已经达成合意,并以此确定了合同的内容。第二,双方意思表示真实,不存在使合同不成立的因素。本案的双方当事人在订立合同过程中没有欺诈、意思表示不真实的情况。因而双方的要约及承诺均是适合的。经承诺后,合同成立。第三,合同的形式。依照法律、行政法规的规定,房屋预售合同应当依法进行登记。本案的原告与被告已经订立书面合同,但未进行登记。此外,依照最高人民法院对《合同法》的解释,登记应当是仅具有不使标的物所有权产生转移的效力,而非使合同不成立的条件。所以,本案中不能以合同未办理登记为由,认定该预售合同不成立。

三、缔约过失责任

缔约过失责任是指合同当事人在订立合同过程中,因违反法律规定、违背诚实信用原则,致使合同未能成立,并给对方造成损失,而应承担的损害赔偿责任。

当事人在订立合同过程中,负有遵守关于订立合同的法律规定、遵循诚实信用原则的义务。如当事人违背上述义务,致使合同未能成立,并给对方造成经济损失的,应承担相应的损害赔偿责任。原《中华人民共和国经济合同法》《中华人民共和国涉外经济合同法》《中华人民共和国技术合同法》及《民法通则》对缔约过失责任均未做规定,不利于保护受害方当事人的合法权益,不利于正确处理有关纠纷,故《合同法》中对此做出明文规定。

《合同法》第42条规定,当事人在订立合同过程中有下列情形之一,给对方造成损失的,应当承担损害赔偿责任:

(1)假借订立合同,恶意进行磋商。

(2)故意隐瞒与订立合同有关的重要事实或者提供虚假情况。

(3)有其他违背诚实信用原则的行为。

《合同法》第43条规定:"当事人在订立合同过程中知悉的商业秘密,无论合同是否成立,不得泄露或者不正当地使用。泄露或者不正当地使用该商业秘密给对方造成损失的,应当承担损害赔偿责任。"

在此,要注意违约责任与缔约过失责任的区别。违约责任产生于合同成立之后,而缔约过失责任发生在合同成立之前,适用于合同未成立、合同未生效、合同无效等情况。

四、格式条款

所谓格式条款,是指当事人为了重复使用而预先拟定的,并在订立合同时未与对方协商的条款。格式条款合同的适用范围,我国法律尚无明确规定,但在一些法律上垄断经营的行业和事实上垄断经营的行业均适用格式合同。如航空公司提供的航空运输合同、保险公司提供的保险条款、银行提供的开立保函的格式条款等,种类繁多,不一而足。

格式条款因为事先未同欲与之订立合同的一方协商,故与《合同法》的自愿、平等原则是不一致的。之所以会有格式条款的存在,是因为一些提供服务的企业为了简化程序,加快业务效率的需要。但是,格式条款弱化了合同一方当事人的地位,另一方当事人只能被动地选择接受或不接受。因此,法律有必要加重提供格式条款一方当事人的责任,使之不会成立"霸王条款"。《合同法》规定从以下两个方面对格式条款的提供方予以限制。

(1)提供格式条款的一方有提示、说明的义务。该义务为提供格式条款一方的主动义务,即使另一方当事人未要求提示、说明,也应该主动提示、说明。如果提供格式条款的一方未能尽到提示义务或者拒绝对格式条款予以说明,则该条款不发生效力。

例题2-2

原告张某以20元钱向被告李某租用两张海滩晒太阳时供躺卧用的折叠椅,椅子上贴有告示,要求承租人向服务人员索取收据,并予保留,以供检查。张某向服务人员索取了该收据后,找了一个地点将折叠椅放好,在躺上去时因帆布不坚固,导致跌落受伤,因此诉请法院要求赔偿。被告李某以收据后面记载的免责条款作为抗辩。原告则主张虽然曾经看到该票,但是不知该票上记载有免责条款,因此要求被告承担相应的法律责任。

分析: 一种观点认为,既然原告已经接受了被告的收据,应当推定原告已经阅读了收据上面的条款,因此该条款应当认为已经订入双方的合同,免责条款有效,被告不承担责任。另一观点认为,虽然原告接受了被告的收据,但是被告如果在收据中订有免责条款,应当提醒原告注意,作为被告没有尽到这种职责,因此应当认定该免责条款没有订入合同。

在本案中,主要应当考虑的问题就是在收据背面印刷的免责条款是否成为原被告之间签订的租赁合同的一部分。我们认为,收据背面的免责条款还没有纳入合同中去,成为合同的一个组成部分。因为这个条款不但是一个免责条款,而且还是一个格式条款,即是由合同当事人一方为了反复使用而预先制订的,并由不特定的第三人所接受的,在订立合同时不能与对方协商的条款。根据《合同法》第39条规定:"采用格式条款订立合同的,提供格式条款的一方应当遵循公平原则确定当事人之间的权利和义务,采取合理的方式提请对方注意免除或者限制其责任的条款,并按照对方的要求,对该条款予以说明。"因此,免责的格式条款要产生法律效力,作为制定人应当提请对方注意,否则该条款不能纳入合同之中。然而在本案中,虽然被告在椅子上贴有告示,要求"承租人向服务人员索取收据,并予保留,以供检查"。但是从椅子上的这个条款分析,其目的不是在于提醒原告注意收据背面的内容,而是提醒原告保管好收据,以作为租赁椅子的凭证。对此,我们认为被告未尽到主动提示、说明的义务。故该条款没有纳入合同,成为合同的一个部分。被告应承担相应的法律责任。

(2)提供格式条款的一方应当按照公平的原则确定当事人之间的权利和义务。公平原则是《合同法》的基本原则,格式条款的制定是为了简化订立合同的程序,而不是使提供格式条款一方处于特权的地位。如果提供格式条款合同一方免除自己责任,加重对方责任,排除对方主要权利的,该格式条款不能体现公平原则,则该格式条款也是无效的。

在采用格式条款订立合同时,合同当事人可能会对格式条款的含义有不同的理解。当双方当事人对格式条款的理解发生争议时,应当按照通常的理解对格式条款予以解释。而当格式条款本身有两种或两种以上解释的,则应当做出不利于提供格式条款一方的解释。这是出于保护格式条款的接受方的利益,因为其与格式条款的提供方相比,总是处于相对较弱、较被动的地位。同时,格式条款与非格式条款发生冲突时,应当采用非格式条款。因为格式条款毕竟是一方当事人在订立合同时未与对方协商的条款,其效力当然不及双方合意达成的非格式条款。

这里要特别指出,合同示范文本与格式条款合同。《合同法》规定,当事人可以参照各类合同的示范文本订立合同。合同示范文本,是指由一定机关事先拟定的对当事人订立相关合同示范作用的合同文本。此类合同文本中的合同条款有些内容是拟定好的,有些内容是没有拟定而需要当事人双方协商一致填写的。合同的示范文本只对当事人订立合同时起参考使用。因此,合同示范文本与格式条款合同有本质的不同。

第三节 合同的代理与生效

一、合同的代理

1. 代理的概念与基本特征

在合同的订立与履行过程中,法人的权利能力是由法人的职能范围或经营服务范围来决定的,而法人的职权则是通过法人代表的行为来实现的。法人代表是指具有法人资格的企业或事业单位的法定代表人,如厂长、经理等,对合资公司或股份公司来说,法人代表即是公司的董事长。只有法人代表才能代表公司进行生产经营活动,参与招标投标,签订经济合同。在企业生产和经营过程中,经济关系涉及各个方面,工作繁多,不可能事事都由法人代表亲自处理,因此法人代表可委托其他人(或组织)代行处理。这种一方(代理人)以他方(被代理人,也叫本人)的名义,在授权范围内同第三人为意思表示或接受第三人的意思表示,其法律后果直接归属于他方的行为叫作代理。代理具有以下4个基本特征:

(1)代理活动本身是一种法律行为。
(2)代理人是以被代理人的名义实施民事法律行为。

(3)代理人进行民事活动时,在授权范围内独立地表现自己的意志。

(4)代理人的代理行为所产生的法律后果直接由被代理人负责。

2.合同代理的基本形式与要求

根据我国法律规定,代理的产生有以下几种方式。

(1)委托代理。委托代理是指根据按照被代理人委托授权而产生代理权的代理行为。

(2)法定代理。法定代理是指根据法律的直接规定,产生代理权的代理行为。

(3)指定代理。指定代理是指根据人民法院或指定单位(一般是国家主管机关)的指定,而产生的代理行为。

代理是一种委托代理,代理人代订合同时,必须事先取得委托人的委托证明,并根据授权范围以委托人的名义签订,才对委托人直接产生权利和义务。在法人代表授权以后,代理人可以代表公司进行经营活动,这种经营活动同样受到法律的保护。但代理人的这种活动,只有满足以下3个条件,才具有法律效力。

(1)必须事先取得委托单位的委托证明,即委托书。委托书须写明代理人的姓名、性别、年龄、单位、职务、委托代理事项、代理权限、有效期限、营业执照号码、开户银行、账号、委托日期等,并由法定代表人签字和委托单位盖章。

(2)代理人必须在授权范围内签订合同。委托单位对其代理人所签的合同,只对授权范围内部分负责;代理人超越授权范围签订的合同,事后又未被法人代表追认的,超越部分对法人不具有法律约束力,而应由代理人自己承担损害赔偿责任。

(3)代理人必须以委托人的名义签订合同。代理人如以自己的名义签订合同,则此合同只对代理人本人发生效力,而对委托人无法律约束力。

3.合同代理的表现形式

充当或作为合同代理人的情况大体上有以下3类。

(1)企业或经济组织内部的有关人员。

(2)企业或其他经济组织的外聘和外雇人员。

(3)其他法人组织或其外驻机构。

4.《合同法》就合同订立过程中有关代理问题的处理规定

(1)限制民事行为能力人订立的合同,经法定代理人追认后,该合同有效,但纯获利益的合同或者与其年龄、智力、精神健康状况相适应而订立的合同,不必经法定代理人追认。为避免因限制民事行为能力人订立的合同效力长期处于不确定状态而影响相对人的权益,《合同法》规定了相对人的催告权。相对人可以催告法定代理人在1个月内予以追认。法定代理人未做表示的,视为拒绝追认。合同被追认之前,善意相对人有撤销的权利。撤销应当以通知的方式做出。

(2)行为人没有代理权、超越代理权或者代理权终止后以被代理人名义订立的合同,未经被代理人追认,对被代理人不发生效力,由行为人承担责任。相对人可以催告被代理人在1个月内予以追认。被代理人未做表示的,视为拒绝追认。合同被追认之前,善意相对人有撤销的权利,撤销应当以通知的方式做出。

(3)行为人没有代理权、超越代理权或者代理权终止后以被代理人名义订立合同,相对人有理由相信行为人有代理权的,该代理行为有效。这是关于表见代理的规定。所谓表见代理,是指客观上存在使相对人相信无权代理人的行为有代理权的情况和理由,且相对人主观上为善意时,代理行为有效。如《民法通则》第66条规定:本人知道他人以自己的名义实施民事行为而不做否认表示的,视为同意,即属于这种情况。

(4)法人或者其他组织的法定代表人、负责人超越权限订立的合同,除相对人知道或者应当知道其超越权限的以外,该代表行为有效,合同成立有效。

(5)无处分权的人处分他人财产,经权利人追认或者无处分权的人订立合同后取得处分权的,该合同有效。

二、合同的生效

合同的生效与合同的成立既有联系又有区别。合同的成立,是指当事人经过要约和承诺,意思表示一致而达成协议。合同的生效,是指已依法成立的合同,发生相应的法律效力。《合同法》根据不同类型的合同规定了合同生效的时间,主要有以下4种情况:

(1)依法成立的合同,自成立时生效。这是指一般情况下合同生效的时间。

(2)法律、行政法规规定应当办理批准、登记等手续生效的,依照其规定办理批准、登记等手续后生效。如《担保法》规定,房屋抵押合同自办理登记手续之日起生效。

(3)当事人对合同的效力可以约定附条件。附生效条件的合同,自条件成立时生效;附解除条件的合同,自条件成立时失效。当事人为自己的利益不正当地阻止条件成立的,视为条件已成立;不正当地促成条件成立的,视为条件不成立。

(4)当事人对合同的效力可以约定附期限。附生效期限的合同,自期限届至时生效;附终止期限的合同,自期限届满时失效。

三、无效合同、可撤销或可变更的合同及其法律后果

合法的合同受法律保护,而不符合生效要件的合同,即便当事人已达成合意,也不能产生合同的法律效力,而属于无效合同、可撤销合同或效力待定合同。

1. 无效合同

无效合同,是指已经订立,但因违反法律、行政法规规定的生效条件而不发生法律效力,不具有法律约束力的合同。合同的无效,分为合同的全部无效与合同的部分无效两种情况。《合同法》第52条规定,有下列情形之一的,合同无效。

(1)一方以欺诈、胁迫的手段或者乘人之危,使对方在违背真实意思的情况下订立的合同。

(2)恶意串通,损害国家、集体或者第三人利益。

(3)以合法形式掩盖非法目的。

(4)违反社会公共利益。

(5)违反法律、行政法规的强制性规定。

无效合同自始无效,但是合同部分无效,不影响其他部分效力的,该合同的其他部分仍然有效;反之,在有效合同中,也可以有部分条款因违法而无效,如我国《合同法》特别规定了合

同中的免责条款。《合同法》就免责条款的无效做了专门规定。免责条款,是指合同当事人在合同中规定的免除或限制一方或双方当事人违约法律责任的条款。通常,对当事人自愿订立的免责条款,法律是不加干涉的。但如免责条款违反诚实信用原则,违背社会公共利益,法律必须予以禁止。为此,《合同法》规定,合同中的下列免责条款无效:

(1)造成对方人身伤害的。

(2)因故意或者重大过失造成对方财产损失的。

2.可撤销或可变更的合同

可撤销或可变更的合同,是指因存在法定事由,合同一方当事人可请求人民法院或者仲裁机构变更或者撤销的合同。《合同法》规定,下列合同的当事人一方有权请求人民法院或者仲裁机构变更或撤销:

(1)因重大误解订立的合同。所谓重大误解,是指当事人对合同的性质、对方当事人、标的物的种类、质量、数量等涉及合同后果的重要事项存在错误认识,违背其真实意思表示订立合同,并因此受到较大损失的行为。但对订立合同后能得到经济利益,商业风险小产生的错误认识,不属于重大误解。

(2)在订立合同时显失公平的。所谓显失公平,是指一方当事人利用优势或者对方没有经验,在订立合同时致使双方的权利与义务明显违反公平、等价有偿原则的行为。

(3)一方以欺诈、胁迫的手段或者乘人之危,使对方在违背真实意思的情况下订立的合同。需要注意的是,因一方欺诈、胁迫而订立的合同,如损害到国家利益,则不再属于可撤销或可变更的合同,而是无效合同。

可撤销的合同与无效合同不同。无效合同因违法而自始没有法律约束力。可撤销的合同主要是订立合同时意思表示不真实的合同,在合同订立后,当事人的意思表示还可能改变,不一定非得撤销或变更,所以,在被撤销之前仍是有效合同。对可撤销的合同是否撤销,或是采取撤销还是变更措施,完全由当事人决定。当事人请求变更的,人民法院或者仲裁机构不得撤销。《合同法》规定,有下列情形之一的,撤销权消灭:

(1)具有撤销权的当事人自知道或者应当知道撤销事由之日起1年内没有行使撤销权。

(2)具有撤销权的当事人自知道撤销事由后明确表示或者以自己的行为放弃撤销权。

无效的合同或者被撤销的合同自始没有法律约束力。合同部分无效,不影响其他部分效力的,其他部分仍然有效。合同无效、被撤销或者终止的,不影响合同中独立存在的有关解决争议方法条款的效力。

3.效力待定合同

效力待定合同,是指合同虽然已经成立,但因其不完全符合有关生效要件的规定,因此其效力能否发生尚未确定,一般须经有权人表示才能生效。此类合同主要包括3种情况:一是无行为能力人订立的和限制行为能力的人依法独立订立的合同,必须经过其法定代理人的承认才能确认生效;二是无代理权人以本人名义订立的合同,必须经过本人追认,才能对本人产生法律约束力;三是无处分权人处分他人的财产权而订立的合同,未经权利人追认,合同无效。

4.无效合同或可撤销合同的法律后果

无效合同或可撤销合同的确认权,归仲裁机构或人民法院。无效合同或可撤销合同的确立,具有溯及既往的效力。无效合同或可撤销合同从订立时起就没有法律约束力,对无效合同或可撤销合同的财产后果,应当根据当事人的过错大小,按以下办法处理:

(1) 返还财产。即使当事人的财产关系恢复到签约以前的状态,如果当事人依据无效经济合同取得的标的物还存在,则应返还给对方;如果标的物已不存在,不能返还时,可用赔偿损失的方法给对方抵偿。

(2) 赔偿损失。这是过错方造成损失时,应当承担的责任。如果双方都有过错,应当按照责任的主次、轻重来承担经济损失中责任相适应的份额。

(3) 追缴财产。这是对当事人故意损害国家利益或社会公共利益的行为所采取的一种惩罚手段,追缴的财产应上交国库。

第四节 合同的履行

一、合同的履行原则

合同的履行,是指合同双方当事人正确、适当、全面地完成合同中规定的各项义务的行为。当事人应当按照合同约定全面履行自己的义务。在合同的履行中,当事人应当遵循诚实信用原则;根据合同的性质、目的和交易习惯履行通知、协助、保密等义务。

(1) 合法原则。是指当事人在履行合同过程中,应当遵守法律、行政法规,尊重社会公德,不得扰乱社会经济秩序,损害社会公共利益。

(2) 诚实信用原则。即当事人在履行合同过程中,应信守合同承诺,履行合同规定的义务和附随义务(如通知、协助、保密等)。

(3) 全面履行原则。即当事人应按照合同规定的标的、数量、质量、价款或报酬,履行的时间、地点、方式等全面履行合同的义务。

合同生效后,当事人就质量、价款或者报酬、履行地点等内容没有约定或者约定不明确的,可以协议补充;不能达成补充协议的,按照合同有关条款或者交易习惯确定。依照上述履行原则仍不能确定的,适用《合同法》的下列规定:

(1) 质量要求不明确的,按照国家标准、行业标准履行;没有国家标准、行业标准的,按照通常标准或者符合合同目的的特定标准履行。

(2) 价款或者报酬不明确的,按照订立合同时履行地的市场价格履行;依法应当执行政府定价或者政府指导价的,按照规定履行。

(3) 履行地点不明确,给付货币的,在接受货币一方所在地履行;交付不动产的,在不动产所在地履行;其他标的,在履行义务一方所在地履行。

(4) 履行期限不明确的,义务人可以随时履行,权力人也可以随时要求履行,但应当给对方必要的准备时间。

(5) 履行方式不明确的,按照有利于实现合同目的的方式履行。

(6)履行费用的负担不明确的,由履行义务一方负担。

合同约定执行政府定价或者政府指导价的,在合同约定的交付期限内,政府价格调整时,按照交付时的价格计价。逾期交付标的物的,遇价格上涨时,按照原价格执行;价格下降时,按照新价格执行。逾期提取标的物或者逾期付款的,遇价格上涨时,按照新价格执行;价格下降时,按照原价格执行。

合同生效后,当事人不得因姓名、名称的变更或者法定代表人、负责人、承办人的变动而不履行合同义务。在合同的履行中,有时会涉及第三人,如当事人约定由义务人向第三人履行或由第三人向权力人履行。为保障涉及第三人合同履行中各方当事人的正当权益,《合同法》规定,当事人约定由义务人向第三人履行债务的,义务人未向第三人履行债务或者履行债务不符合约定,应当向权力人承担违约责任。当事人约定由第三人向权力人履行债务的,第三人不履行债务或者履行债务不符合约定的,义务人应当向权力人承担违约责任。

二、合同的履行抗辩权

根据《合同法》规定,在合同的履行中,当事人可享有同时履行抗辩权、后履行抗辩权和不安抗辩权。这些履行抗辩权利的设置,使当事人在法定情况下可以对抗对方的请求权,使当事人的拒绝履行行为不构成违约,以更好地维护当事人的合法权益。

1. 同时履行抗辩权

同时履行抗辩权,是指双务合同的当事人应同时履行义务的,一方在对方未履行前,有拒绝对方请求自己履行合同的权利。对此,《合同法》规定,当事人互负债务,没有先后履行顺序的,应当同时履行。一方在对方履行之前有权拒绝其履行要求;一方在对方履行债务不符合约定时,有权拒绝其相应的履行要求。

2. 后履行抗辩权

后履行抗辩权,是指双务合同中应先履行义务的一方当事人未履行时,对方当事人有拒绝对方请求履行的权利。对此,《合同法》规定,当事人互负债务,有先后履行顺序,先履行一方未履行的,后履行一方有权拒绝其履行要求。先履行一方履行债务不符合约定的,后履行一方有权拒绝其相应的履行要求。

3. 不安抗辩权

不安抗辩权,是指双务合同中应先履行义务的一方当事人,有证据证明对方当事人不能或可能不能履行合同义务时,在对方当事人未履行合同或提供担保之前,有暂时中止履行合同的权利。对此,《合同法》规定,应当先履行债务的当事人,有确切证据证明对方有下列情形之一的,可以中止履行。

(1)经营状况严重恶化。
(2)转移财产、抽逃资金,以逃避债务。
(3)丧失商业信誉。
(4)有丧失或者可能丧失履行债务能力的其他情形。

当事人没有确切证据中止履行的,应当承担违约责任。当事人行使不安抗辩权中止履行的,应当及时通知对方。对方提供适当担保时,应当恢复履行。中止履行后,对方在合同期限内未恢复履行能力且未提供适当担保的,中止履行的一方可以解除合同。

4. 其他履行问题的处理

权力人分立、合并或者变更住所没有通知义务人,致使履行债务发生困难的,《合同法》规定,义务人可以中止履行或者将标的物提存。

《合同法》还就提前履行和部分履行问题做了规定。权力人可以拒绝义务人提前履行债务,但提前履行不损害权力人利益的除外。义务人提前履行债务给权力人增加的费用,由义务人负担。权力人可以拒绝义务人部分履行债务,但部分履行不损害权力人利益的除外。义务人部分履行债务给权力人增加的费用,由义务人负担。

三、违约责任

1. 违约责任的概念

违约责任,是指当事人不履行合同义务或者履行合同义务不符合约定所应承担的民事责任。合同当事人不按照合同约定或者法律规定履行义务,就应该承担民事法律责任。

违约责任的特征有以下几个方面:

(1) 违约责任是一种财产责任。违约责任是当事人不履行合同债务时所产生的民事责任,是具有经济内容的责任。当一方当事人不履行或者没有完全履行义务时,就应当通过经济的手段加以补救。

(2) 违约责任具有任意性。违约责任可以由当事人在法律允许的范围内加以约定,可以是约定具体的损害赔偿数额,也可以约定具体的损害赔偿计算方法。只要这种约定不违反法律的规定,都受到法律保护。

(3) 违约责任具有相对性。违约责任原则上是违约方向对方承担的民事责任,也就是说违约责任只是在特定的当事人之间产生,不涉及合同关系之外的人。

(4) 违约责任一般在履行期限届满后才承担,因为当事人只有在履行期届满才能确定是否违约和违约责任的承担。但是《合同法》第108条还规定:"当事人一方明确表示或者以自己的行为表明不履行合同义务的,对方可以在履行期限届满之前要求其承担违约责任。"

(5) 违约责任具有补偿性和制裁性双重属性。法律规定违约责任的主要目的就是弥补受害人的损失,因而违约责任具有补偿性。同时在当事人有过错时,违约责任还体现了对违约者的制裁性,主要表现在,此时违约者支付的数额高于受害者的实际损失。

2. 违约责任的承担原则和最高限额

违约责任的承担,是以补偿损失为原则,即完全赔偿原则,但不得超出当事人的预计损失,即合理预见原则。

《合同法》中规定,当事人一方不履行合同义务或者履行合同义务不符合约定,给对方造成损失的,损失赔偿额应当相当于因违约所造成的损失,包括合同履行后可以获得的利益,但不得超过违反合同一方订立合同时预见或者应当预见到的因违反合同可能造成的损失。

完全赔偿原则,是指因违约方的违约行为使受害人遭受的全部损失,都应该由违约方负责赔偿。这种赔偿不仅包括实际利益的减少,还应该包括履行合同可以预期获得的利益,即合同带来的利润。完全赔偿原则,虽然有力地保护了非违约方的利益,但是这种赔偿的范围也必须限制在合理的范围内,这个范围就是合理预见的损失。

3.违约责任的承担方式

《合同法》中规定当事人一方不履行合同义务或者履行合同义务不符合约定的,应当承担继续履行、采取补救措施或者赔偿损失等违约责任,即如不履行合同就得按下列方式承担违约责任。

(1)继续履行。继续履行,是指违反合同的当事人不论是否承担了赔偿责任或其他违约责任,在对方要求履行时,应该对合同未履行部分继续履行,但《合同法》规定下列情况除外。

①法律上或者事实上不能履行。

②债务的标的不适于强制履行或者履行费用过高。

③权力人在合理期限内未要求履行。

(2)采取补救措施。所谓补救措施,是指当事人在违约事实发生后,为防止损失的进一步产生或扩大,而采取的修理、更换、重作、退货、减少价款或者报酬等措施。

(3)赔偿损失。当事人一方不履行合同义务或者履行合同义务不符合约定的,在履行义务或者采取补救措施后,对方还有其他损失的,应当赔偿损失。

《合同法》规定,当事人一方违约后,对方应当采取适当措施防止损失的扩大;没有采取适当措施致使损失扩大的,不得就扩大的损失要求赔偿。当事人因防止损失扩大而支出的合理费用,由违约方承担。

当事人可以约定一方违约时,应当根据违约情况向对方支付一定数额的违约金,也可以约定因违约产生的损失赔偿额的计算方法。赔偿损失有两种方法,即支付违约金和支付赔偿金。

①支付违约金。违约金,是指当事人在合同中约定的,当一方违约时,应向对方支付一定数额的货币。违约金是较为常见的承担违约责任的方式。

约定的违约金视为违约的损失赔偿,但约定的违约金低于造成的损失的,当事人可以请求人民法院或者仲裁机构予以增加;约定的违约金过分高于造成的损失的,当事人可以请求人民法院或者仲裁机构予以适当减少。

当事人既约定违约金,又约定定金的,一方违约时,对方可以选择适用违约金或者定金条款。

②支付赔偿金。赔偿金,是指合同当事人因违约行为给对方造成损失而合同中未约定违约金时,应支付给对方的款项。

(4)不可抗力的责任。因不可抗力不能履行合同的,根据不可抗力的影响,部分或者全部免除责任,但法律另有规定的除外。

当事人迟延履行后发生不可抗力的,不能免除责任。

当事人一方因不可抗力不能履行合同的,应当及时通知对方,以减轻可能给对方造成的损失,并应当在合理期限内提供证明。

四、代位权与撤销权

代位权与撤销权是合同保全的形式,目的是防止义务人的责任财产不当减少,对无物权担保的权力人造成损害。

1. 代位权

代位权,是指当义务人怠于行使其权利而危及权力人利益时,权力人为保全债权,可以自己的名义代位行使义务人权利的权利。《合同法》第 73 条规定:"因义务人怠于行使其到期债权,对权力人造成损害的,权力人可以向人民法院请求以自己的名义代位行使义务人的债权,但该债权专属于义务人自身的除外。代位权的行使范围以权力人的债权为限。权力人行使代位权的必要费用,由义务人负担。"

代位权的适用对象是义务人的消极行为,即义务人危及权力人利益的怠于行使其权利的行为。权力人行使代位权,虽以自己的名义进行,但只能要求第三人向义务人履行债务,不能要求第三人向自己履行债务,其债权就代位权行使的结果也无优先得到赔偿的权利。

2. 撤销权

撤销权,是指权力人对义务人实施的危及权力人利益的减少财产行为,可以请求人民法院予以撤销的权利。撤销权的适用对象是义务人的积极行为,撤销权行使的结果是恢复义务人的财产与权利,权力人就撤销权行使的结果并无优先得到赔偿的权利。《合同法》第 74 条规定:"因义务人放弃其到期债权或者无偿转让财产,对权力人造成损害的,权力人可以请求人民法院撤销义务人的行为。义务人以明显不合理的低价转让财产,对权力人造成损害,且受让人知道该情形的,权力人也可以请求人民法院撤销义务人的行为。撤销权的行使范围以权力人的债权为限。权力人行使撤销权的必要费用,由义务人负担。"

合同法对撤销权的行使规定有特别时效。撤销权自权力人知道或者应当知道撤销事由之日起 1 年内行使。自义务人的行为发生之日起 5 年内没有行使撤销权的,该撤销权消灭。

第五节 合同的担保、鉴证与公证

一、合同担保

担保,是指法律规定或者当事人约定的确保合同履行,保障权力人利益实现的法律措施。担保应依照《中华人民共和国担保法》(以下简称《担保法》)的规定进行。担保具有以下法律特征。

(1) 从属性。担保合同是从属了主合同的从合同,除担保合同另有约定外,主合同无效,担保合同无效。

(2) 补充性。担保对权力人权利的实现仅具有补充作用,只有在所担保的债务得不到履行时,才能行使担保权利。据此,一般保证的保证人对债权人享有先诉抗辩权。

(3) 相对独立性。担保可相对独立于所担保的债权而发生或存在。如担保的成立须当事人另行约定;主合同无效,担保合同另有约定的,可继续有效。

担保合同被确认无效时,义务人、担保人、权力人有过错的,应当根据其过错各自承担相应的民事责任,即承担《合同法》规定的缔约过失责任。如企业法人的分支机构未经法人书面授权或者超出授权范围与权力人订立保证合同,导致该合同无效或者超出授权范围的部分无效,权力人和企业法人有过错的,应当根据其过错各自承担相应的民事责任;权力人无过错的,由企业法人承担民事责任。

第三人为义务人向权力人提供担保时,可以要求义务人提供反担保。反担保适用担保的规定。

二、合同担保的形式

《担保法》规定的担保形式有定金、保证、抵押、留置和质押。

1. 定金

定金,是指缔约一方为了保证合同的履行,在订立合同前向对方给付一定数额货币的担保形式,义务人履行债务后,定金应当抵作价款或收回。给付定金的一方不履行约定债务的,无权要求返还定金;收受定金的一方,不履行约定债务的,应当双倍返还定金。

采用定金这种担保形式时,定金的大小应适当,定金过高会加重当事人的负担,一般规定不得超过合同标的额的20%。定金一般以书面形式约定。当事人在定金合同中应当约定交付定金的期限。定金合同在实际交付定金之日生效。

定金也不同于押金。押金也称押租,承租人根据财产租赁合同,为担保承租义务的履行而向出租人预付的资金称为押金。定金与押金的区别是:定金是在合同履行前交付的,且可适用于多种合同;而押金是在履行中交付的,且只适用于租赁合同。当不履行合同时,定金适用定金罚则,而押金在租赁关系结束时可退回给承租人或抵偿欠租,其并不适用定金罚则。

2. 保证

保证,是指保证人和权力人约定,当义务人不履行债务时,保证人按照约定履行债务或者承担责任的行为。保证法律关系中至少有三方参加,即保证人、被保证人(义务人)和权力人。保证分两种方式,即一般保证和连带责任保证。一般保证的保证人,在主合同纠纷未经审判或者仲裁,在没有就义务人财产依法强制执行仍不能履行债务前,对权力人可以拒绝承担担保责任。连带责任保证的义务人在主合同规定的债务履行期届满没有履行债务的,权力人可以要求义务人履行债务,也可以要求保证人在其保证范围内承担保证责任。

我国的《担保法》规定,具有代为清偿债务能力的法人、其他组织或者公民,都可以作为保证人。但下列组织不能作为保证人:

(1)国家机关不得为保证人,但经国务院批准为使用外国政府或者国际经济组织贷款进行转贷的除外。

(2)学校、幼儿园和医院等以公益为目的的事业单位和社会团体不得为保证人。

(3)企业法人的分支机构、职能部门不得为保证人(企业法人的分支机构有法人书面授权的除外)。

我国《担保法》还规定,一般保证担保的范围包括主债权及利息、违约金、损害赔偿金和实现债权的费用。保证合同另有约定的,按照约定。当事人对保证担保的范围没有约定或者约定不明确的,保证人应当对全部债务承担责任。一般保证的保证人(或连带责任保证的保证人)与权力人未约定保证期间的,保证期间为主债务履行期届满之日起6个月。

在合同约定的保证期间和前面规定的保证期间,权力人未对义务人提起诉讼或者申请仲裁的,保证人免除保证责任;权力人已提起诉讼或者申请仲裁的,保证期间适用诉讼时效中断的规定。

保证合同是从合同,以主合同的存在和有效为前提,主合同无效,则保证无效。

公路工程施工承包合同中,通常采用保证作为合同担保,一般由承包人开户银行出具履约保证书(又叫银行保函),对承包人在合同中的义务作出保证。如果承包人违约给业主造成损失,业主可以向银行索赔,银行应在限额(通常规定为合同价的5%～10%)范围内向业主赔偿。

3. 抵押

抵押是合同当事人一方用自己或第三方财物为另一方当事人提供清偿债务的权利。当义务当事人不履行合同时,权利当事人可以变卖其财物,优先取得补偿。如有剩余,仍应退还给义务当事人;如果仍不足以补偿时,权利人有继续向义务当事人追偿的权利。

下列财产都是《担保法》中规定可以作为抵押的财产:

(1)义务人所有的房屋和其他地上定着物。

(2)义务人所有的机器、交通运输工具和其他财产。

(3)义务人依法有权处分的国有土地使用权、房屋和其他地上定着物。

(4)义务人依法有权处分的国有机器、交通运输工具和其他财产。

(5)义务人依法承包并经发包方同意抵押的荒山、荒沟、荒丘和荒滩等荒地的土地使用权。

(6)义务人可以抵押的其他财产。

以上述财产抵押的,应当办理抵押物登记,抵押合同自登记之日起生效。

抵押担保的范围包括主债权及利息、违约金、损害赔偿金和实现抵押权的费用。抵押合同另有约定的,按照约定。

债务履行期届满时,权力人未受清偿的,可以与义务人协议以抵押物折价,或者以拍卖、变卖该抵押物所得的价款来赔偿;协议不成的,权力人可以向人民法院提起诉讼。

抵押物折价或者拍卖、变卖后,其价款超过债权数额的部分归义务人所有,不足部分由义务人清偿。

抵押在现行的公路工程施工承包合同中也常采用,它规定承包人履行合同时,应以现场的施工机械作抵押。

4. 留置

留置是用标的物作为担保的一种形式,根据法律规定,当义务人未在法定或约定的期限内全面履行合同时,权利人有权处置所留置的财物。留置权的行使必须有法律明文规定,权利人不得违反法律规定滥用留置权。

留置担保的范围包括主债权及利息、违约金、损害赔偿金、留置物保管费用和实现留置权的费用。

因留置是一种非常强烈的担保方式,我国《担保法》规定,因保管合同、运输合同、加工承揽合同发生的债权,义务人不履行债务的,权利人有留置权。其他法律规定符合留置的合同,可以适用留置,如建设工程施工合同。

5. 质押

质押是当事人一方以动产或某种权利作为抵押的一种担保形式。将动产质押的称为动产质押,将权利质押的称为权利质押;义务人或者第三人为出质人,权利人为质权人,移交的动产为质物。义务人不履行合同时,权力人有权以该动产或权利折价或者以拍卖、变卖该动产的或权利的价款优先得到赔偿。

质押担保的范围包括主债权及利息、违约金、损害赔偿金、质物保管费用和实现质权的费用。质押合同另有约定的,按照约定。债务履行期届满质权人未受清偿的,可以与出质人协议以质物折价,也可以依法拍卖、变卖质物。质物折价或者拍卖、变卖后,其价款超过债权数额的部分归出质人所有,不足部分由义务人清偿。

下列权利可以质押:

(1) 汇票、支票、本票、债券、存款单、仓单和提单。
(2) 依法可以转让的股份和股票。
(3) 依法可以转让的商标专用权、专利权及著作权中的财产权。
(4) 依法可以质押的其他权利。

三、合同的鉴证与公证

合同的签证与公证,是指根据当事人约定确保合同履行,保障权力人利益实现的法律措施。

1. 鉴证

合同鉴证是指工商行政管理机关对合同进行审查和鉴定,以确认其有效性和合法性的一种证明和监督活动。除国家规定必须鉴证的合同外,合同的鉴证实行自愿原则。

合同鉴证的目的是国家工商行政管理机关根据国家授权,运用行政手段,监督合同当事人贯彻执行合同法规,发现和纠正签订和履行合同中一切违反法制的行为及损害社会主义根本利益的错误倾向,以维护当事人合法权益和社会主义经济秩序。

对合同进行鉴证,是工商行政管理部门对合同进行管理的职能之一,它属于合同事前管理的一项重要内容。这种事前管理职能是一种预防性职能。它的作用在于提前排除造成违约的潜在因素,防止给国家、集体及个人由于签订合同而使其财产造成危害和损失。

合同的鉴证,应当依照国家法律和行政法规的规定,审查以下内容:

(1) 合同的主体是否合格。
(2) 合同内容是否违反法律、法规、规章。
(3) 合同的标的是否为国家禁止买卖或者限制经营。
(4) 合同当事人的意思表示是否真实。
(5) 合同签字是否具有合法身份和资格,代理人的代理行为是否合法有效。
(6) 合同主要条款是否齐全,文字表达是否准确,手续是否完备。

申请鉴证应当提供下列材料:

(1) 合同鉴证申请书。
(2) 合同正本、副本。
(3) 营业执照副本。
(4) 签订合同法定代表人或委托代理人资格证明。
(5) 其他有关证明材料。

有下列情况之一的，不予鉴证：
(1) 不真实、不合法的合同。
(2) 有足以影响合同效力的缺陷且当事人拒绝更正的。
(3) 当事人提供的申请材料不全，经告知补正而没有补正的。
(4) 不能即时鉴证，而当事人又不能等待的。
(5) 其他依法不能鉴证的情况。

合同在鉴证过程中，鉴证人员须根据当事人双方提供的合同文本及有关证明材料和外调材料，依照国家法律、行政法规和政策规定，进行严格审查。鉴证人员如果认为经济合同真实、合法、可行，符合鉴证条件，即予以证明，由鉴证人员在合同文本上签名，并加盖工商行政管理局合同鉴证章。如果当事人提供的合同文本及证明材料不完备，当事人应予以补正。如果发现合同不真实，不合法，则不应予以证明，而应在合同文本上注明不予鉴证的理由。如果工商行政管理局发现自己对合同的鉴证有错误，可以撤销证明。

2. 公证

公证，是国家公证机关根据当事人的申请和法律的规定，证明法律行为、有法律意义的文书和事实的真实性、合法性的活动。我国的公证机构是司法部领导下的各级公证处，它代表国家行使公证权。根据《中华人民共和国公证暂行条例》的规定，合同的公证实行自愿原则。任何合同是否需要经过公证，都不是法定的必经程序。但是具体到某一地区或某类合同是否需要经过公证，应根据具体规定办理。没有经过公证的有效合同与公证后的合同，具有同等的法律约束力。

3. 鉴证与公证的区别

鉴证与公证有以下 5 个方面的区别：
(1) 出证的机关不同。合同鉴证的机关是我国各级工商行政管理机关，而公证机关是司法行政机关下属的公证处。
(2) 出证的性质不同。合同鉴证是一种行政管理制度，属于行政监督措施。公证则是一种司法制度，属司法性质。
(3) 证明的范围不同。鉴证只适用于合同，仅是对合同的有效性和合法性的一种证明。而公证则对法律行为、有法律意义的文书和事实的合法性都可以进行证明。
(4) 出证的方式不同。鉴证时，鉴证人应在原合同文本上签署鉴证意见，并签名和加盖工商行政管理局的合同鉴证章，同时发给当事人鉴证通知书。而公证时，公证人员应按统一的格式出具公证书，不能在原合同文书上签字盖章。
(5) 法律效力不同。经过鉴证的合同，如果一方违约，当事人可向原鉴证机关申请调解或按约定去仲裁，也可以直接向人民法院诉讼。经过鉴证的合同不能作为申请法院强制执行的依据,且只能在我国行政区域内才具有法律约束力;而公证后的合同具有法定证据效力,如人民法院审理案件时,收集的证据涉及的某项文书系公证文书,即确认其具有法律证据效力,应予以强制执行,而且公证在国内外都起作用。

第六节 合同的变更、转让和终止

依法成立的合同,受法律保护,对当事人具有法律约束力。当事人应当按照合同约定履行自己的义务,不得擅自变更或者解除合同。但合同订立之后,也可能发生一些当事人订立合同时未预料的情况,影响当事人订立合同目的的实现,需要依法进行调整,因此,便有了对合同的变更、转让和终止的行为。

一、合同的变更

《合同法》中的合同变更,是指对有效成立的合同就其内容即当事人的权利、义务进行的变更。变更的过程,不包括合同主体的变更和合同标的的变更。合同主体的变更叫作合同的转让,而合同标的的变更会导致原有合同关系的消灭和新合同关系的产生,即相当于将原合同解除后重新订立一项新的合同。所以,在《合同法》中的合同变更仅指合同内容的变更。

合同是由当事人协商一致而订立的,经当事人协商一致,也可以变更合同。但法律、行政法规规定,变更合同应当办理批准、登记等手续的,应依照其规定办理批准、登记等手续。为防止发生纠纷,当事人对合同变更的内容应做出明确约定;变更内容约定不明确的,《合同法》规定推定其为未变更。

当合同变更后,当事人应当按照变更后的合同履行。合同的变更,仅对变更后未履行的部分有效,对已履行的部分无溯及力。因合同的变更而使一方当事人受到经济损失的,受损一方可向另一方当事人要求损失赔偿。

二、合同的转让

合同的转让,即合同主体的变更,是指当事人将合同的权利和义务全部或者部分转让给第三人。合同的转让,分为债权的转让和债务的转让,当事人一方经对方同意,也可以将自己在合同中的权利和义务一并转让给第三人。

1. 合同转让的一般法律规定

《合同法》规定,权力人可以将合同的权利全部或者部分转给第三人,但有下列情形之一的除外:

(1)根据合同性质不得转让。主要是指基于当事人特定身份而订立的合同,如出版合同、赠予合同、委托合同、雇用合同等。

(2)按照当事人约定不得转让。

(3)依照法律规定不得转让。

《民法通则》第91条规定:"合同一方将合同的权利、义务全部或者部分转让给第三人的,应当取得合同另一方的同意,并不得牟利。"该规定对权力人的处分权不适当地限制过严,《合同法》对此作了相应的变更规定。根据《合同法》规定,权力人转让权利的,无须义务人同意,但应当通知义务人。未经通知,该转让对义务人不发生效力。权力人转让权利的通知不得撤销,但经受让人同意的除外。权力人转让权利的,受让人取得与债权有关的从权利,如债权的抵押权,但该从权利专属于权力人自身的除外。

权力人转让权利,无须义务人同意,但权力人转让权利不得损害义务人的利益,不应影响义务人的权利。为此,《合同法》规定,义务人接到债权转让通知后,义务人对让与人的抗辩,可以向受让人主张,如提出债权无效、诉讼时效已过等抗辩。义务人对权力人享有的抵销权,不受债权转让的影响。义务人接到债权转让通知时,义务人对让与人享有债权。其债权先于转让的债权到期或者同时到期的,义务人可以向受让人主张抵销。

对债务的转让问题,《合同法》规定,义务人将合同的义务全部或者部分转移给第三人的,应当经权力人同意。这是因为新义务人的资信情况和偿还能力须得到权力人的认可,以免权力人的利益受到不利影响。义务人转移义务的,新义务人可以主张原义务人对权力人的抗辩。新义务人应当承担与主债务有关的从债务,但该从债务专属于原义务人自身的除外。合同当事人转让权利或者转移义务,法律、行政法规规定应当办理批准、登记等手续的,当事人应依照其规定办理相应手续。

在合同当事人发生合并或分立时,也存在合同权利或义务的转让问题。《合同法》规定,当事人订立合同后合并的,由合并后的法人或者其他组织行使合同权利,履行合同义务。当事人订立合同后分立的,除权力人和义务人另有约定的以外,由分立的法人或者其他组织对合同的权利和义务享有连带债权,承担连带债务。

2. 建设工程合同的转让

建设工程合同的转让除应满足以上法律规定,还应遵守如下法律规定:

(1)禁止承包人将其承包的工程全部转包给第三人。

(2)禁止承包人将其承包的全部工程分解以后以分包的名义分别转包给第三人。

三、合同的终止和解除

(一)合同的终止

合同的终止是指因某种原因引起的合同债权债务客观上的不复存在。《合同法》规定,有下列情形之一者,合同的权利、义务终止:

(1)债务已按照约定履行。即合同当事人已按照合同的履行原则全面履行了合同。

(2)合同解除。即合同已按照前述的约定解除情况或法定解除情况解除。

(3)债务相互抵销。即当事人互负债务时,各自用其债权来充当债务的清偿,从而使其债务与对方的债务在对等额内相互抵销。

(4)义务人依法将标的物提存。即义务人依法将无法赔偿的标的物交有关部门保存而使得合同关系消灭。

(5)权力人免除债务。即权力人以债务消灭为目的而抛弃债权。

(6)债权债务同归于一人。即债权、义务人因某种原因合为一体而使得合同自然终止。

(7)法律规定或者当事人约定终止的其他情形。

合同的权利义务终止后,有时当事人还负有后合同义务,即合同终止后,当事人应当遵循诚实信用原则,根据交易习惯履行通知、协助、保密等义务。

(二)合同的解除

合同的解除,是指已成立生效的合同因发生法律规定或当事人约定的情况,或经当事人协商一致,而使合同关系终止。合同的解除,分为合意解除与法定解除两种情况。

1. 合意解除

合意解除,是指根据当事人事先约定的情况或经当事人协商一致而解除合同。在订立合同时,当事人可以约定一方解除合同的条件。解除合同的条件成就时,解除权人可以解除合同。法律规定或者当事人约定解除权行使期限,期限届满当事人不行使的,该权利消灭。法律没有规定或者当事人没有约定解除权行使期限,经对方催告后在合理期限内不行使的,该权利消灭。合同订立后,经当事人协商一致,也可以解除合同。

2. 法定解除

法定解除,是指根据法律规定而解除合同。根据《合同法》第94条有关规定,有下列情形之一的,当事人可以解除合同。

(1)因不可抗力致使不能实现合同目的。

(2)在履行期限届满之前,当事人一方明确表示或者以自己的行为表明不履行主要债务。

(3)当事人一方迟延履行主要债务,经催告后在合理期限内仍未履行。

(4)当事人一方迟延履行债务或者有其他违约行为致使不能实现合同目的。

(5)法律规定的其他情形。

当事人一方行使解除权,或依照《合同法》第94条规定主张解除合同的,应当通知对方。合同自通知到达对方时解除。对方有异议的,可以请求人民法院或者仲裁机构确认解除合同的效力。

当事人解除合同,法律、行政法规规定应当办理批准、登记等手续的,应依照其规定办理。对合同解除的法律效力是否溯及既往,对已经履行的部分是否恢复原状,各国立法规定不一,我国则作了较为灵活的处理。《合同法》第97条规定:"合同解除后,尚未履行的,终止履行;已经履行的,根据履行情况和合同性质,当事人可以要求恢复原状或采取其他补救措施,并有权要求赔偿损失。"也就是说,解除效力是否溯及既往,要根据履行情况和合同性质确定。对已经履行的部分,当事人原则上可以要求采取恢复原状等措施,但如履行情况不影响当事人的利益,或合同性质决定其无法恢复原状,如供电合同,则不适用"溯及既往"的原则。此外,合同权利义务的终止,不影响合同中结算和清理条款的效力。

第七节　合同纠纷的处理

根据我国《合同法》的规定，解决合同纠纷的方式有 4 种：一是用协商的方式，即自行解决，这是一种最好的方式；二是用调解的方式，由有关部门帮助解决；三是用仲裁的方式，由仲裁机关解决；四是用诉讼的方式，即向人民法院提起诉讼以寻求纠纷的解决。当纠纷发生时，一般应在"和解（协商）为主、调解优先"的原则下进行。

一、协商

协商，是指合同纠纷的当事人，在自愿互谅的基础上，按照国家有关法律、政策和合同的约定，通过摆事实、讲道理，以达成和解协议，自行解决合同纠纷的一种方式。

合同签订之后，在履行过程中，由于各种因素的影响容易产生纠纷。有了纠纷怎么办？应当从有利于维护团结，有利于合同履行的角度出发，怀着互让、互谅的态度，争取在较短时间内，通过协商求得纠纷的解决。对于合同纠纷，尽管可以用仲裁、诉讼等方法解决。但由于这样解决不仅费时、费力、费钱财，而且也不利于团结，不利于以后的合作与往来。用协商的方式解决，程序简便，及时迅速，有利于减轻仲裁和审判机关的压力，节省仲裁、诉讼费用，有效防止经济损失的进一步扩大。

合同双方当事人之间自行协商解决纠纷，应当遵守以下原则：一是平等自愿原则。不允许任何一方以行政命令手段，强迫对方进行协商，更不能以断绝供应、终止协作等手段相威胁，迫使对方达成只有对方尽义务。二是合法原则。即双方达成的和解协议，其内容要符合法律和政策规定，不能损害国家利益，社会公共利益和他人的利益，否则，当事人之间为解决纠纷达成的协议无效。

二、调解

调解，是指双方当事人自愿在第三方（即调解的人）的主持下，在查明事实、分清是非的基础上，由第三方对纠纷双方当事人进行说明劝导，促使他们互谅互让，达成和解协议，从而解决纠纷的活动。

调解有以下 3 个特征：第一，调解是在第三方的主持下进行的，这与双方自行和解有着明显的不同；第二，主持调解的第三方在调解中只是说服劝导双方当事人互相谅解，达成调解协议而不是作出裁决，这表明调解和仲裁不同；第三，调解是依据事实和法律、政策，进行合法调解，而不是不分是非，不顾法律与政策在"和解"。

发生合同纠纷的双方当事人在通过第三方主持调解解决纠纷时，应当遵守以下原则：第一，自愿原则。自愿有两方面的含义：一是纠纷发生后，是否采用调解的方式解决，完全依靠当事人的自愿。调解不同于审判，如果纠纷当事人双方根本不愿用调解方式解决纠纷，那么就不能进行调解。二是调解协议必须由双方当事人自愿达成。调解人在调解过程中要耐心听取双方当事人和关系人的意见,在查明事实、分清是非的基础上,对双方当事人进行说服教育,耐心劝导,并晓之以理,动之以情,以促使双方当事人互相谅解,达成协议。调解人既不能代替当事人达成协议,也不能把自己的意志强加给当事人。如果当事人对协议的内容有意见,则协议不能成立,调解无效。第二,合法原则。根据合法原则的要求,双方当事人达成协议的内容不得同法律和政策相违背。凡是有法律、法规规定的,按法律、法规的规定办理;法律、法规没有明文规定,应根据党和国家的方针、政策,并参照合同规定和条款进行处理。

根据国家有关的法律和法规,合同纠纷的调解,主要有行政调解、仲裁调解、法院调解3种。

1. 行政调解

行政调解,是指根据一方或双方当事人的申请,当事人双方在其上级业务主管部门主持下,通过说服教育,自愿达成协议,从而解决纠纷的一种方式。

2. 仲裁调解

仲裁调解,是指合同当事人在发生纠纷时,依照合同中的仲裁条款或者事先达成的仲裁协议,向仲裁机构提出申请,在仲裁机构主持下,根据自愿协商、互谅互让的原则,达成解决合同纠纷的协议。

3. 法院调解

法院调解,又称诉讼中的调解,是指在人民法院的主持下,双方当事人平等协商,达成协议,经人民法院认可后,终结诉讼程序的活动。根据《民事诉讼法》的规定,人民法院进行调解也必须坚持自愿、合法的原则,对调解达不成协议或调解无效的,应当及时判决,不应久调不决。

工程承包合同实行监理制度后,监理工程师也有权进行合同的调解。

三、仲裁

仲裁也称公断。合同仲裁,是由第三方依据双方当事人在合同中订立的仲裁条款或自愿达成的仲裁协议,按照法律规定对合同争议事项进行居中裁断,以解决合同纠纷的一种方式。

争议发生后,当事人不愿和解、调解或和解、调解不成的,可以根据双方达成的仲裁协议向仲裁机构申请仲裁,其中涉外合同的当事人可以根据仲裁协议向中国仲裁机构或者其他仲裁机构申请仲裁。如果当事人没有订立仲裁协议或者仲裁协议无效者,不能申请仲裁,但可以向人民法院起诉。

对国内范围内的仲裁来说,大致有3种类型:一是民间仲裁,是指按照法律规定,经双方当事人约定,在发生经济纠纷地,由双方选择约定的仲裁人或数人进行仲裁。仲裁人的仲裁决定,对当事人来说,同法院的判决有同等的效力。二是社会团体仲裁,即当事人双方约定,对现在或者将来发生的一定经济纠纷,由社会团体内所设立的仲裁机构进行仲裁。这种仲裁裁决,同样具有法律效力。三是国家行政机关仲裁,即对国家经济组织之间的经济纠纷,由国家行政机关设置一定的仲裁机构进行仲裁,而不由司法机关进行审判。

合同仲裁有以下几个特点:第一,合同仲裁是合同双方当事人自愿选择的一种方法,合同纠纷发生后,是否通过仲裁解决,完全要根据双方当事人的意愿决定。另外,仲裁地点、仲裁机构以及需要仲裁的事项,也都根据双方当事人的意志在仲裁协议中自主选择决定。第二,合同纠纷仲裁中,第三方的裁断具有约束力,能够最终解决争议。虽然合同纠纷的仲裁是由双方当事人自主约定提交的,但是仲裁裁决一经作出,法律即以国家强制力来保证其实施。第三,合同纠纷的仲裁,方便、简单、及时、低廉。

当合同纠纷当事人双方通过仲裁解决纠纷时,应当遵守以下的原则:

(1) 当事人自愿原则。《中华人民共和国仲裁法》第4条规定:"当事人采用仲裁方式解决仲裁纠纷,应当双方自愿,达成仲裁协议。没有仲裁协议,一方申请仲裁的,仲裁委员会不予受理。"任何仲裁机构都不应受理未经自愿协议而提交仲裁的案件。而当事人一旦自愿达成选择以仲裁方式解决纠纷的协议,该协议不但对协议当事人,而且对人民法院也具有程序上的约束力。

(2) 仲裁的独立性原则。

(3) 仲裁一裁终局的原则。裁决作出后,当事人就同一纠纷再申请仲裁或者向人民法院起诉的,仲裁委员会或者人民法院不予受理。

四、诉讼

合同在履行过程中发生纠纷后,解决争议的方式有4种,即当事人自行协商解决、调解、仲裁和诉讼。其中,仲裁方法由于比较灵活、简便,解决纠纷比较快,费用又比较低,所以很受当事人欢迎。但是,如果当事人一方不愿仲裁,则不能采用仲裁的方式,而只能采用诉讼的方式来解决双方当事人之间的争议。所以,诉讼是解决合同纠纷的最终形式。

所谓合同纠纷诉讼,是指人民法院根据合同当事人的请求,在所有诉讼参与人的参加下,审理和解决合同争议的活动,以及由此而产生的一系列法律关系的总和。诉讼是以保护当事人的合法权益,制裁违法违约行为,维护社会经济秩序为目的的法律活动。

诉讼是诉讼解决合同纠纷的一种重要方式。与其他解决合同纠纷的方式相比,诉讼是最有效的一种方式。之所以如此,首先,因为诉讼是由国家审判机关依法进行审理裁判,最具有权威性;其次,裁判发生法律效力后,以国家强制力保证裁判的执行。

1. 简述合同的基本原则。
2. 合同有哪些种类?
3. 简述合同的内容。
4. 合同有哪些形式?
5. 什么是要约和承诺? 其法律特征是什么?
6. 以竞争形式订立合同时,要约和承诺最典型的表现形式是什么?
7. 合同成立的时间和地点如何确定?
8. 当事人在订立合同过程中有哪些情形? 给对方造成损失的,应当承担损害赔偿责任?
9. 什么是代理? 其基本特征是什么? 有哪些基本方式?

10. 什么是无效合同？哪些情况下合同无效？
11. 什么是可撤销合同？在哪些情况下可以撤销？
12. 无效合同或可撤销合同的法律后果是什么？
13. 简述合同的履行原则。
14. 履行抗辩权有哪些种类？其各自的内涵是什么？
15. 什么是代位权、撤销权？
16. 简述中止合同履行的法定条件与法律后果。
17. 合同担保的形式有哪些？
18. 什么是合同公证、鉴证？二者有哪些区别？
19. 什么是合同的转让？合同的转让有哪些法律规定？
20. 合同在什么条件下可以终止？
21. 合同纠纷的处理方式有哪些？

第三章 公路工程招标投标
CHAPTER THREE

第一节 招标投标概述

一、招标投标制度的作用与特点

在我国公路工程建设中比较早地全面推行了业主负责制、工程监理和承包合同制，但在实施中仍存在影响合同正常履行的问题，甚至出现严重违法事件，对建设工程造成重大损失。因此，通过招标投标引进竞争机制，可以防止垄断和地方保护主义现象，保护建设市场，减少建设市场的行政干预，规范业主行为，以保证合同公平与工程正常地执行与进展。事实上，光有相关法规还是不行的，招标投标制度对招标投标工作来说，其作用在于：

(1) 促进社会主义市场经济体制的建立和完善，使工程建设市场从人治走向法治，以保证建设市场合法而有序地运作。

(2) 促进建设市场的统一和开放以及有序竞争，以利于培养和发展建设市场，使基本建设管理法治化、规范化。

(3) 促进社会劳动生产力水平和生产效率的提高，以促进企业的技术进步和管理水平的提高，以及在保证工程质量和工程进度的前提下，降低工程造价，提高投资效益。

(4) 促使建设单位按程序办事，认真做好招标前期的准备工作，还有利于保护承包人的合法权益。同时使引进外资的工作能更好地开展，使投资者有信心，有安全感，以加快开放的步伐，争取更多的外资投入，加快我国公路工程建设，提高我国工程企业的素质和在国内国外的竞争能力。

招标投标制度具有以下几个特点：

(1) 通过竞争机制，达到交易公开。

(2) 鼓励竞争，防止垄断，优胜劣汰，可较好地实现投资效益。

(3) 通过科学、合理和规范化的监管制度与运作程序，可有效杜绝不正之风，保证交易的公正和公平。

二、招标投标活动应遵循的基本原则

1. 公开原则

公开原则主要是要求招标活动的信息要公开。采用公开招标方式,应当发布招标公告,依法必须进行招标的项目,其招标公告必须通过国家指定的报刊、信息网络或者其他公共媒体发布。无论是招标公告、资格预审公告,还是招标邀请书,都应当载明能大体满足潜在投标人决定是否参加投标竞争所需要的信息。另外,开标的程序、评标的标准和程序、中标的结果等也应当公开。

2. 公平原则

公平原则要求招标人严格按照规定的条件和程序办事,同等地对待每一个投标竞争者,不得对不同的投标竞争者采取不同的标准,不得以任何方式限制或者排斥本地区、本系统以外的法人或者其他组织参加投标。

3. 公正原则

在招标投标过程中,招标人应对所有的投标竞争者平等对待,不能有特例。特别是在评标时,评标标准应当明确,程序应当严格。对所有在投标截止日期以后送达的投标书都应拒收,与投标人有利害关系的人员都不得作为评标委员会的成员;招标投标双方在招标投标过程中的地位平等,任何一方不得向另一方提出不合理的要求,不得将自己的意志强加给对方。

4. 诚实信用原则

诚实信用原则是开展市场经济的前提,也是订立合同的基本原则之一,并有"帝王条款"之称。违反诚实信用原则的行为是无效的,行为人应对由此造成的损失和损害承担责任。招标投标是以订立合同为最终目的,诚实信用是订立合同的前提和保证。

根据招标目的的不同,招标的形式有勘察设计招标、施工监理招标、材料设备招标及施工招标。由于在公路工程建设中我们使用最多是公路工程施工的招标与投标,故本教材仅讲解公路工程施工的招标与投标。

第二节 公路工程施工招标

一、公路工程施工招标应具备的条件

根据我国《公路工程施工招标投标管理办法》的规定,结合公路建设项目招标承包实践的要求,在进行公路工程施工招标前,应具备以下条件:

(1)初步设计文件已被批准。
(2)建设资金已经落实。
(3)项目法人已经成立,并符合项目法人资格标准要求。

公路工程施工招标的招标人，应当是依照《公路工程施工招标投标管理办法》规定提出公路工程施工招标项目、进行公路工程施工招标的项目法人，又称招标人。自行办理招标事宜的招标人应具备以下条件：

(1) 具有与招标项目相适应的工程管理、造价管理、财务管理能力。

(2) 有组织编制公路工程施工招标文件和标底的能力。

(3) 有对投标人进行资格审查和组织评标的能力。

招标人不具备以上规定条件的，应当委托具有相应资格的招标代理机构办理公路工程施工招标事宜。任何组织和个人不得强行为招标人指定招标代理机构。

二、招标代理

招标代理机构是依法设立、从事招标代理业务并提供相关服务的市场中介组织。所谓中介组织，是指那些本身不从事生产经营和商品流通活动，而为专门从事生产经营和商品流通活动的市场主体提供各种服务的组织，如律师事务所、会计师事务所、资产评估机构、行业协会、咨询机构、拍卖行等。市场经济的发展，离不开市场中介组织。市场中介组织作为政府、市场、企业联系的纽带，具有政府行政管理不可替代的作用。发达的市场中介组织又是市场成熟和市场经济发达的重要表现。市场中介组织主要有三大作用：一是为市场主体提供服务，沟通市场主体之间的联系；二是保证市场公平竞争、公平交易；三是监督市场交易行为。招标代理机构就是独立于政府和企业之外，为市场主体提供招标服务的市场中介组织。在组织招标的过程中，招标代理机构不仅要接受招标人和投标人的监督，还要接受政府和社会的监督，以及执业资质考核和职业道德的约束。同时，招标代理机构还是招标人与投标人之间联系的桥梁，是政府管理招标人招标行为的纽带。因此，招标代理机构是典型意义上的市场中介组织。

依法成立招标代理机构应当具备下列条件：

(1) 招标代理机构必须依法设立。依法设立，是任何社会组织成立的形式要件。由于社会组织的性质、业务经营范围的不同，其成立的程序亦有区别，但都必须依法成立。依法成立的含义是：机构的设立目的和宗旨要符合国家和社会公共利益的要求；组织机构、设立方式、经营范围、经营方式要符合法律的要求；要依照法律规定的审核和登记程序办理有关成立手续。

(2) 有从事招标代理业务的营业场所和相应资金。具有营业场所和相应资金是开展业务所必需的物质条件，也是招标代理机构成立的外部条件。营业场所，是提供代理服务的固定地点。相应资金，是开展代理业务所必要的资金。对于具备法人资格的招标代理机构而言，《公司法》规定其注册资本不得少于10万元；《企业法人登记管理条例施行细则》也规定，咨询服务性公司的注册资金不得少于10万元。

(3) 有能够编制招标文件和组织评标的相应专业力量。招标代理机构是否能够编制招标文件和组织评标，既是衡量招标人能否自行办理招标事宜的标准，也是招标代理机构必须具备的实质要件。从整个招标投标程序看，编制招标文件和组织评标是其中最重要的两个环节。招标文件是整个招标过程所遵循的基础性文件，是投标和评标的依据，也是合同的重要组成部分。一般情况下，招标人与投标人之间不进行或只进行有限的面对面交流，投标人只能根据招标文件的要求编写投标文件。因此，招标文件是联系、沟通招标人与投标人的桥梁，能否编制出完整、严谨的招标文件，将直接影响招标的质量。这也是招标成败的关键。组织评标，即组织评标委员会,严格按照招标文件所确定的标准和方法,对所有投标文件进行评审和比较,从中确定中标人。能否顺利地组织评标,直接影响招标的效果,也是体现招标公平性的重要保证。因此,编制招标文件和组织评标是招标代理机构应具备的最基本的业务能力。

(4)具备可以作为招标委员会成员人选的技术、经济等方面的专家库。《招标投标法》第37条规定了评标委员会的组成办法,并对能进入评标委员会的专家的条件进行了限定:从事相关领域工作满8年并具有高级职称或具有同等专业水平,由招标人从国务院有关部门或省、自治区、直辖市人民政府有关部门提供的专家名册或招标代理机构专家库内的相关专业的专家名单中确定。

招标代理机构的主要业务包括为招标人编制招标文件,审查投标人的资格,按程序组织评标,协调招标人与投标人的关系,监督合同的履行,对招标人进行购后服务等。这些业务有的属于严格意义上的招标代理,有的是与招标代理相关的其他服务。凡是提供上述服务,并经依法设立的组织,均可成为招标代理机构。在招标代理过程中,招标代理机构可根据自己提供服务量的大小,向招标人收取一定的费用。

三、公路工程施工招标的基本方式

1. 法定招标方式

《公路工程施工招标投标管理办法》第10条规定:"公路工程施工招标分为公开招标、邀请招标。"一般应采用公开招标。采用邀请招标的,必须按规定程序报批后才能实行。

(1)公开招标。公开招标是指招标人通过国家指定的报刊、信息网络或者其他媒体发布招标公告,邀请具备相应资格的不特定的法人投标。除特殊规定外,公路工程施工招标应当实行公开招标。

公开招标又称无限竞争招标,其特点是招标过程中投标人的数量不受限制,凡是符合条件的投标人均可参加投标。公开招标有效贯彻了公平竞争原则,有利于打破地区保护和行业封锁,促进完全竞争的建设市场的形成,以利降低投标报价。

公开招标的缺点是工作量大、费用高,影响市场的交易效率,同时也会增大投标的社会成本。投标人越多,投标的社会总成本越大。

(2)邀请招标。邀请招标是招标人以投标邀请书的方式邀请特定的法人投标。邀请招标的特点是投标人的数量受到限制,通常称为有限竞争招标。投标人必须邀请3个以上的投标人,一般以5~8个为宜。符合下列条件之一,不宜公开招标的公路建设项目,经交通部或省级人民政府交通主管部门批准后,可以进行邀请招标:①施工规模较小;②有特殊技术要求;③工期特别紧。

2. 非法定招标方式

目前,非法定招标方式主要是议标方式,这是一种特殊的邀请招标方式,又称比价招标。通常由招标方邀请一个或多个(一般不超过3个)承包人直接通过合同谈判的方式进行定标。由于我国国情的特殊性,此方式现在一般不允许采用。但该方式在国际上很普遍,国际上承包人90%的业务都是通过议标取得。

四、施工招标的基本程序

施工招标的基本程序可用图 3-1 表示。招标程序主要包括招标准备、投标组织及评标定标 3 个阶段。

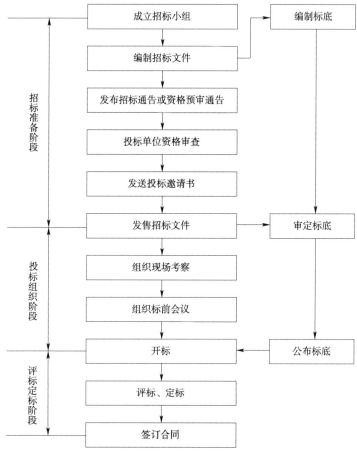

图 3-1　施工招标的基本程序

五、招标准备阶段的内容

(一) 招标小组的组成与职能

招标小组的成员一般由业主领导(代表)、政府主管机关领导、定额或工程造价管理部门的领导及日常工作人员组成。招标小组的职能和工作如下：

(1) 编制并确定招标工作计划。

(2) 确定招标方式，并报有关主管部门审批。

(3) 选定承包方式。选定承包方式是一项十分重要的工作，因为通过招标和投标的工作，最终要与中标者按决定的包方式签订承包合同，而其后的工程施工、竣工等一切工作均是按合同开展。按计价方式的不同，施工承包合同有以下几种类型：

①总价合同。

a.固定总价合同。按双方商定的总价签订的承包工程合同称为固定总价合同。其特点是以图纸和技术规范为依据,明确承包内容和计算包价,签约时一次包死;在合同执行过程中,除非业主要求变更原定的承包内容,承包方一般不得要求变更包价。这种方式简便,但双方均需承担一定的风险。对业主来说,管理工作量较少,结算简便,但承包费用,特别是不可预见的费用难以掌握,不利于降低造价。对承包人来说,如果图纸和规范要求不够详细,未知因素比较多,或遇到材料等突然涨价以及出现恶劣气候等意外情况,则必须承担风险,为此,往往加大不可预见费,且难以把握。总价承包方式只适用于施工图纸明确、规模小、工期短、技术不太复杂的工程。

b.变动(调值)总价合同。变动总价合同是指合同总承包价款随工程进展中的变更、违约索赔、材料涨价等因素变化而变动。显而易见,这种承包方式比较客观、合理,但对双方都不简便,往往产生一些矛盾,造成管理工作量的加大。为此,在选择本方式时,必须注意变动或调值要以公式法或文件证据法为依据。这种方式一般适用于公开招标、工期较长的大规模工程。

②单价合同。单价合同是指先由业主开列出有工程细目的工程清单,然后交投标方投标报价,再择一家能胜任工程任务而总报价低的为中标方,双方签订合同,工程付款将根据所完成的工程数量按工程量清单中的单价结算。本方式具有更好的公平性,便于处理工程变更和施工索赔问题,能避免工程变更给双方带来的风险且利于降低风险报价,因而被广泛采用。但本方式将增大业主的管理工作量,并对监理工程师的素质有很高的要求。这种方式适用于在没有详细的施工图及工程数量,对工程某些施工条件也不完全清楚的情况下就要开工的工程。

③成本补偿合同。按工程实际发生的成本(包括人工费、材料费、施工机械使用费、其他直接费和施工管理以及各项独立费,但不包括承包人的总管理费和应缴所得税),加上商定的总管理费和利润来确定工程总造价,此为成本补偿合同方式。本方式一般适用于开工前对工程内容尚不十分清楚的工程,如边设计边施工的紧急工程,或遭受地震、战火等灾害破坏后的修复工程,以及保密工程或科学研究的工程等。

(4)划分标段,确定各标段的承发包范围。标段划分中应注意的要点如下:

①认真分析工程的技术特点、要求。

②分析承包队伍的能力。

③分析工程是否有条件分包。

④标段划分不宜过小,以免使施工成本增加、施工干扰增多、业主和监理的协调管理工作量增加。

⑤注意设计中的设计方案整体的关系性。例如,若标段划分不合理,会破坏原设计中的土石方调配方案,从而增大施工的组织协调难度和增加工程造价。

⑥注意标段的工程内容的有序衔接。

(5)编制招标文件和资格预审文件,同时,确定招标文件的合同参数。这些参数主要包括:工期、预付款比例、缺陷责任期、保留金比例、迟付款利息的利率、拖期损失赔偿金或按时竣工奖金的额度、开工时间等。招标文件应当按项目管理权限报交通主管部门审批。

(6)组织投标单位资格预审,在资格预审中确定投标单位,并将资格预审结果按项目管理权限报交通主管部门审批。

(7)发布招标广告或投标邀请书,发售招标文件。
(8)组织现场考察。
(9)组织标前会议。
(10)组织开标评标等事项。
(11)审定标底。
(12)在评标定标中确定中标单位。

施工招标是合同订立的前期管理工作,而施工监理是合同履行中的管理工作,监理工程师参加招标甚至施工单位将整个招标工作委托给监理单位承担都是可以的,这样对搞好施工监理工作是很有帮助的,所以,在施工招标前应选定或通过招标方式确定监理单位。

(二)招标文件的组成内容

为了加强公路工程施工的招标与投标管理,规范招标文件的编制和评标工作,交通部组织专家编写了《公路工程施工招标文件》,并在发布《公路工程施工招标文件》(1999年版)的通知中明确"从2000年1月1日起,公开招标和邀请招标的二级以上公路和大型桥梁、隧道建设项目,必须强制使用《公路工程施工招标文件》,业主单位可以根据本地区和项目的实际情况,编写特殊合同条款和补充的技术规范。"该《公路工程施工招标文件》于2018年又重新进行了修订,并于2018年3月1日起实施。该《公路工程施工招标文件》(2018年版)的内容包括:

上册
第一卷
第一章　招标公告(未进行资格预审)
第二章　投标人须知
第三章　评标办法
第四章　合同条款及格式
第五章　工程量清单
第二卷
第六章　图纸(另册)
第三卷
第七章　技术规范(另册)
第八章　工程量清单计量规则(另册)
第四卷
第九章　投标文件格式
下册
下面就以上内容予以解释。

1. 招标邀请书

招标邀请书是对资格合格的投标人发出的邀请信函,具体格式如下。

投标邀请书格式

_____(项目名称)_____标段施工投标邀请书

_____(被邀请单位名称):

1. 招标条件

本招标项目_____(项目名称)已由_____(项目审批、核准或备案机关名称)以_____(批文名称及编号)批准建设,项目业主为_____,建设资金来自_____(资金来源),出资比例为_____,招标人为_____。项目已具备招标条件,现邀请你单位参加_____(项目名称)_____标段施工投标。

2. 项目概况与招标范围

_____。
(说明本次招标项目的建设地点、规模、计划工期、招标范围、标段划分等。)

3. 投标人资格要求

3.1 本次招标要求投标人具备_____资质,_____业绩,并在人员、设备、资金等方面具有承担本标段施工的能力。

3.2 你单位_____(可以或不可以)组成联合体投标。联合体投标的,应满足下列要求:_____。

4. 招标文件的获取

4.1 请于____年____月____日至____年____月____日(法定公休日、法定节假日除外),每日上午____时至____时,下午____时至____时(北京时间,下同),在_____(详细地址)持本投标邀请书和企业法人营业执照副本原件、企业资质证书副本原件、企业安全生产许可证副本原件、单位介绍信、经办人身份证及上述资料复印件一套购买招标文件。

4.2 招标文件每套售价____元,图纸每套售价____元,招标人根据对本合同工程勘察所取得的水文、地质、气象和料场分布、取土场、弃土场位置等资料编制的参考资料每套售价____元,售后不退❶。

5. 投标文件的递交及相关事宜

5.1 招标人将于下列时间和地点组织进行工程现场踏勘并召开投标预备会❷。
踏勘现场时间:____年____月____日____时;集中地点:_____。
投标预备会时间:____年____月____日____时;地点:_____。

5.2 投标文件递交的截止时间(投标截止时间,下同)为____年____月____日____时____分❸,投标人应于当日____时____分至____时____分将投标文件递交至_____。

---

❶ 招标人可根据项目具体特点和实际需要对本内容进行补充、细化,但应遵守《中华人民共和国招标投标法》等有关法律法规的规定。

❷ 招标人应自招标文件开始发售之日起,将招标文件的关键内容上传至具有招标监督职责的交通运输主管部门政府网站或其指定的其他网站上进行公开,公开内容包括项目概况、对投标人的全部资格条件要求、评标办法全文、招标人联系方式等。

❸ 本段规定仅适用于根据《关于发布公路工程从业企业资质名录的通知》(厅公路字〔2011〕114号)要求,招标人应通过名录对投标人资质条件进行审核的公路施工企业。

5.3 逾期送达的或者未送达指定地点的投标文件，招标人不予受理。

6. 确认

你单位收到本投标邀请书后，请于_____（具体时间）前以传真或快递方式予以确认，并明确是否准备参与投标。

7. 联系方式

招 标 人：_____　　招标代理机构：_____
地　　址：_____　　地　　　　址：_____
邮政编码：_____　　邮 政 编 码：_____
联 系 人：_____　　联 系 人：_____
电　　话：_____　　电　　　　话：_____
传　　真：_____　　传　　　　真：_____

_____年___月___日

2. 投标人须知

投标人须知是为了让投标单位了解招标项目招标的基本情况和要求而准备的一份文件，包括三部分内容，即投标人须知资料表（表3-1）、资格审查条件表（表3-2～表3-5）、投标人须知正文。

投标人须知资料　　　　　　　表3-1

条款号	条款名称	编列内容
1.1.2	招标人	名　称： 地　址： 联系人： 电　话：
1.1.3	招标代理机构	名　称： 地　址： 联系人： 电　话：
1.1.4	项目名称	
1.1.5	建设地点	
1.2.1	资金来源	
1.2.2	出资比例	
1.2.3	资金落实情况	
1.3.1	招标范围	
1.3.2	计划工期	计划工期：_____日历天 计划开工日期：_____年___月___日 计划竣工日期：_____年___月___日❶

---

❶ 招标人如有阶段工期要求，请在此补充。

续上表

条款号	条款名称	编列内容
1.3.3	质量要求	标段工程交工质量评定：_____； 竣工验收的质量评定：_____
1.4.1❷	投标人资质条件、能力和信誉	资质条件：见附录1 财务要求：见附录2 业绩要求：见附录3 信誉要求：见附录4 项目经理和项目总工资格：见附录5 其他要求：❸
1.4.2❹	是否接受联合体投标	□不接受 □接受，但联合体所有成员数量不得超过_____家； 还应满足下列要求：
1.9.1	踏勘现场	□不组织 □组织，踏勘时间： 　　　　踏勘集中地点：
3.4.1	投标保证金	投标保证金的金额：_____ 投标保证金的形式：_____ 投标保证金的递交截止时间： _____年____月____日____时之前 招标人的开户银行及账号： 招标人：_____ 开户银行：_____ 账号：_____
3.5.2❺	近年财务状况的年份要求	_____年 ~ _____年
3.5.3❻	近年发生类似项目的年份要求	_____年 ~ _____年
3.5.5❼	近年发生诉讼及仲裁情况的年份要求	_____年 ~ _____年
3.6	是否允许递交备选投标方案	□不允许 □允许
3.7.3	签字或盖章要求	
3.7.4	投标文件副本份数	_____份，另加1份投标文件电子版（光盘或U盘，如需要）
3.7.5	装订要求	

❷ 本项适用于未进行资格预审的情况。

❸ 适于技术特别复杂的特大桥梁和长大隧道工程，招标人还应增加附录6、附录7，对投标人的其他主要管理人员和技术人员以及主要机械设备和试验检测设备提出要求。

❹ 本项适用于未进行资格预审的情况。

❺ 本项适用于未进行资格预审的情况。

❻ 本项适用于未进行资格预审的情况。

❼ 本项适用于未进行资格预审的情况。

续上表

条款号	条款名称	编列内容
4.1.2❽	封套上写明	内层封套： 投标人邮政编码：＿＿＿＿＿＿＿ 投标人地址：＿＿＿＿＿＿＿ 投标人名称：＿＿＿＿＿＿＿ 投标人联系人：＿＿＿＿＿＿＿ 投标人联系电话：＿＿＿＿＿＿＿ 招标人地址及名称：＿＿＿＿＿＿＿（寄） 外层封套： 招标人地址：＿＿＿＿＿＿＿ 招标人名称：＿＿＿＿＿＿＿ ＿＿＿＿＿＿＿（项目名称）＿＿＿＿＿＿标段施工招标投标文件 在＿＿＿年＿＿＿月＿＿＿日＿＿＿时＿＿＿分前不得开启
		投标文件第一个信封（商务及技术文件） 内层封套： 投标人邮政编码：＿＿＿＿＿＿＿ 投标人地址：＿＿＿＿＿＿＿ 投标人名称：＿＿＿＿＿＿＿ 投标人联系人：＿＿＿＿＿＿＿ 投标人联系电话：＿＿＿＿＿＿＿ 招标人地址及名称：＿＿＿＿＿＿＿（寄） 投标文件第一个信封（商务及技术文件） 外层封套： 招标人地址：＿＿＿＿＿＿＿ 招标人名称：＿＿＿＿＿＿＿ ＿＿＿＿＿＿＿（项目名称）＿＿＿＿＿＿标段施工招标第一个信封（商务及技术文件）投标文件 在＿＿＿年＿＿＿月＿＿＿日＿＿＿时＿＿＿分前不得开启 投标文件第二个信封（投标报价和工程量清单） 内层封套： 投标人邮政编码：＿＿＿＿＿＿＿ 投标人地址：＿＿＿＿＿＿＿ 投标人名称：＿＿＿＿＿＿＿ 投标人联系人：＿＿＿＿＿＿＿ 投标人联系电话：＿＿＿＿＿＿＿ 招标人地址及名称：＿＿＿＿＿＿＿（寄） 投标文件第二个信封（投标报价和工程量清单） 外层封套： 招标人地址：＿＿＿＿＿＿＿ 招标人名称：＿＿＿＿＿＿＿ ＿＿＿＿＿＿＿（项目名称）＿＿＿＿标段施工招标第二个信封（投标报价和工程量清单）投标文件 在＿＿＿年＿＿＿月＿＿＿日＿＿＿时＿＿＿分前不得开启

---

❽ 本项适用于采用双信封形式的投标文件。

续上表

条款号	条款名称	编列内容
4.2.2	递交投标文件地点	
4.2.3	是否退还投标文件	□否 □是
4.2.6	招标人通知延后投标的截止时间	原定投标截止时间为_____天前
5.1	开标时间和地点	开标时间: 同投标截止时间 开标地点:_____
5.1⑨	开标时间和地点	投标文件第一个信封(商务及技术文件) 开标时间: 同投标截止时间 投标文件第一个信封(商务及技术文件) 开标地点:_____ 投标文件第二个信封(投标报价和工程量清单) 开标时间:_____ 投标文件第二个信封(投标报价和工程量清单) 开标地点:_____
5.2.1	开标程序	(4)密封情况检查⑩:_____ (5)开标顺序:_____
6.1.1	评标委员会的组建⑪	评标委员会构成:_____人,其中招标人代表_____人,专家_____人; 评标专家确定方式:从_____专家库中随机抽取
7.1	是否授权评标委员会确定中标人	□是 □否,推荐的中标候选人的人数为_____名
7.3.1	履约担保	履约担保金额:_____%签约合同价⑫, 被招标项目所在地省级交通主管部门评为最高信用等级的中标人,履约担保金额为_____%签约合同价⑬(适用于采用合理低价法或综合评估法确定的中标人) 履约担保形式: □银行保函 □银行保函+现金(电汇或银行汇票形式)⑭ 采用银行保函时,出具履约担保的银行级别:_____

⑨ 本项适用于采用双信封形式的投标文件。

⑩ 投标文件的密封情况可由监标人或投标人代表检查。

⑪ 评标委员会应由招标人代表和有关方面的专家组成,人数为5人以上的单数,其中技术、经济专家人数应不少于成员总数的2/3。

⑫ 履约担保金额一般为10%签约合同价,如果采用经评审的最低投标价法评标,履约担保金额应符合本章"投标人须知"第7.3.1项的规定。

⑬ 对被招标项目所在地省级交通主管部门评为最高信用等级的中标人,招标人可在履约担保方面给予一定的奖励,例如招标人可给予中标人1%~5%签约合同价履约担保金的优惠,具体优惠幅度由招标人自行确定。

⑭ 履约担保的现金比例一般不超过签约合同价的5%。

续上表

条款号	条款名称	编列内容
9.5	监督部门	监督部门：＿＿＿＿＿＿＿ 地　　址：＿＿＿＿＿＿＿ 电　　话：＿＿＿＿＿＿＿ 传　　真：＿＿＿＿＿＿＿ 邮政编码：＿＿＿＿＿＿＿

需要补充的其他内容	

投标人须知修改表是招标人根据项目的实际情况,将"范本"的投标人须知中做出修改的内容以表格的形式列出来,便于投标人更加清楚地了解修改情况。

资质审查条件(资质最低条件)　　　　　　　　　　　　　　表3-2

施工企业资质等级要求

资质审查条件(财务最低要求)　　　　　　　　　　　　　　表3-3

财务要求

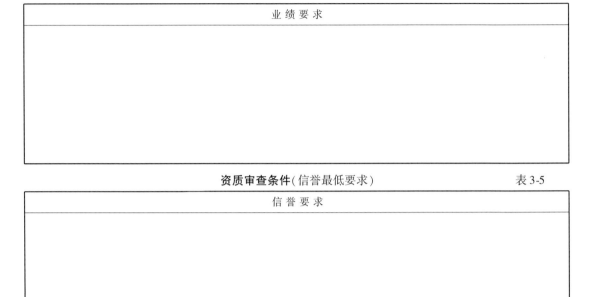

投标人须知资料表是将投标人须知中的重要时间表、地址、投标文件的份数、投标担保及履约担保的金额和形式等内容摘出来,以便投标人做好投标工作。

投标人须知正文共包括以下 10 部分内容:

(1)总则。

①项目概况。

②资金来源和落实情况。

③招标范围、计划工期和质量要求。

④投标人资格要求。分已进行资格预审的和未进行资格预审的。

⑤费用承担。投标人准备和参加投标活动发生的费用自理。

⑥保密。参与招标投标活动的各方应对招标文件和投标文件中的商业和技术等秘密保密,违者应对由此造成的后果承担法律责任。

⑦语言文字。除专用术语外,与招标投标有关的语言均使用中文。必要时专用术语应附有中文注释。

⑧计量单位。所有计量均采用中华人民共和国法定计量单位。

⑨踏勘现场。投标人须知前附表规定组织踏勘现场的,招标人按投标人须知前附表规定的时间、地点组织投标人踏勘项目现场。

⑩投标预备会。投标人须知前附表规定召开投标预备会的,招标人按投标人须知前附表规定的时间和地点召开投标预备会,澄清投标人提出的问题。投标人应在投标人须知前附表规定的时间前,以书面形式将提出的问题送达招标人,以便招标人在会议期间澄清。投标预备会后,招标人在投标人须知前附表规定的时间内,将对投标人所提问题的澄清,以书面方式通

知所有购买招标文件的投标人。该澄清内容为招标文件的组成部分。

⑪分包。本项目严禁转包和违规分包,且不得再次分包。投标人拟在中标后将中标项目的部分非主体、非关键性工作进行分包的,应符合相关规定。

⑫偏离。投标人须知前附表允许投标文件偏离招标文件某些要求的,偏离应当符合招标文件规定的偏离范围和幅度。

(2) 招标文件。

①招标文件的组成。本招标文件包括以下内容:

a. 招标公告(或投标邀请书);

b. 投标人须知;

c. 评标办法;

d. 合同条款及格式;

e. 工程量清单;

f. 图纸;

g. 技术规范;

h. 投标文件格式;

i. 投标人须知前附表规定的其他材料。

②招标文件的澄清。投标人应仔细阅读和检查招标文件的全部内容。如发现缺页或附件不全,应及时向招标人提出,以便补齐。如有疑问,应在"投标人须知"附表规定的时间前以书面形式(包括信函、电报、传真等可以有形地表现所载内容的形式),要求招标人对招标文件予以澄清。

招标文件的澄清将在"投标人须知"附表规定的投标截止时间前 15 天以书面形式发给所有购买招标文件的投标人,但不指明澄清问题的来源。如果澄清发出的时间距投标截止时间不足 15 天,应相应延长投标截止时间。招标人有责任保证所有购买招标文件的投标人收到招标文件的澄清。投标人在收到澄清后,应在"投标人须知"附表规定的时间内以书面形式通知招标人,确认已收到该澄清。

③招标文件的修改。在投标截止时间前 15 天,招标人可以通过书面形式修改招标文件,并通知所有已购买招标文件的投标人。如果修改招标文件的时间距投标截止时间不足 15 天,应相应延长投标截止时间。

(3) 投标文件。

①投标文件的组成。投标文件包括以下内容:

a. 投标函及投标函附录;

b. 法定代表人身份证明或附有法定代表人身份证明的授权委托书;

c. 联合体协议书;

d. 投标保证金;

e. 已标价工程量清单;

f. 施工组织设计;

g. 项目管理机构;

h. 拟分包项目情况表;

i. 资格审查资料；

j. 承诺函；

k. 调价函及调价后的工程量清单（如有）；

l. "投标人须知"附表规定的其他材料。

②投标报价。投标人应按第五章"工程量清单"的要求填写相应表格。

③投标有效期。在"投标人须知"附表规定的投标有效期内，投标人不得要求撤销或修改其投标文件。出现特殊情况需要延长投标有效期的，招标人应以书面形式通知所有投标人延长投标有效期。投标人同意延长的，应相应延长其投标保证金的有效期，但不得要求或被允许修改或撤销其投标文件；投标人拒绝延长的，其投标失效，但投标人有权收回其投标保证金。

④投标保证金。投标人在递交投标文件的同时，应按投标人须知前附表规定的金额、担保形式规定的投标保证金格式递交投标保证金，并作为其投标文件的组成部分。以联合体投标的，其投标保证金由牵头人递交，并应符合投标人须知前附表的规定。

投标保证金必须选择下列任一种形式：电汇、银行保函或招标人规定的其他形式。

若采用电汇，投标人应在此提供电汇回单的复印件。

如采用银行保函，银行保函原件应装订在投标文件的正本之中，格式如下。

投标银行保函

_____（招标人名称）：

鉴于_____（投标人名称）（以下称"投标人"）于_____年____月____日参加_____（项目名称）_____标段施工的投标，_____（担保人名称，以下简称"我方"）无条件地、不可撤销地保证：投标人在规定的投标文件有效期内撤销或修改其投标文件的，或投标人不接受评标办法的规定对其投标文件中细微偏差进行澄清和补正，或投标人提交了虚假资料，或投标人在收到中标通知书未按招标文件规定提交履约担保或拒绝签订合同协议书的，我方承担保证责任。收到你方书面通知后，将在7天内无条件向你方支付人民币（大写）_____元。

本保函在投标有效期或经延长的投标有效期期满30日内保持有效。要求我方承担保证责任的通知应在上述期限内送达我方。你方延长投标有效期的决定，应通知我方。

担保人名称：_____（盖单位章）

法定代表人或其委托代理人：_____（签字）

地　　址：_____

邮政编码：_____

电　　话：_____

传　　真：_____

年　　月　　日

⑤资格审查资料。分已进行资格预审和未进行资格预审两种情况。

⑥备选投标方案。除投标人须知前附表另有规定外,投标人不得递交备选投标方案。

⑦投标文件的编制。投标文件应按"投标文件格式"进行编写。如有必要,可以增加附页,作为投标文件的组成部分。

(4)投标。

①投标文件的密封和标记。

②投标文件的递交。投标人应在规定的投标截止时间前递交投标文件。投标人递交投标文件的地点,见投标人须知前附表。除投标人须知前附表另有规定外,投标人所递交的投标文件不予退还。招标人收到投标文件后,将向投标人出具签收凭证。逾期送达的或者未送达指定地点的投标文件,招标人不予受理。在特殊情况下,招标人如果决定延后递交投标文件的截止时间,应在投标人须知前附表规定的时间前,以书面形式通知送达所有投标人延后投标截止时间。在此情况下,招标人和投标人的权利和义务应相应延后至新的投标截止时间。

③投标文件的修改与撤回。在规定的投标截止时间前,投标人可以修改或撤回已递交的投标文件,但应以书面形式通知招标人。投标人修改或撤回已递交投标文件的书面通知应按照规范要求签字或盖章。招标人收到书面通知后,向投标人出具签收凭证。修改的内容为投标文件的组成部分。修改的投标文件应按照规定进行编制、密封、标记和递交,并标明"修改"字样。

(5)开标。

①开标的时间和地点。招标人应在规定的投标截止时间(开标时间)和投标人须知前附表规定的地点公开开标,并邀请所有投标人的法定代表人或其委托代理人准时参加。投标人若未派法定代表人或委托代理人出席开标活动的,视为该投标人默认开标结果。

②开标程序。主持人按下列程序进行开标:

a. 宣布开标纪律;

b. 公布在投标截止时间前递交投标文件的投标人名称,并点名确认投标人是否派人到场;

c. 宣布开标人、唱标人、记录人、监标人等有关人员的姓名;

d. 按照投标人须知前附表规定检查投标文件的密封情况;

e. 按照投标人须知前附表的规定确定并宣布投标文件的开标顺序;

f. 设有标底的,公布标底;

g. 按照宣布的开标顺序当众开标,公布投标人名称、标段名称、投标保证金的递交情况、投标报价、质量目标、工期及其他内容,并记录在案;

h. 投标人代表、招标人代表、监标人、记录人等有关人员在开标记录上签字确认;

i. 开标会议结束。

在开标过程中,招标人若发现投标文件出现以下任一情况,经监标人确认后当场宣布为废标:一是未在投标函上填写投标总价;二是投标报价或调整函中的报价超出招标人公布的投标控制价上限(如有)。

若招标人宣读的内容与投标文件不符时,投标人有权在开标现场提出异议,经监标人当场核查确认之后,可重新宣读其投标文件。若投标人现场未提出异议,则认为投标人已确认招标人宣读的内容。

(6)评标。

(7)合同授予。除投标人须知前附表规定评标委员会直接确定中标人外,招标人依据评标委员会推荐的中标候选人确定中标人,评标委员会推荐中标候选人的人数见投标人须知前附表。在规定的投标有效期内,招标人以书面形式向中标人发出中标通知书,同时将中标结果通知未中标的投标人。

(8)重新招标和不再招标。有下列情形之一的,招标人将重新招标:

①到投标截止时间止,投标人少于3个的。
②经评标委员会评审后否决所有投标的。
③中标候选人均未与招标人签订合同的。
④法律规定的其他情形。

重新招标后投标人仍少于3个或所有投标被否决的,属于必须审批或核准的工程建设项目,经原审批或核准部门批准后不再进行招标。

(9)纪律和监督。投标人和其他利害关系人认为本次招标活动违反法律、法规和规章规定的,有权向有关行政监督部门投诉。

(10)需要补充的其他内容。自购买招标文件之日起,投标人应保证其提供的联系方式(电话、传真、电子邮件)一直有效,以保证往来函件(招标文件的澄清、修改等)能及时收到,并能及时反馈信息,否则招标人不承担由此引起的一切后果。

3. 评标办法

评标办法有合理低价法、综合评估法、经评审的最低投标价法。评标委员会对满足招标文件实质要求的投标文件,根据规定的评分标准进行打分,并按得分由高到低顺序推荐中标候选人,或根据招标人授权直接确定中标人,但投标报价低于其成本的除外。综合评分相等时,以投标报价低的优先;投标报价也相等的,招标人可采用被招标项目所在地省级交通主管部门评为较高信用等级的投标人优先,或递交投标文件时间较前的投标人优先,或其他方法确定第一中标候选人。

4. 合同条款及格式

合同条款包括通用合同条款和专用合同条款。招标人在根据《公路工程标准施工招标文件》编制项目招标文件中的"项目专用合同条款"时,可根据招标项目的具体特点和实际需要,对"通用合同条款"及"公路工程专用合同条款"进行补充和细化。除"通用合同条款"明确"专用合同条款"可做出不同约定及"公路工程专用合同条款"明确"项目专用合同条款"可做出不同约定外,补充和细化的内容不得与"通用合同条款"及"公路工程专用合同条款"强制性规定相抵触。同时,补充、细化的不同内容,不得违反法律、行政法规的强制性规定及"平等、自愿、公平和诚实信用"的原则。合同通用条款所包括的内容有一般规定,如发包人义务,监理工程师,承包人,材料和工程设备,施工设备和临时设施,交通运输,测量放线,施工安全、治安保卫和环境保护,进度计划,开工和竣工,暂停施工,工程质量,试验和检验,变更,价格调整,计量与支付,竣工验收,缺陷责任与保修责任,保险,不可抗力,违约,索赔,争议的解决等共24

个部分。

专用合同条款是对通用条件的补充和修改。在通用条款和公路工程专用合同条款中明确指出要在合同专用条款或数据表中予以具体规定的数据、信息或工程所在地等有关的规定,是必备的配套条款,不能缺少,否则,通用条款就不完善。

为了使用方便,合同专用条款的编号应与合同通用条款和公路工程专用合同条款一致。

5. 工程量清单

工程量清单是一份与技术规范相对应的文件,是单价合同的产物。它详细说明了技术规范中各工程细目的数量,为投标人提供了关于工程量的足够信息,以使投标单位能有效而精确地编写标书,是招投标的基础;中标后,在合同的实施过程中它又是办理中期支付和结算的依据。

编制工程量清单的原则:①和技术规范保持一致;②便于计量支付;③便于管理合同及处理工程变更事项;④保持合同的公平性。

工程量清单一般以表格的形式给出,内容包括细目编号、项目名称、单位、数量、单价、合价或金额等项目。其中,单价和金额栏的数字由承包人投标时填写,其他部分由业主或招标单位在编制工程量清单时确定。工程量清单的最前面有一张工程量清单汇总表,其格式如表3-6所示。

工程量清单汇总表   表3-6

序号	章次	科 目 名 称	金额/元
1	100	总则	
2	200	路基	
3	300	路面	
4	400	桥梁、涵洞	
5	500	隧道	
6	600	安全设施及预埋管线	
7	700	绿化及环境保护设施	
8		第100章~第700章清单合计	
9		已包含在清单合计中的材料、工程设备、专业工程暂估价合计	
10		清单合计减去材料、工程设备、专业工程暂估价合计("8"-"9")	
11		计日工合计	
12		暂列金额(不含计日工的总额)	
13		投标报价("8"+"11"+"12")	

注:材料、工程设备、专业工程暂估价已包括在清单合计中,不应重复计入投标报价。

工程量清单的内容很多,也很细,如果不仔细,就很容易出错,以后工程的计量支付、合同管理就有可能产生矛盾,如投标人编制投标报价时有的项目费用无处可摊,招标人额外多付出费用等各方不必要的损失。因此,编制工程量清单时应注意以下几点。

(1)将开办项目作为独立的工程细目单列出来。开办项目往往是一些开工时就要发生或开工前就要发生的项目,如工程保险、担保、监理设施、承包人的驻地建设、测量放样、临时工程等。如果将这些项目包含在其他项目的单价中,到承包人在开工时上述各种款项将得不到及时支付,这不仅影响合同的公平性和承包人的资金周转,而且会增加招标中预付款的数量。

(2)合理划分工程项目。在工程细目划分时,要注意将不同等级要求的工程区分开;将同一性质但不属于同一部位的工程区分开;将情况不同,可能要进行不同报价的项目分开。这一做法主要是为了强化工程投标中的竞争性,使投标人报价更加具体,针对不同情况可以采用不同的单价,以便降低造价。

(3)工程细目的划分要大小合适,把握好度。工程细目的划分可大可小。工程细目大,可减少计算工作量,但太大就难以发挥单价合同的优势,不便于工程变更的处理。另外,工程细目太大也会使支付周期延长,影响承包人的资金周转,最终影响合同的正常履行。例如,在桥梁工程中,若将基础回填工作的计价包含在基础挖方项目中,则承包人必须等到基础回填工作完成以后才能办理该项目的计量支付,支付周期可能需要半年或更长的时间,将直接影响承包人的资金周转,不利于合同的正常履行。但如果将基础开挖和基础回填分成两个工程细目,则可避免上述问题。工程细目相对较小,虽会增加计算工作量,但对处理工程变更和合同管理是有利的。如路基挖方中对弃方运距的处理有两种方案:一是路基挖方单价中包含全部弃方运距;二是路基挖方中包括部分弃方运距(如500m),超过该运距的弃方运费须单独计量与支付。如果弃土区明确且施工中不出现变更的话,上述两种方案是一样的,且前一方案还可减少计量工程量。但是,一旦弃土区变更或发生设计变更,弃土运距将会发生变化,则前一方案的单价会变得不适应,双方必须按变更工程协商确定新的单价,从而使投标合同单价失效;而采用后一种方案时,合同中的单价仍是适用的,原则上可按原单价办理结算。可见,工程细目的划分不是绝对的,既要简单明了,高度概括,又不能漏掉项目和应计价的内容,还要结合工程实际,具体问题具体对待,灵活掌握。

(4)工程量的计算整理要细致准确。计算和整理工程量的依据是设计图纸和技术规范,这是一项严谨的技术工作,绝不是简单地罗列设计文件中的工程量。要认真阅读技术规范中的计量和支付方法,仔细核查设计文件中工程量所对应计量方法与技术规范中的计量方法是否一致。如不一致,则须在整理工程量时进行技术处理。此外,在工程量的计算过程中,要做到不重不漏,更不能发生计算错误,否则,会带来一系列问题。

(5)计日工清单或专项暂定金额不可缺少。计日工清单是用来处理一些附加的或小型的变更工程计价用的,清单中计日工的数量完全是由业主虚拟的,用以避免承包人在投标时将计日工的单价报得太离谱。有了计日工清单,会使合同管理工作变得很方便。

(6)应与技术规范一致。工程量清单的编号、项目、单位要与技术规范中的计量支付要求一致,以保证整个合同的严密性和前后一致性。通过汇总表对各章的工程报价及计日工进行汇总,再加上一定比例(10%)的暂定金额,即可得出该项目的总报价,该报价与投标书中所填写的投标总价应是一致的。

6. 图纸

图纸是十分重要的文件。一般情况下有施工设计图更好。若没有施工设计图纸,可以在初步设计图纸的基础上整理出一份招标用图纸,图纸的深度以满足施工招标投标的要求为准。

7. 技术规范

技术规范详细而具体地说明了承包人履行合同中应遵守的质量、安全、工艺、操作、程序等规定。公路工程建设的各种技术规范亦即技术法规。招标人对工程项目技术等级、技术指标、质量要求、质量评定和竣工验收等规定均是以技术规范为依据的,而承包人中标以后,就必须签订合同协议书并遵照合同执行,根据相应技术规范的规定进行施工、计量等,以期在合同规定的工程总价内保证质量和工期。技术规范详细规定了承包人施工中的质量要求、验收标准、材料的技术品质和规格及其检测试验的项目、方法、频率和标准等,而且是很详细、很具体和可操作的。技术规范中的计量与支付规定中的路基挖方(土方)的计量支付规定如下。

(1) 计量项目:路基挖方。

(2) 计量单位:m^3。

(3) 工作内容:土方开挖,运输(距离范围),路堑边坡修整,路基成形,弃方处理等。

(4) 计量方法:按横断面面积乘以中线长度来计算其体积。其中,原始地面高程在工程开工前由双方联测确定;边坡取设计值,路基底部按设计高程确定。

(5) 支付方法:按每月完成的工程量及工程量清单中的相应单价计量与支付。

《公路工程施工招标文件》中"技术规范"的内容包括:第100章总则(通则,工程管理,临时工程与设施,承包人驻地建设);第200章路基土石方(通则,场地清理,路基挖方,路基填方,特殊地区路基处理,路基整修,坡面排水,护坡,护面墙,挡土墙,锚杆,锚定板挡土墙,加筋土挡土墙,喷射混凝土和喷浆边坡防护,预应力锚索边坡加固,抗滑桩,河道防护);第300章路面[通则,垫层,石灰稳定土底基层,水泥稳定土底基层、基层,石灰粉煤灰稳定土底基层、基层,级配碎(砾石)底基层、基层,沥青稳定碎石基层(ATB),透层和黏层,热拌沥青混合料面层,沥青表面处治与封层,改性沥青及改性沥青混合料,水泥混凝土面板,培土路肩、中央分隔带回填土、土路肩加固及路缘石,路面及中央分隔带排水];第400章桥梁(通则,模板、拱架和支架,钢筋,基础挖方及回填,钻孔灌注桩,沉桩,挖孔灌注桩,桩的垂直静荷载试验,沉井,结构混凝土工程,预应力混凝土工程,预制构件的安装,砌石工程,钢构件,桥面铺装,桥梁支座,桥梁接缝和伸缩装置,防水处理,圆管涵及倒虹吸管涵,盖板涵、箱涵);第500章隧道(通则,洞口与明洞工程,洞身开挖,洞身衬砌,防水与排水,洞内防火涂料和装饰工程,风、水、电作业及通风防尘,监控量测,洞内机电设施预埋件和消防设施);第600章安全设施及预埋管线(通则,护栏,隔离栅和防落网,道路交通标志,道路交通标线,防眩设施,收费设施及地下通道);第700章绿化及环境保护设施(通则,铺设表土,撒播草种,种植乔木、灌木、攀缘植物,植物养护和管理,声屏障),共计7大部分。

《公路工程施工招标文件》中的技术规范较全面地考虑了技术规范文件中应包括的各项内容。实际工作中,可在此基础上根据图纸、国家或交通部颁发的技术规范做进一步的修订完善。

8. 投标文件格式

(1) 目录。

① 投标函及投标函附录。
② 法定代表人身份证明及授权委托书。
③ 联合体协议书。
④ 投标保证金。
⑤ 已标价工程量清单。
⑥ 施工组织设计。
⑦ 项目管理机构。
⑧ 拟分包项目情况表。
⑨ 资格审查资料(适用于已进行资格预审的)。
⑩ 资格审查资料(适用于未进行资格预审的)。
⑪ 承诺函。
⑫ 其他材料。

(2) 投标函。

《公路工程施工招标文件》规定的投标函格式及投标函附录如下。

投 标 函

_____(招标人名称):

1. 我方已仔细研究了_____(项目名称)_____标段施工招标文件的全部内容(含补遗书第____号至第____号)。在考察工程现场后,愿意以人民币(大写)_____元(￥____)的投标总报价(或根据招标文件规定修正核实后确定的另一金额),工期____日历天,按合同约定实施和完成承包工程,并修补工程中的任何缺陷,使工程质量达到____。

2. 我方承诺在投标有效期内不修改、撤销投标文件。

3. 随同本投标函提交投标保证金一份,金额为人民币(大写)_____元(￥_____)。

4. 如我方中标:

(1) 我方承诺在收到中标通知书后,在中标通知书规定的期限内与你方签订合同。
(2) 随同本投标函递交的投标函附录属于合同文件的组成部分。
(3) 我方承诺按照招标文件规定向你方递交履约担保。
(4) 我方承诺在合同约定期限内完成并移交全部合同工程。

5. 我方在此声明,所递交的投标文件及有关资料内容完整、真实和准确,且不存在第二章"投标人须知"第1.4.3项规定的任何一种情形。

6. 在合同协议书正式签署生效之前,本投标函连同你方的中标通知书将构成我们双方之间共同遵守的文件,对双方具有约束力。

7. _____（其他补充说明）。

投标人：_____（盖单位章）

法定代表人或其委托代理人：_____（签字）

地址：_____

网址：_____

电话：_____

传真：_____

邮政编码：_____

_____年____月____日

投标函附录

序号	条款名称	合同条目号	约定内容	备注
1	缺陷责任期	11.4.5	自实际交工日期起计算_____年	
2	逾期交工违约金	11.5	_____元/天	
3	逾期交工违约金限额	11.5	_____%签约合同价	
4	提前交工的奖金	11.6	_____元/天	
5	提前交工的奖金限额	11.6	_____%签约合同价	
6	价格调整的差额计算	16.1.1	见价格指数和权重表	
7	开工预付款金额	17.2.1	_____%签约合同价	
8	材料、设备预付款	17.2.1	_____等主要材料、设备单据所列费用的_____%	
9	进度付款证书最低限额	17.3.3(1)	_____%签约合同价或_____万元	
10	逾期付款违约金的利率	17.3.3(2)	_____‰/天	
11	质量保证金百分比	17.4.1	月支付额的_____%	
12	质量保证金限额	17.4.1	_____%合同价格，若交工验收时承包人具备被招标项目所在地省级交通主管部门评定的最高信用等级，发包人给予_____%合同价格质量保证金的优惠，并在交工验收时向承包人返还质量保证金优惠的金额	
13	保修期	19.7	自实际交工日期起计算_____年	

投标人：_____（盖单位章）

投标文件签署人签名：_____

(3)投标保证书。

投标人在送交投标文件时,应同时按资料要求的数额或比例提交投标担保。可以选择的担保方式有:现金支票、银行汇票、银行保函或招标人规定的其他方式。若采用现金支票或银行汇票,投标人应确保上述款项在投标文件提交截止时间前能划拨到招标人指定的账号上,否则,其投标担保将视为无效。若采用银行保函,银行保函原件应装订在投标文件的正本之中。

同时提供担保时应注意:

①投标担保在投标文件有效期满后30天内保持有效,招标人如果按投标须知的规定延长了投标文件有效期,则投标担保的有效期也应相应延长。

②投标文件中必须装有投标保函(或现金支票、银行汇票)的复印件,未按规定提交投标担保的投标文件,招标人将予以拒绝。

③招标人与中标人签订合同协议书后5天内,应向中标人和未中标的投标人退还投标担保,最迟应不超过投标文件有效期满后30天。

④若在投标文件有效期内撤回投标文件,或投标人不接受依据本须知的规定对其投标文件中细微偏差进行澄清和补正,或中标人未能按投标须知中规定提交履约担保或签订合同协议书的,投标人的投标担保将被没收。

(三)资格预审

根据交通运输部2016年2月1日起施行《公路建设项目招标投标管理办法》第10条,公路工程建设项目采用公开招标方式的,原则上采用资格后审办法对投标人进行资格审查。资格后审一般在完成招标文件编制并发布招标公告后进行。公路工程建设项目采用资格预审方式公开招标的,应当按照《公路建设项目招标投标管理办法》第11条规定的程序进行。

1. 资格预审的程序

资格预审应按照建设项目统一领导、分级管理原则,由交通主管部门主持,并邀请有关单位和专家组成资格预审评审委员会,负责资格预审的领导工作。由建设单位负责具体评审工作的组织实施。资格预审应按下列程序进行:

(1)建设单位准备资格预审文件。
(2)公开发布资格预审通告(邀请书)。
(3)发售资格预审文件。
(4)投标申请人编写资格预审申请书,递交资格预审申请书。
(5)对投标申请人进行必要的调查,对资格预审申请书进行评审。
(6)编制资格预审评审报告,报上一级主管部门审定。
(7)向通过资格预审的投标申请人发出投标邀请。

2. 资格预审文件的主要内容

(1)资格预审通告(邀请书)。包括:建设单位的名称和地址,招标项目的性质和数量,获取资格预审文件的办法、时间、地点和费用,提交资格预审申请书的地点和截止日期,资格预审的时间安排等。

（2）资格预审申请人须知。须知中规定，投标申请人一般应独家申请资格预审。如以联合体形式申请资格预审，联合体成员不得超过2家。每个成员均须通过资信登记，并单独提交资格预审申请书。联合体必须签订联合体协议书，明确主办人和各方承担的责任。投标申请人（包括联合体成员）不得以其他形式对同一合同段再次申请资格预审。

（3）资格预审申请表。表中包括投标申请人本身的组织机构、财务状况、人员、设备、业绩等资料表以及拟投入到本工程的施工人员、设备等资料表。如有分包计划，应有分包人的资信登记、人员、设备等资料表。

（4）工程概况及合同段简介。

3. 资格评审

按照《公路工程施工招标资格预审办法》规定，建设单位应结合项目具体情况，制定资格预审评审细则，报评审委员会审定。评审细则在资格预审申请书提交截止日期之前，应予以保密。在资格预审评审细则中，对投标申请人公路施工业绩（包括以前进行过的与拟招标项目类似的工程施工情况，以及质量好坏，获得过何种奖励等。投标单位除了要提交施工经过的文字说明外，还应提交详细的证明材料）、拟投入本工程的关键人员、主要设备、主要财务指标和履约情况等资格条件，均应制定强制性资格标准；对投资申请人技术能力、施工经验和财务状况应制定具体资格评分标准。

资格评审一般按以下4个阶段进行：

（1）初步审查。符合性检查包括资格预审申请书应完整，投标申请人（包括联合体成员）营业执照和授权代理人授权书应有效，投标申请人（包括联合体成员）的企业资质等级和资信登记等级应与拟承担的工程标准和规模相适应。资格预审申请函由法定代表人或其委托代理人签字并加盖单位章，资格预审申请文件应按照资格预审文件规定的格式、内容填写，提交资格预审申请文件的标段必须与购买资格预审文件的标段一致。如以联合体形式申请资格预审，应提交联合体协议，明确联合体主办人。如有分包工程，应提交分包人的资信登记、人员和设备资料。未全部通过符合性检查的设标申请人不能通过资格预审。

（2）详细审查。根据资格预审评审细则的规定，对通过初步审查的投标申请人进行详细审查。未全部通过详细审查的投标申请人不能通过资格预审。

（3）澄清与核实。在资格评审过程中，建设单位有权要求投标申请人对资格预审申请书中不明确的和重要的内容进行必要的澄清和核实。如内容失实，建设单位有权不通过其资格预审。对联合体进行资格评审时，其综合能力为各成员单位之和，且联合体主办人所承担的工程量必须超过总工程量的50%。对含分包人的投标申请人进行资格评审时，其能力为投标申请人和分包人之和。分包工程量累计不得超过总工程量的30%。分包人的资格能力应与其分包工程的标准和规模相适应。主体工程不得分包。禁止转包和二次分包。

（4）资格评分。根据资格预审评审细则规定，对通过符合性检查和强制性资格条件评审的投标申请人各项资格进行评分，计算每个投标申请人的资格总分。

对同一个合同段的投标申请人，按照资格总分由高到低排列顺序，推荐4～8家单位为通过资格预审的投标申请人。在同等条件下，应优先选择国有大中型公路专业施工队伍。

4. 资格预审评审报告

资格预审评审结果经评审委员会审查后,由建设单位编制资格预审评审报告,并按照项目管理权限,报上一级交通主管部门审定。建设单位应在资格预审文件规定的期限内将审定结果通知所有投标申请人,同时向通过资格预审的投标申请人发出投标邀请书(投标邀请书格式见上述招标文件的组成内容)。资格预审评审报告一般包括以下内容:

(1)工程项目概述。
(2)资格预审工作简介。
(3)资格评审结果。
(4)资格评审表(表3-7)等附件。

资格预审评审表　　　　表3-7

内容		评审意见(合格/不合格及说明)
1.公路工程业绩		
2.主要人员资历		
3.财务状况		
4.拟投入人员的数量、资历及结构情况		
5.拟投入施工机械设备的数量、品种与配套情况		
6.社会信誉		
其他	资质等级	
	其他营业执照	
	…	
评定结论		

招标单位评审组负责人:(签字)　　　　　　　　　　　　日期:　年　月　日

(四)标底的编制与管理

标底的编制过程是对招标项目所需工程费用的自我测算过程。通过标底编制工作可以促进招标人事先加强工程项目的成本调查和成本预测,做到各项费用心中有数,为搞好评标工作进而搞好施工过程的造价工作打下基础。

1. 标底编制的原则

在编制标底的过程中,应注意以下原则:

(1)标底的价格应能反映建筑产品的价值,在标底编制过程中要遵循价值规律。

(2)标底的价格应能反映建筑市场的供求状况对建筑产品价格的影响,即标底编制应服从供求规律。

(3)标底的价格应能反映一种平均先进的生产力水平,以达到通过招标促进社会劳动生产力水平提高的目的。

2. 标底编制的依据

标底编制和投标人的投标报价及概、预算相比较,既有相同的地方,又有不同的地方。标底编制的依据主要包括以下 6 个方面:

(1)招标文件。标底作为衡量评审投标价的尺度,必须同投标人一样,要将招标文件的投标人须知、合同条款、工程量清单、图纸以及参考资料作为编制标底必须遵守的主要依据,同时对于招标期间招标人发出的修改书和标前会的问题解答,凡与标底编制有关的方面,也必须同投标人一样,要在标底编制时考虑进去。修改书和问题解答是招标文件的一部分,同样是标底编制的依据。

(2)概、预算定额。概、预算定额是国家各专业部门或各地区根据行业和地区的特点,对本行业、地区的建筑安装工程按照合理的施工组织和一般正常的施工条件编制的专一的或地区的统一定额,是一种具有法定性的指标。标底要起控制投资额的作用和作为招标工程确定的预期价格,就应该按颁布的现行概、预算定额来编制。标底和投标报价编制的不同点之一,就是投标人可根据自己的技术措施、管理水平、企业定额或以往的工作经验来编制投标报价,而不受国家规定计价依据的约束,而标底则应根据国家规定的计价依据,如概、预算定额进行编制。

(3)费用定额。费用定额也是编制标底的依据。费用定额与编制标底的有关取费标准有:其他直接费、现场经费、间接费、利润(包括施工技术装备费)、税金、施工图预算包干费等。编制标底时,费用定额项目和费率可根据招标工程的工程规模、招标方式、招标文件的有关规定以及参加招标的各施工企业的情况而定,但其基本费率的取费依据是费用定额。

(4)工、料、机价格。人工工资应按国家规定的计价依据和当地规定的有关工资标准计算,材料应按编制概、预算时材料预算价格调查的原则进行实地调查,特别要核实路基土石方的取土坑、废土场和运输条件、砂、石料的料场(包括储量、开采量、质量、运输条件和料场价格)等情况,以及当地电力、汽油、柴油、煤等价格。同时,交通运输部颁布的《公路工程机械台班费用定额》也是必须使用的依据。

(5)初步设计文件(或施工图设计文件)。经上级主管部门(或有关方面)审查批准的初步设计和概算文件(或施工图设计和预算文件)也是标底编制的主要依据,标底不能超过批准的投资额。

(6)施工组织方案。有了施工组织方案或施工组织设计,才能编好标底。标底的许多方面是要按施工组织方案来编制的。

3. 标底编制的方法

目前,我国公路交通行业经交通运输部批准的标底编制方法有 3 种:概预算编制法、委托造价工程师编制标底和以投标价的加权平均值作为标底。下面来分别进行介绍。

(1)概预算编制法。概预算操作方法及工作范围与其编制过程相同,但用概预算编制法确定标底应注意以下事项:①概预算编制的标底应适当下浮;②合同没有价格调整的条款时,用暂定金额考虑工程造价增涨预留费;③使用概预算定额明显偏高或偏低时,项目套用定额应适当调整;④编制的概预算金额应根据市场供求情况进行调整。

(2)委托造价工程师编制标底。用工程量清单确定的工程数量,按技术规范中单价计量范围进行综合单价分析,确定单价并汇总标底总额。其编制方法和步骤与投标报价基本上是一致的。其标底编制的主要步骤简述如下:①根据有关资料,分别进行人工、材料(包括自采材料)、机械台班单价计算;②按计算的工、料、机单价和工程预算定额,进行工程基础单价计算;③按工程基础单价,统计工、料、机台班数量,并计算其费用;④根据有关基本资料,计算工程直接费(或称待摊费),并进行标底价初步汇总;⑤按直接费的比例,将待摊费摊入各分项工程中,完成工程拟定的单价计算;⑥根据工程拟定单价和工程量清单所列工程数量计算各细目费用,然后汇总出标底总价;⑦编写编制说明,介绍工程概况及各项指标、定额、依据、费率、价格的选用等有关事项。

(3)以投标价的加权平均值作为标底。用各投标单位的有效标价,采用统计平均法计算标底,其特点为:反映标底编制原则与要求;简化标底编制的工作量;不存在标底保密问题。

总之,标底编制的指导思想是在符合实际的、可靠的施工组织条件下,合理估算工程造价,使施工中不可预见的因素都包含在内。无论采用什么方法计算标底,均应考虑以下三大要素:①工程量的计算问题。通过已批准的估计文件,计算和复核图纸工程量,并确定施工组织设计中的额外工程量。②基价套用的问题。按照市场调查、问价结果,确定切合实际的费用,考虑运输、税收等,计算工、料、机的基价。③费用计算口径问题。标底有关费用的计算必须实事求是,具体情况具体分析,与投标报价的口径应一致。如管理费、价格波动系数、设备摊销率等不属于承包人负责的费用,不得纳入标底。

4. 标底的管理

标底的管理内容包括标底审定和标底保密。标底审定的重点是标底制定方法的科学性、合理性。标底的价格应严格控制在初步设计概算甚至施工图预算所确定的各项费用之内。标底的保密是一个难度很大的问题,开标前知道标底的人员在数量上要严格控制。为减轻标底保密带来的压力,实践中可以采用先投后审的办法,即在投标工作结束后再审定标底(但这也会带来一些新的保密问题)。采用无标底招标方法则不会存在上述问题。

所谓无标底招标就是在业主招标过程中不设标底或者即使设标底也不作为评标标准,业主只需提出一个评标的标准和方法即可的一种招标方式。有标底招标和无标底招标内涵的差别在于:一是招标单位在招标工程中是否编制标底;二是评标时是否以标底为基准对投标单位的报价进行考评评分。不设标底可消除标底编制不够正确对招标投标过程所产生的负面影响,有利于降低造价,保证公平、公平、公开。无标底招标采用了量价分离的科学形式,更加符合市场科学的要求,有利于加强招投标过程的竞争机制。

六、招标组织阶段的内容

投标组织阶段的工作内容包括发售招标文件、组织现场考察、组织标前会议(标前答疑)等事项。

1. 发售招标文件

在资格预审通过(如采用资格后审,则不需要通过),投标人接到投标邀请书后,应在邀请书的规定时间内到指定地点购买招标文件,过时不候。每套招标文件的售价不应过高,除部编范本部分由投标人另行购买或按定价一起发售外,招标人自编文件只计工本费,不考虑文件的编写、审核、咨询费用,一般不超过1000元。参考资料也应只计工本费。

2. 组织现场考察

招标人应按投标邀请书中写明的地址和时间,统一组织投标人对现场及周围环境进行一次考察,以便使投标人自行查明或核实有关编制投标文件和签订合同所必需的一切资料。

现场调查前,招标人或其委托的设计单位应先介绍工程的地形、地貌、水文、地质、气候、料场、水源、电源、通信、交通条件等,以帮助投标人了解现场情况,便于编标。招标人还将编制一册《参考资料》,投标人可在资料表所示地点查阅,也可购买,取得一份《参考资料》复印件。

《参考资料》并不构成合同文件的一部分,承包人应对自己就上述资料的解释、推论和应用负责。现场考察过程中,投标人如果发生人身伤亡,遭受财物或其他损失,不论因何种原因所造成,招标人均不负责。

现场考察期间的交通由招标人统一安排;食宿由投标人自行安排,费用自理。如果投标人认为需要再次进入现场考察,招标人应予支持,费用由投标人自理。

3. 组织标前会议

标前会议是投标前的预备会议。投标人应按照投标邀请书中写明的时间与地点,派代表出席招标人主持的标前会议(标前会议时间和发售招标文件的时间有一定的间隔,以使投标人细阅文件和准备提问)。标前会议的目的是澄清并解答投标人在查阅招标文件后和现场考察中所提出的任何方面的问题。这些问题有些是投标人因不理解招标文件产生的,有些是招标文件存在遗漏和错误产生的。根据投标人须知中的规定,投标人的疑问应在标前会议7天前以书面的形式提出。招标人应将各投标人的疑问收集汇总,并逐一研究处理。如属于投标人未理解招标文件而产生的疑问,可将这些问题放在"澄清书"中予以澄清或解释;如属于招标文件的错误或遗漏,则应编制"招标补遗",对招标文件进行补充和修正。总之,对投标人的问题应统一书面解答,并在标前会议上招标人据以做出澄清和解答,会后招标人正式将其书面答复以编号的补遗书形式发给所有已购买招标文件的投标人。投标人在收到后,应立即以传真等书面形式向招标人确认收到。当"招标补遗"很多且对招标文件的改动较大时,为使投标人能够有合理的时间将"补遗书"的内容在编标时予以考虑,招标人(或业主)可视情况延长投标截止日期。

七、开标、评标及定标阶段

1. 评标委员会

一般情况下,在开标以前成立评标委员会。评标委员会由招标人依法组建,负责评标活动,向招标人推荐中标候选人或者根据招标人的授权直接确定中标人。

评标委员会的成员名单在中标结果确定前应当保密。由招标人或其委托的招标代理机构熟悉相关业务的代表,以及有关技术、经济等方面的专家组成,成员人数为5人以上的单数,其中技术、经济等方面的专家不得少于成员总数的2/3。评标委员会设负责人的,评标委员会负责人由评标委员会成员推举产生或者由招标人确定,其与评标委员会的其他成员有同等的表决权。

评标委员会的专家成员应当从省级以上人民政府有关部门提供的专家名册或招标代理机构专家库内的相关专家名单中确定。可以采取随机抽取或者直接确定的方式。一般项目,可以采取随机抽取的方式;技术特别复杂、专业性要求特别高,或者国家有特殊要求的招标项目,采取随机抽取方式确定的专家难以胜任的,可以由招标人直接确定。不论是随机抽取还是指定的专家都应该符合下列条件:

(1)从事相关专业领域工作满8年并具有高级职称或者同等专业水平。
(2)熟悉有关招标投标的法律法规,并具有与招标项目相关的实践经验。
(3)能够认真、公正、诚实、廉洁地履行职责。

有下列情形之一的,不得担任评标委员会成员,应当主动提出回避:

(1)投标人或者投标人主要负责人的近亲属。
(2)项目主管部门或者行政监督部门的人员。
(3)与投标人有经济利益关系,可能影响对投标公正评审的。
(4)曾因在招标、评标以及其他与招标投标有关活动中从事违法行为而受到过行政处罚或刑事处罚的。

在评标过程中,评标委员会成员应注意:

(1)评标委员会成员应当客观、公正地履行职责,遵守职业道德,对所提出的评审意见承担个人责任。
(2)评标委员会成员不得与任何投标人或与招标结果有利害关系的人进行私下接触,不得收受投标人、中介人、其他利害关系人的财物或者其他好处。
(3)评标委员会成员和与评标活动有关的工作人员不得透露对投标文件的评审和比较、中标候选人的推荐情况以及与评标有关的其他情况。与评标活动有关的工作人员,是指评标委员会成员以外的因参与评标监督工作或事务性工作而知悉有关评标情况的所有人员。

2. 开标

开标的过程是启封标书、宣读标价,对投标书的有效性进行确认的过程。参加开标的单位有业主、招标人、监理单位、投标人、公证机构。开标的组织人员有唱标人、记录人、监督人、公证人及后勤人员。投标截止日期一到,即可组织开标工作,通常开标时间与投标截止时间只相差几个小时。

在开标时,招标人将当场对投标文件的密封、签署及投标担保的提交情况等进行核查,以确定其完备性。

只对符合规定要求的投标文件开标,并由招标人宣读合同段名称、投标人名称、投标价、更改的投标价、技术性选择方案的投标价(如果有)以及招标人认为必要的其他细节。未经宣读的折扣或标前降(提)价函,一律不在评标中考虑。降(提)价函必须附有调价部分的详细说明,以及投标人法定代表人或其授权的代理人的签署,否则将被视为无效。招标人应做好开标的会议记录,存档备查。

若招标人宣读的结果与投标文件不符时,投标人有权在开标现场提出异议,经公证机关当场核查确认后,可重新宣读其投标文件。若投标人现场未提出异议,则认为投标人已确认招标人宣读的结果。

投标人因故不能派代表出席开标活动,事先应书面(信函、传真)通知招标人,否则被认为默认开标结果。

最后宣读和确定标价,填写开标记录。有特殊降价申明或其他重要事项的,也应一起在开标中宣读、确认或记录。

3. 保密

开标以后,直到签订合同协议书为止,有关对投标文件的审查、澄清和评比工作,都应在保密的情况下进行,任何有关信息和资料,均不得向投标人或与上述工作无关的人员泄露。

投标人在上述工作中对招标人施加任何影响的行为,都将导致取消对其投标文件的评定。从开标至工程竣工交付使用后3年时间内,业主或招标人均不得将投标人的投标资料向任何第三方泄露,除非征得原提供资料单位的书面同意。

4. 符合性审查

(1)评审前,应对投标文件的符合性进行审查。

(2)通过符合性审查的条件是:

①投标文件应按照招标文件规定的格式、内容填写,字迹应清晰可辨。

②投标文件上法定代表人或其授权代理人的签字齐全。

③投标文件上标明的投标人与通过资格预审的投标申请人未发生实质性改变,联合体成员未发生变化。

④按照招标文件的规定提供了投标担保。

⑤按照招标文件的规定提供了授权代理人授权书。

⑥以联合体形式投标时,提交了联合体协议。

⑦有分包计划的提交了分包协议。

⑧按照工程量清单要求填报了单价和总价。

⑨除按招标文件规定在提供替代技术方案的同时,提交选择性报价外,同一份投标文件中,仅有一个报价。

出现下述情况的投标文件不予评审:

①投标文件未经法定代表人或者其授权代理人签字,或者未加盖投标人公章。

②投标文件字迹潦草、模糊,无法辨认。

③投标人对同一招标段提交两份以上内容不同的投标文件,未书面声明其中哪一份有效。

④投标人在招标文件未要求选择性报价时,对同一个标段,有两个或两个以上的报价。

⑤投标人承诺的施工工期超过招标文件规定的期限或者对合同的重要条款有保留。

⑥投标人以不正当手段进行投标或干预评标工作的。

⑦投标人未按招标文件要求提交投标担保。

⑧投标文件不符合招标文件实质性要求的其他情形。

开标后,对不符合招标文件要求的投标文件,不允许投标人更正或撤回其不符合规定的部分,而使之再符合规定。

5. 算术性复核

对于实质上符合招标文件要求的投标文件,招标人将对其报价进行校核,并对计算上的积累及运算上的差错给予修正。其修正原则如下：

（1）当以数字表示的金额与文字表示的金额有差异时，以文字表示的金额为准。

（2）当单价与数量相乘不等于合价〔指工程量清单中最右边一栏。"金额"，也称"合价"（＝单价×数量）〕时，以单价计算为准；如果单价有明显差错，应以标出的合价为准，同时对单位予以修正。

（3）当各细目的合价累计不等于总价（指各单价的"金额"或"合价"栏的累加值，此值将结转到工程量清单汇总表中的分章金额中）时，应以各细目合价累计数为准，修正总价。

按上述原则的修正，应取得投标人的同意，并确认修正后的最终投标价。如果投标人拒绝确认，则其投标文件将不予评审，并没收其投标保证金（此项指算术上的差错，不涉及漏项、漏报等错误，双方对此如有争议而涉及没收投标担保时，可请公证机关公证）。

6. 投标文件的澄清

（1）在评标阶段，招标人认为需要时，可书面通知投标人要求澄清其投标文件中的问题，或要求补充某些资料，包括单价的分析资料等，对此，投标人不得拒绝。标书澄清的内容，主要涉及投标人的报价。例如，投标人的报价很低，甚至比标底低出很多，那么投标人到底出于什么考虑？是投标人采用了更经济的施工方案或先进的施工方法，还是采取了让利策略或是出于打入该建设市场的考虑而不惜亏本，或是投标人根本没有理解招标文件呢？又如，投标人提交的标书中有时个别工程细目未填写单价，那么到底是该细目在投标人拟定的施工方案中不发生，还是投标人已将其费用考虑到其他细目的单价中或是投标人没有理解标书，漏报了该细目呢？所以标书澄清是必要的，通过标书澄清可以进一步落实投标报价的可靠性，防止盲目报价或低价抢标的现象对定标的影响。标书澄清中，除了进行报价澄清外，还可能包括以下澄清工作：标书中的其他疑点，资源的可靠性（如资金材料供应、施工机械设备、劳动力安排等），现场组织管理，施工方案和施工方法的可靠性，分包问题等。通过标书澄清，招标人可以全面了解投标人的意图及施工安排的合理性和报价的可靠性，投标人可以充分展示承揽该项目的能力以坚定业主对本人的信心。

（2）有关澄清的要求和答复，应以书面电传或电报的形式进行。也可以采用会议形式（会议结束后应签署会议纪要或备忘录）进行。值得注意的是标书澄清不是议标，投标人不应提出更改标书或标价的要求（根据法律规定，投标人投送标书的过程是要约过程，要约一经发出，在投标有效期限内不能变更），投标人或业主也不能接受这种要求。同样招标人或业主也不能在标书澄清中硬性要求投标人压低标价。这样做会损害招标的公正性和合法性，影响合同的公平性，最终影响施工质量和合同的正常履行。但在评标中对发现的算术性差错进行的核实、修正，则不在此例。招标人不接受投标人主动提出的澄清。

7. 投标文件的评价和比较

（1）招标人将只对实质上符合招标文件规定的投标文件进行评价和比较。对经招标人核实的（含算术差错修正）最终报价高于复合标底 5% 以上的投标，将被视为无竞争性而不进入评比；对最终报价低于复合标底 15% 以下的投标，将被视为低于成本价，因此也不进入评比（5% 和 15% 为推荐值，招标人可根据该项目实际成本高低做小幅调整，并在资料表中注明）。

（2）复合标底的计算公式如下：

$$\frac{A+B+j}{2}=C$$

式中：A——招标人的标底值；

　　　B——投标人报价平均值；

　　　j——低价竞标校正系数，由招标人酌定，并在资料表中写明；在正常情况下取1.0，如投标人报价较招标人标底普遍偏低，可取至1.10。

(3) 评标价的确定。评标时，招标人将首先对每份投标文件最终投标价进行调整，以确定其评标价。调整内容包括：

①对符合本须知有关规定的投标进行变更。

②按本须知规定修正算术性差错。

③在工程量清单汇总表中除去暂定金额和"技术规范"中的部分费用，如工程险和第三方责任险的保险费等，算出有效投标价。

④根据本须知有关规定，各投标人在招标文件中规定的预期工期的基础上提出不同工期的选择方案(如果有)，计算出工期每延长或提前一个月使业主失去或增加的受益值。此值应加到或从投标人的投标价中减去，仅做评比之用。

⑤算出临时用地数量的减少或超出对业主的受益或损失值。

在合同执行期间采用的价格调整条款，在评标中不予考虑。

凡超出招标文件规定的或给业主带来未曾要求的利益变化、偏离或其他的因素在评标时不予考虑。

(4) 商务评审。除评标价之外，招标人还要对投标文件进行商务评审。通过商务评审的主要条件是：

①工程量清单各细目的单位构成和各章合计价构成应当合理。

②未提出与招标文件中的合同条款相悖的要求，如重新划分风险、增加业主责任范围、减少投标人义务，提出不同的验收、计量办法和纠纷、事故处理办法，或对合同条款有重大保留等。

③投标人的资格条件仍能满足资格预审文件的要求。

④良好的信誉和优良的业绩，包括类似的公路、桥梁施工经验。

(5) 技术评审。招标人将对投标文件进行技术评审，通过技术评审的主要条件是：

①工期合理，能满足招标文件要求。

②机械设备齐全，配置合理。

③组织机构和专业技术力量能满足施工需要。

④施工组织设计合理可行。

⑤工程质量保证措施可靠。

(6) 招标人如发现投标人所报工程量清单的各章之间或工程细目中报价存在严重的不平衡，同时经按本须知相关规定澄清其单价分析资料后仍不能证实其合理性时，招标人有权要求投标人(如中标)将履约担保提高到足以保护业主由于中标人违约而引起的财务损失的程度。

(7) 定标方式。招标人将按照工程项目技术复杂程度的不同，事先选定并在须知资料中写明下列两种评定方式。

①对技术含量高的工程，如高速公路、一级公路、技术复杂的特大桥梁、特长隧道工程等应

采用综合评价法。对评标价和施工能力、施工组织管理、质量保证措施、业绩与信誉应赋予其不同的权重,并以打分方式评出最佳的投标。

②对于一般公路工程,应采用最低评标价法,即在通过并满足实质上符合招标文件规定要求和技术评审等上述(1)~(5)项要求前提下,取评标价最低者中标。

8. 提交评标报告并确定中标人

评标委员会完成评标工作后,应当向招标人提出书面评标报告。

书面评标报告应当载明以下内容:

(1)评标委员会的成员名单。
(2)开标记录情况。
(3)评标采用的标准和方法。
(4)对投标人的评价。
(5)符合要求的投标人情况。
(6)推荐的中标候选人。
(7)需要说明的其他事项。

评标委员会推荐的中标候选人应当限定在1~3人,并标明排列顺序。招标人应当根据评标委员会提出的书面评标报告和推荐的合格中标候选人确定中标人。招标人也可以授权评标委员会确定中标人。使用国有资金或者国家融资的项目,招标人应当确定排名第一的中标候选人为中标人。

根据《公路工程施工招标投标管理办法》(2002年)第53条规定,招标人应当自确定中标人之日起15日内按项目管理权限将评标报告和评标结果报交通主管部门核备。交通主管部门自收到评标报告和评标结果之日起7日内未提出异议的,招标人应当向中标人发出中标通知书,并同时将中标结果通知所有未中标的投标人。招标人应当自发出中标通知书之日起5日内,向投标人退还投标担保。招标工作结束。

八、合同的授予

1. 合同授予的条件

在不违背下述规定的前提下,招标人在发出中标通知书前有权接受和拒绝任何投标、宣布投标无效或拒绝所有投标,并对由此而引起的对投标人的影响不承担责任,也无须解释原因,但投标担保将退还给投标人。

合同授予的条件是:

(1)投标文件已经通过符合性审查。
(2)按综合评价法定标方式能最大限度地满足商务评审及技术评审标准,且其综合评价为最高者。
(3)按最低评标价法方式能满足商务与技术的实际性要求,其评标价为最低者。

2. 中标通知书

评标结束并经批准后,招标人将在投标文件有效期截止前向中标人发出中标通知书,确认其投标已被接受。中标通知书的内容如下:

中标通知书

致投标人：_____（填入投标人名称）
承包工程：_____（填入承包工程名称）
标段编号：_____

贵方于_____年____月____日提交的上述工程的投标书，经我方分析研究，在分别于_____（填入历次标书澄清会议日期）共_____（次数）次与贵方对标书内容进行澄清和修正后，现正式通知贵方，基于调整后之合同造价及下列条款，我方已选定贵方为该项招标工程之中标人，并接纳贵方的投标文件。

1. 合同总价为人民币：_____（填入大写金额）（用小写金额说明）。

上述总价是由工程量清单内所列之工程数量及固定包干单价计算组成，经双方协商修正后作为该项承包工程之合同总价。

2. 贵方须在接到本通知书后_____天内按招标文件中提供的银行保函格式办理履约保证手续，提交由银行担保的履约保证书。

3. 贵方须在接到本通知后_____天内签署本工程承包合同协议书。在合同协议书正式签署之前，将本通知书连同投标书、合同通用条件和专用条件、技术规范、工程量清单、图纸及标书澄清中的会议纪要和补充协议等文件将作为该项承包工程的有效合同文件。

谨此函告

业主：_____（填入业主名）
（公章）
代表：_____（签名）
日期：

投标人在收到中标通知书后，应立即以书面形式告知招标人。中标通知书是合同文件的组成部分。颁发中标通知书的过程，在法律上属于承诺的过程，它是一种法律行为。所以，自中标通知书颁发之日起，双方的合同法律关系即已形成，中标通知书和投标书、合同条款、技术规范、工程量清单及图纸等即构成了一份对双方有约束力的合同文件，任何一方都须严格履行合同中的义务，否则即构成违约行为，另一方有权追究其违约责任或进行索赔。当中标通知书的颁发条件不成熟而业主又希望向投标人表达中标意向时，可向投标人签发承包合同意向书。但承包合同意向书的签发不是承诺，承包合同意向书对业主无法律约束力。

中标人在收到中标通知后 28 天内，并在签订合同协议书之前，应按合同条款的规定，向业主（招标人）提交一份由具有法人资格的银行出具的有效履约保函，其金额见资料表，且为取得履约担保所需的费用，由中标人自行负责。投标有效期的开始日期从开标之日算起。在投标有效期内，投标人不能修改或撤回标书，否则其投标保证金将被没收。招标人有时还会视情况延长投标有效期，此时投标人可以拒绝这种要求，这不会影响投标保证金的退回。但投标人一旦接受这种要求，则在延长期内，必须遵守原标书，否则，业主仍然有权没收其投标保证金（投标有效期延长后可能会因物价上涨问题影响施工成本，但只要合同条款有价格调整的条款，这一因素的影响可以避免。另外，延长投标有效期还有可能使投标人错过施工的黄金季节,对此投标人应在做出同意延长有效期的决定时考虑风险因素)。

招标人在收到履约担保并与中标人签订合同协议书后,应即刻通知其他投标人已落标,并退回所有投标人的投标保证金。

3. 合同协议书的签署

合同协议书的签署应符合下述规定:

(1)招标人和中标人应当自中标通知书发出之日起 30 天内,根据招标文件和中标人的投标文件订立书面合同。在签订合同前,中标人应按投标人须知前附表规定的金额、担保形式和招标文件规定的履约担保格式向招标人提交履约担保。以联合体中标的,其履约担保由牵头人递交,并应符合投标人须知前附表规定的金额、担保形式和招标文件规定的履约担保格式要求。采用银行保函时,出具银行保函的银行级别应在投标人须知前附表中说明,所需的费用由中标人承担;中标人应保证银行保函有效。中标人不能按要求提交履约担保的,视为放弃中标,其投标保证金不予退还;给招标人造成的损失超过投标保证金数额的,中标人还应当对超过部分予以赔偿。履约担保格式如下。

履 约 担 保

_____(发包人名称):

  鉴于_____(发包人名称,以下简称"发包人")接受_____(承包人名称)(以下称"承包人")于_____年____月____日参加_____(项目名称)_____标段施工的投标,我方愿意无条件地、不可撤销地就承包人履行事项与你方订立的合同,向你方提供担保。

1. 担保金额为人民币(大写)_____元(¥_____)。

2. 担保有效期自发包人与承包人签订的合同生效之日起至发包人签发工程接收交工验收证书之日止。

3. 在本担保有效期内,因承包人违反合同约定的义务给你方造成经济损失的,我方在收到你方以书面形式提出的在担保金额内的赔偿要求后,在 7 天内无条件支付,无须你方出具证明或陈述理由。

4. 发包人和承包人按合同条款第 15 条变更合同时,我方承担本担保规定的义务不变。

担 保 人:_____(盖单位章)
法定代表人或其委托代理人:_____(签字)
地　　　址:_____
邮政编码:_____
电　　　话:_____
传　　　真:_____

　　　　　　　　　　　　　　　　　　　　　　_____年____月____日

中标人无正当理由拒签合同的,招标人可取消其中标资格,其投标保证金将不予退还;给招标人造成的损失超过投标保证金数额的,中标人还应当对超过部分予以赔偿。发出中标通知书后,招标人无正当理由拒签合同的,招标人应向中标人退还投标保证金;给中标人造成损失的,还应当赔偿损失。

(2)签订合同协议书时,签约双方应出示法人代表人证书或其代理人的授权书,并邀请公证机关参加。

(3)合同协议书经双方法定代表人或其授权的代理人签署加盖公章后生效,并须经公证机关进行公证。

(4)如中标人未能遵守上"(1)""(2)"中的有关规定,招标人可宣布其中标无效,并没收其履约保证金。

协议书正本通常一式两份,双方各执一份,于签字盖章后正式生效;副本若干份,双方分存。合同协议书应明确承包合同主体(承包合同双方名称)、客体(承包项目名称)、承包合同造价及承包合同的组成文件等事项。最后由双方法人(代表)签字并加盖单位公章。《公路工程施工招标文件》建议的合同协议书格式如下:

合同协议书

_____(发包人名称,以下简称"发包人")为实施_____(项目名称),已接受_____(承包人名称,以下简称"承包人")对该项目_____标段施工的投标。发包人和承包人共同达成如下协议。

1. 第_____标段由 K____+____至 K____+____,长约____km,公路等级为____,设计时速为____,____路面,有____立交____处;特大桥____座,计长____m;大中桥____座,计长____m;隧道____座,计长____m 以及其他构造物工程等。

2. 下列文件应视为构成合同文件的组成部分。

(1)本协议书及各种合同附件(含评标期间和合同谈判过程中的澄清文件和补充资料);

(2)中标通知书;

(3)补遗书;

(4)投标函及投标函附录;

(5)项目专用合同条款;

(6)公路工程专用合同条款;

(7)通用合同条款;

(8)技术规范;

(9)图纸;

(10)已标价工程量清单;

(11)承包人有关人员、设备的投入承诺及投标文件中的施工组织设计;

(12)其他合同文件。

3. 上述文件互相补充和解释,如有不明确或不一致之处,以合同约定次序在先者为准。

4. 根据工程量清单所列的预计数量和单价或总额价计算的签约合同价为人民币(大写)_____元(¥____)。

5. 承包人项目经理：_____。承包人项目总工：_____。

6. 工程质量符合_____标准。

7. 承包人承诺按合同约定承担工程的实施、完成及缺陷修复。

8. 发包人承诺按合同约定的条件、时间和方式向承包人支付合同价款。

9. 承包人应按照监理工程师指示开工，工期为_____日历天。

10. 本协议书在承包人提供履约担保后，由双方法定代表人或其委托代理人签署并加盖单位章后生效。全部工程完工后经竣/交工验收合格，缺陷责任期满签发缺陷责任终止证书后生效。

11. 本协议书正本2份、副本_____份，合同双方各执正本1份，副本_____份，当正本与副本的内容不一致时，以正本为准。

12. 合同未尽事宜，双方另行签订补充协议。补充协议是合同的组成部分。

发包人：_____（盖单位章）　　　承包人：_____（盖单位章）
法定代表人或其委托代理人：_____（签字）　　法定代表人或其委托代理人：_____（签字）
_____年___月___日　　　　　　　_____年___月___日

4. 不正当竞争与纪律处罚

根据《中华人民共和国招标投标法》的规定：

（1）招标代理机构违反本法规定，泄露应当保密的与招标投标活动有关的情况和资料的，或者与招标人、投标人串通损害国家利益、社会公共利益或他人合法权益的，处5万元以上25万元以下的罚款，对单位直接负责的主管人员和其他直接责任人员处单位罚款数额5%以上10%以下的罚款。有违法所得的，并处没收违法所得；情节严重的，暂停直至取消招标代理资格；构成犯罪的，依法追究其刑事责任；给他人造成损失的，依法承担赔偿责任。若该行为影响中标结果的，中标无效。

（2）招标人以不合理的条件限制或者排斥潜在投标人的，对潜在投标人实行歧视待遇的，强制要求投标人组成联合体共同投标的，或者限制投标人之间竞争的，责令其改正，可以处以其1万元以上5万元以下的罚款。

（3）依法必须进行招标的项目招标人向他人透露已获取招标文件的潜在投标人名称、数量或者可能影响公平竞争的有关招标投标其他情况，或者泄露标底的，给予其警告，并可处以1万元以上10万元以下的罚款。对单位直接负责的主管人员和其他直接责任人员依法给予处分；构成犯罪的，依法追究刑事责任。若该行为影响中标结果的，中标无效。

（4）投标人相互串通投标或者与招标人串通投标的，投标人以向招标人或者评标委员会成员行贿的手段谋取中标的，中标无效，处中标项目金额5‰以上10‰以下的罚款，对单位直接负责的主管人员和其他直接责任人员处单位罚款数额5%以上10%以下的罚款。有违法所得的，并处没收违法所得；情节严重的，取消其1~2年参加依法必须进行招标项目投标资格并予以公告，直至由工商行政管理机关吊销营业执照。构成犯罪的，依法追究其刑事责任。给他人造成损失的，依法承担赔偿责任。

（5）投标人以他人名义投标或者以其他方式弄虚作假，骗取中标的，中标无效。给招标人造成损失的,依法承担赔偿责任;构成犯罪的,依法追究刑事责任。尚未构成犯罪的,处中标项目金额5‰以上10‰以下的罚款,对单位直接负责的主管人员和其他直接责任人员处单位罚款数额5%以上10%以下的罚款。有违法所得的,并处没收违法所得;情节严重的,取消其1～3年参加依法必须进行招标项目投标资格并予以公告,直至由工商行政管理机关吊销营业执照。

(6)依法必须进行招标的项目,招标人违反本法规定,与投标人就投标价格、投标方案等实质性内容进行谈判的,给予警告,对单位直接负责的主管人员和其他直接责任人员依法给予处分。若该行为影响中标结果的,中标无效。

(7)评标委员会成员收受投标人财物或者其他好处的,评标委员会成员或者参加评标的有关工作人员向他人透露对投标文件的评审和比较、中标候选人的推荐以及与评标有关的其他情况的,给予警告,没收收受的财物,并处以3000元以上5万元以下的罚款,对有违法行为的评标委员会成员取消担任评标委员会成员的资格,不得再参加任何依法必须进行招标项目的评标;构成犯罪的,依法追究刑事责任。

(8)招标人在评标委员会依法推荐的中标候选人以外确定中标人的,依法必须进行招标的项目在所有投标被评标委员会否决后自行确定中标人的,中标无效。可责令其改正,并处以中标项目金额5‰以上10‰以下的罚款;对单位直接负责的主管人员和其他直接责任人员依法给予处分。

(9)中标人将中标项目转让给他人的,将中标项目分解后分别转让给他人的,违反本法规定将中标项目的部分主体、关键性工作分包给他人的,或者分包人再次分包的,转让、分包无效,处转让、分包项目金额5‰以上10‰以下的罚款;有违法所得的,并处没收违法所得。可以责令其停业整顿;情节严重的,由工商行政管理机关吊销其营业执照。

(10)招标人与中标人不按照招标文件和中标人的投标文件订立合同的,或者招标人、中标人订立背离合同实质性内容的协议的,责令其改正;可处以中标项目金额5‰以上10‰以下的罚款。

(11)中标人不履行与招标人订立的合同的,履约保证金不予退还;给招标人造成的损失超过履约保证金数额的,还应当对超过部分予以赔偿。没有提交履约保证金的,应当对招标人的损失承担赔偿责任。因不可抗力不能履行合同的除外。

(12)中标人不按照与招标人订立的合同履行义务,情节严重的,取消其2～5年参加依法必须进行招标项目的投标资格并予以公告,直至由工商行政管理机关吊销其营业执照。因不可抗力不能履行合同的除外。

(13)任何单位或个人违反本法规定,限制或者排斥本地区、本系统以外的法人或者其他组织参加投标的,为招标人指定招标代理机构的,强制招标人委托招标代理机构办理招标事宜的,或者以其他方式干涉招标投标活动的,责令其改正;对单位直接负责的主管人员和其他直接责任人员依法给予警告、记过、记大过的处分,情节较重的,依法给予降级、撤职、开除的处分。

(14)对招标投标活动依法负有行政监督职责的国家机关工作人员徇私舞弊、滥用职权或玩忽职守,构成犯罪的,依法追究其刑事责任;不构成犯罪的,依法给予行政处分。

第三节 公路工程施工投标

一、施工投标的准备工作

1. 专业投标机构的成立

工程招标与投标是激烈的市场竞争活动,投标人都希望以自己在技术、经验、实力和信誉等方面的优势在竞争中获胜,占据市场,求得发展。因此,当一个公司进行工程投标时,组织一个强有力的、内行的投标机构是十分重要的。一个好的投标机构的成员应由经济管理类、专业技术类、商务金融类以及合同管理类人员组成。所谓经济管理类人员,是指直接从事费用计算的人员,他们不仅熟悉本公司在各类分部分项工程中的工料消耗标准和水平,而且对本公司的技术特长与不足之处有客观的分析和认识,掌握生产要素的市场行情,了解竞争对手的情况,能运用科学的调查、分析、预测方法,使投标报价工作建立在可靠的基础之上。所谓专业技术人员,是指工程设计和施工中的各类技术人员,他们掌握本专业领域内的最新技术知识,具有较丰富的工程经验,能从本公司的实际技术水平出发,选择经济合理的施工方案。所谓商务金融类人员,是指具有从事金融、贷款、保函、采购、保险等方面工作经验和知识的专业人员。所谓合同管理类人员,是指熟悉经济合同相关法律、法规,熟悉合同条款并能进行深入分析,提出应特别注意的问题,具有合同谈判和合同签订经验,善于发现和处理施工索赔等方面敏感问题的人员。总之,投标机构应由方方面面的人员组成,同时要注意保持机构成员的相对稳定,以利于积累和总结以往经验,不断提高其素质和水平,以形成一个高效率的工作集体,从而提高本公司投标报价的竞争力。

2. 投标管理

投标管理的目的是规范投标工作程序,明确参与投标部门和人员的职责,提高工作效率和工作质量。投标管理一般应包括的内容如下。

(1)投标项目的确定。对于多层次的单位,应明确各层机构投标业务开发的权限;对于单一层次的机构,应明确投标项目选定的条件、程序和各级部门或领导层的职责和权限,避免因选择失误和决策不当而造成损失。

(2)投标组织及其职权。明确投标组织机构建立的原则、程序以及各业务部门的职责分工,明确投标组成员的各自任务和责任。

(3)投标文件的审定。审核、签署投标文件,审核投标报价,确定最终报价。

(4)投标善后工作。对招标人评标、定标进行跟踪、配合;一旦中标,组织安排有关签约事宜;通过对中标项目的回访和后评估,对投标成败进行总结,吸取成功的经验;对投标失误进行分析,汲取教训和追究责任。投标内部资料的整理归档和提供使用,最终目的是为了促使投标工作规范化。

二、投标文件的组成

投标人编写的投标文件,应包括下列各项内容:
(1)投标函及投标函附录。
(2)法定代表人身份证明或附有法定代表人身份证明的授权委托书。
(3)联合体协议书。
(4)投标保证金。
(5)已标价工程量清单。
(6)施工组织设计。
(7)项目管理机构。
(8)拟分包项目情况表。
(9)资格审查资料。
(10)承诺函。
(11)调价函及调价后的工程量清单(如有)。
(12)投标人须知前附表规定的其他材料。

以上内容都必须使用招标文件中提供的格式或大纲,除另有规定者外,投标人不得修改。随同投标文件应提交初步的工程进度计划和主要分项工程施工方案,以表明其计划与方案能符合技术规范的要求和业主规定的工期。

三、施工投标的基本程序及注意事项

(一)施工投标的基本程序

(1)获取投标信息(通过招标公告及其他渠道)。
(2)前期决策。
(3)申报资格预审(购买资格预审文件,编制预审资格申请,确定分包和联合体组合)。
(4)购买招标文件(若资格预审通过)。
(5)考察施工现场(调查市场、考察工地、提出质疑)。
(6)分析招标文件,核实工程数量。
(7)参加标前会议。
(8)确定投标报价。
(9)编制投标文件、办理投标担保手续。
(10)按规定密封并递交投标文件(报送投标文件,提交投标保证金)。
(11)修正开标前方案。
(12)开标(参加开标会议)。
(13)评标(书面答复招标人询问、参加澄清会议)。
(14)中标(得到电话通知或中标通知书)。
(15)签订合同(若中标)(交付履约保证金、签订合同协议书)。

(二)投标时的注意事项

投标时应注意以下问题。

1. 精读、分析招标文件

精读、分析招标文件是投标的关键一环,是投标人是否投标、如何投标的基础。其要点与目的如下:

(1)全面了解承包人在合同中的权利和义务。

(2)深入分析施工承包中所面临的和需要承担的风险。

(3)缜密研究招标文件中的漏洞和疏忽,为制定投标策略寻找依据、创造条件。

(4)注意投标的时间安排及招标书中投标须知中对投标所做规定和有关事项的要求及招标文件中"合同通用条款""合同专用条款""技术规范"等的规定。国内在进行施工招标过程中的投标时间是紧张的,有时甚至比较仓促,投标要做的工作很多,而且要求较细,掌握不好,易给招标者带来投标失误甚至是无法弥补的损失。

(5)高度保密,特别是不要轻易让竞争对手从自己谈话或提出的问题中探究出你的设想、施工方案等;而对于竞争对手的谈话或透露出的情况,也不要轻信,要善辨真伪,以免被假情况所惑而导致判断错误。

(6)在研究和分析招标文件的过程中,有时会发现一些漏洞、疏忽和疑问,需要业主在标前会议上进行说明和澄清。业主在说明和澄清要注意以下几点:

①招标文件中对投标者有利之处或含糊不清的条款,不要轻易提请澄清(其可以成为投标单位制定报价手法的突破口)。

②不要轻易让竞争对手从投标单位提出的问题中窥探出投标者的设想、施工方案。

③对含糊不清的重要合同条款,如工程范围不清楚、招标文件和图纸相互矛盾、技术规范明显不合理等问题,均可要求业主或招标单位澄清解释。

④关于业主或招标单位的澄清或答复,应以书面文件为准,切不可以口头答复为依据来制定投标报价。

2. 现场考察

现场考察是承包人投标时全面了解现场施工环境及施工风险的重要途径,是投标人搞好投标报价的先决条件。通常,在招标过程中,业主会组织正式的现场考察。按照招标的有关规定,投标人应参加由业主(招标人)安排的正式现场考察,不参加正式考察者,可能会被拒绝投标。投标人提出的报价应当是在现场考察的基础上编制出来的,而且应包括施工中可能遇见的各种风险和费用。

投标人在现场考察之前,应先拟定好现场考察的提纲和疑点,设计好现场调查表格,做到有准备、有计划地进行现场考察。当考察时间不够时,投标单位的编标人员在标前会议结束后,一定要再留下几天,再到现场查看一遍,或做重点补充考察,在当地做材料、物资等的调查研究,并收集编标用的资料。

现场考察的主要内容如下:

(1)地理、地貌和气象方面。

①考察项目所在地及附近地形地貌与设计图纸是否相符。
②考察项目所在地的河流水深、地下水情况、水质等。
③考察项目所在地近20年的气象,如最高最低气温、每月雨量、雨日、冰冻深度、降雪量、冬季时间、风向、风速、台风等情况。
④考察当地特大风、雨、雪及灾害情况。
⑤考察地震灾害情况。
⑥考察自然地理方面考察修筑便道的位置、高度、宽度标准以及运输条件及水、陆运输情况。

(2)工程施工条件方面。
①考察工程所需当地建筑材料的料源及分布地,考察是否具备自办料场的条件等。
②考察场内外交通运输条件,现场周围道路桥梁通过能力,便道、便桥修建位置、长度、数量。
③考察施工供电、供水条件,考察外电架设的可能性(包括数量、支线长度、费用等)。
④考察新盖生产生活房屋的场地及可能租赁民房的情况及租地单价。
⑤考察当地劳动力来源、技术水平及工资标准情况。
⑥考察当地施工机械租赁、修理能力的情况。

(3)经济方面。
①考察工程所需各种材料,考察当地市场供应数量、质量、规格、性能能否满足工程要求及其价格情况。
②考察当地土源地点、数量、单价、运距及可采用的运输情况。
③考察监理工程师工资标准。
④考察当地各种运输、装卸及汽柴油价格。
⑤考察当地主副食供应情况和近3~5年物价上涨率。
⑥考察保险费情况。

(4)考察工程所在地有关健康、安全、环保和治安情况,如医疗设施、救护工作、环保要求、废料处理、保安措施等。

(5)其他方面。现场考察须带有业主(招标单位)发的以1:2000比例为宜的图纸,然后详细标绘施工便道、便桥现场布置及数量,调查路基范围内拆迁情况,调查须填筑水塘面积大小、抽水数量、淤泥深度和数量,了解开山的岩石等级、打洞放炮设计施工方法,调查桥梁位置、水深水位、便桥架设、钻孔(打桩)工作平台架设、深水基础、承台、下部构造如何施工、上部构造如何预制、预制场设在哪里及怎样布置、安装等有关具体问题,以便为施工组织设计做好准备。

投标单位完成标前调查和现场考察工作后,可根据调查结果,编制材料和机械台班单价,为施工组织设计准备大量第一手资料,为制定合理报价做准备。

3. 核实工程数量

招标项目的工程量在招标文件的工程量清单中有详细说明,但由于种种原因,工程量清单中的工程数量有时会和图纸中的数量存在不一致的现象。因此,无论是总价合同,还是单价合同,投标人都应依据工程招标图纸和技术规范,对招标文件工程量清单中各项工程量逐项进行核对。这项工作是必需的,也是十分重要的。如果投标时间紧迫,来不及核定所有项目的工程量时,也应对那些工程量大和造价高的主要项目进行核算。一般情况下招标文件都规定,工程量清单中的各项工程量是投标时的参考工程量,既不能更改,也不作为合同实施时工程价款支付的依据。如果投标人经核算某项工程量相差较大,且将在工期上给投标人带来较大风险时,应通知招标人改正,然后按改正后的工程量报价。如果招标人坚持不改时,则可按有条件报价或将其风险费用摊入投标报价。一般的工程量偏差,只能按原工程量报价。建议当工程量清单中某项目工程量偏小时,投标人可适当提高单价。合同实施时,由于该项目实际工程量增加,因而可以获得较多利润。如原工程量偏大时,可以适当降低单价。这样可以降低总报价,增加中标机会。当然,这样做也会使该项目的将来工程价款结算额减少,所以应把减小的款额摊入同期施工的其他项目中。

核实工程量时应注意的事项如下:

(1)全面核实设计图纸中各分项工程的工程量,如核实其计算方法与数量是否合理、准确,土石方划分是否恰当,是否存在漏项等。

(2)计算受施工方案(施工方法)影响而需额外发生(设计图纸中未能计算进去的)的和消耗的工程量。

(3)根据技术规范中计量支付的规定折算出新的工程量(在折算中有时须对设计图纸中的工程量进行分解或合并)。

(4)如发现工程量清单中的数量与图纸中的数量不一致时,应立即通知招标人核查。除非招标人以补遗书予以更正,否则应以工程量清单中的数量为准。

首先,通过核算,全面掌握本项目工程量清单中关于各分项工程的数量,从而达到准确计算报价的目的;其次,通过核算,发现工程量清单中关于工程量的错误和漏洞,为制定投标策略和投标决策提供依据;再次,通过核算来促进对规范中的计量支付规定做进一步的研究,以便更好地编写各工程细目的单价。

4. 填写工程量清单

投标人的投标价,是本工程所投合同段的全部工程的投标价,是以投标人在工程量清单中提出的单价或总额价为根据的。故投标人应认真填写工程量清单中所列本合同各工程细目的单价和总额价。投标人没有填单价或总额价的工程细目,业主将不予支付,并认为该细目的价款已包括在工程量清单其他细目的单价或总额价中。投标人在工程量清单中多报的细目或单价、总额价业主将不予接受,严重者将视为不符合性投标,其投标将被拒绝。

5. 施工组织设计的编制要求及注意事项

投标单位在详细研究招标文件及考察施工现场后,即可按招标文件中辅助资料表的格式及要求,编写施工组织设计文件。在合同中,施工组织设计又叫作工程进度计划,通常应包含如下内容:

(1)施工方案和施工方法的确定,主要施工工艺的选择及书面介绍。

(2)各分项工程的施工进度安排。

(3)现场平面布置及平面布置设计。

(4)临时工程及相应的设计图纸。

(5)技术人员、劳动力及机械设备的配备情况和进场计划。

(6)用款估算及用款计划。

(7)工地的组织机构。

(8)冬、雨季或夜间的施工组织措施与安排。

(9)质量、安全、环保措施等。

(10)其他。

施工组织设计文件应力求先进可靠、表达详尽,尽量符合招标文件中的规定格式和要求。投标单位在进行施工组织设计时,应注意下列事项。

(1)选择技术上可行、成本最低的施工方法。

(2)选择合适功率的施工机械。确定合理的施工定额和最低的折旧费用。

(3)优化施工组合,均衡施工,以尽量避免出现施工高峰和赶工。

(4)适当聘用当地员工或临时工,降低施工队伍调遣费,减少窝工现象。

为了编好施工组织设计,可以分两步考虑。在认真研究招标文件后,投标者可根据自身的丰富经验,先拿出2~3个粗线条的施工方案,等实地考察后,感觉原先考虑的施工方案不妥或不尽完善时,再进行深化、选择,以使之形成切实可靠的施工方案。

6. 编制报价方案的内容及报价技巧

1)投标报价的内容

一个项目的投标报价由以下3部分内容组成。

(1)施工成本。包括直接成本(工、料、机等直接费)、间接成本(包括现场管理费、公司管理费、临时设施费、施工队伍调遣费)等各项费用。

(2)利润和税金。税金是由国家统一征收的费用,利润是根据本项目的具体情况和公司的利润目标制定的。

(3)风险费用,即在各种风险发生后须由承包人承担的风险损失。

在投标报价中,要科学地编制以上3项费用,以使总报价既有竞争力,又有利可图,因此这是一件相当复杂的工作。

2)投标报价的技巧

为了中标和取得期望的效益,投标人必须在保证满足招标文件各项要求的条件下,研究和运用投标技巧。一般以开标作为分界,将投标技巧研究分为开标前和开标后两个阶段。

(1)开标前的投标技巧。

①不平衡报价法。不平衡报价是指在总价基本确定的前提下,调整其中各个分项的报价,以期既不影响总报价,在中标后又可使投标人尽早收回垫支于工程中的资金和获取较好的经济效益。但要注意避免不正常的调高或压低现象,避免失去中标机会。将某分项价款调高或调低的幅度一般不超过±10%。通常采用不平衡报价的情况有以下几种。

a. 对能早期结账收回工程款的项目(如土方、基础等)的单价可报以较高价,以利于资金周转;对后期项目(如装饰、电气设备安装等)的单价可适当降低。

b. 对估计今后工程量可能增加的项目,其单价可提高;而对工程量可能减少的项目,其单价可降低。

但上述两点要统筹考虑。对于工程量数量有错误的早期工程,如不可能完成工程量表中的数量,则不能盲目抬高单价,须具体分析后再确定。

c.图纸内容不明确或有错误。估计修改后工程量要增加的,其单价可提高;而工程内容不明确的,其单价可降低。

d.没有工程量,只填报单价的项目(如疏浚工程中的开挖淤泥工作等),其单价宜高。这样,既不影响总的投标报价,又可多获利。

e.暂定项目。对实施的可能性大的项目,可定高价;估计该工程不一定实施的,可定低价。

②多方案报价法。多方案报价法是利用工程说明书或合同条款不够明确之处,以争取达到修改工程说明书和合同为目的的一种报价方法。当工程说明书或合同条款有不够明确之处时,往往会使投标人承担较大风险。为了减少风险就必须加大工程单价,增加"不可预见费",但这样做又会因报价过高而增加被淘汰的可能性。多方案报价法就是为对付这种两难局面而出现的。其具体做法是在标书上报两价目单价,一是按原工程说明书合同条款报一个价,二是加以注解,如"说明工程说明书或合同条款可做某些改变时",可降低多少费用,以使报价成为最低,吸引业主修改说明书和合同条款。

③突然降价法。如某投标人在招标截止日期满前3天已投送投标文件,后来在招标截止日期满当天中午又递交了一份补充文件,其中声明将原报价降低3%。他所采取的就是突然降价法。《招标投标法》第29条规定:"投标人在招标文件要求提交投标文件的截止时间前,可以补充、修改或者撤回已提交的投标文件,并书面通知招标人。补充修改的内容为投标文件的组成部分。"这是突然降价法的依据。一般,投标人投送投标文件的时间不要过早,以免竞争对手掌握有关信息,自己却不能中标;而在开标前几个小时突然递送一份补充文件,竞争对手就不能再调整标价了。

(2)开标后的投标技巧。投标人通过公开开标这一程序可以得知众多投标人的报价。但低价并不一定中标。招标人需要综合各方面的因素,反复研究,经过议标谈判,方能确定中标人。若投标人利用议标谈判施展竞争手段,就可以变自己投标书的不利因素为有利因素,大大提高获胜机会。

根据招标的原则,投标人在标书有效期内,是不能修改其报价的。但是,某些议标谈判可以例外。在议标谈判中的投标技巧主要包括以下几方面。

①降低投标价格。投标价格不是中标的唯一因素,但却是中标的关键性因素。在议标中,投标者适时提出降价要求是议标的主要手段。但需要注意:一是要摸清招标人的意图,在得到其希望降低标价的暗示后,再提出降低的要求。因为,有些国家的政府关于招标的法规中规定,已投出的投标书不得改动任何文字。若有改动,投标即告无效。二是降低投标价要适当,不能损害投标人自己的利益。

降低投标价格可从以下3个方面入手,即降低投标利润、降低经营管理费和设定降价系数。

a.投标利润的确定,既要围绕争取未来最大收益这个目标而定立,又要考虑中标率和竞争人数因素的影响。通常,投标人会准备两个价格,即准备应付一般情况的适中价格,同时准备应付竞争特殊环境需要的替代价格,它是通过调整报价利润所得出的总报价。两价格中,后者可以低于前者,也可以高于前者。如果需要降低投标报价,即可采取低于适中价格者,使利润减少以降低投标报价。

b.为了竞争的需要也可以降低管理费率。就是企业可不须受有关主管部门制定的费率的约束,致力于改善经营管理,以合理的管理费率,提高自身在投标中的竞争能力。

c.降价系数。是指投标人在投标作价时,预先考虑一个未来可能降价的系数。如果开标后需要降价竞争,就可以参照这个系数进行降价;如果竞争局面对投标人有利,则不必降价。这对采用突然降价法是很重要的。

②补充投标优惠条件。除中标的关键因素——价格外,在议标谈判的技巧中,还可以考虑许多其他重要因素,如缩短工期,提高工程质量,降低支付条件要求,提出新技术和新设计方案,以及提供补充物资和设备等,以此争取得到招标人的赞许,争取中标。

7.投标文件的更改与撤回

在送交投标文件截止日期以前,投标人可以更改或撤回投标文件,但必须以书面形式提出,并经授权的投标文件签字人签署。在时间紧迫的情况下,投标文件撤回的要求可先以传真通知招标人,但应随即补发一份正式的书面函件予以确认。更改、撤回的确认书必须在送交投标文件截止日期以前送达招标人;签收更改的投标文件应同样按照投标文件送交规定的要求进行编制、密封、标记和发送。

送交投标文件截止日期以后,投标文件不得更改,需要做澄清时,必须按投标须知要求办理。如果在投标文件有效期内撤回投标文件,则要按投标须知规定没收其投标担保。

1. 简述招标投标的作用及原则。
2. 具备哪些条件才可以进行公路工程招标?
3. 公路工程招标的法定方式有哪些?各有何特点?
4. 简述公路工程施工招标的基本程序。
5. 简述公路工程施工招标文件的组成。
6. 简述资格预审的内容和程序。
7. 标底应如何编制与管理?
8. 简述评标委员会的组成。
9. 简述评标定标的基本程序及工作内容。
10. 简述投标担保的主要作用。
11. 简述投标报价的基本程序。
12. 投标过程中,应注意哪些事项?

第四章 CHAPTER FOUR
国内工程项目合同管理

第一节 工程项目合同管理概述

一、工程合同的特点

随着我国经济建设的发展,工程建设合同的法制建设和科学管理也进入一个新的阶段,工程建设合同管理已经成为土工工程行业发展和科学管理的重要环节,成为提高工程建设社会效益和经济效益的法律保障和重要工具。土木工程项目合同有其自身的特点,一方面,要与天文、地理等自然气候条件相关联;另一方面,又要由人来实施和管理,一般的土木工程项目都要经过可行性研究、勘测、设计、施工、监理等过程。工程中既有新建项目,也有旧路改建、旧桥加固、工程抢险等,这样也就会产生多种合同类型。这些合同既具有工程承包合同的一般共性,也具有其独特的地方。因此,工程合同既应服从国家有关一般建设工程的条例规定,又应符合有关部门关于具体工程的特殊要求。

工程合同具有以下基本特点:

(1)业主和承包人必须具有权利能力和行为能力。工程承包合同是业主与勘察、设计、施工、监理部门之间,为完成特定的工程基本建设项目的建设任务而签订的,明确双方权利和义务的协议。各方都应有合法的法人资格。

(2)具有很强的计划指导性。基本建设是国民经济的重要组成部分,基本建设计划又是国民经济的一项重要内容。指导性基本建设计划是国民经济和社会发展的一部分,是国家有关权力机关批准的,具有法律效力。

(3)具有严格的法定程序。只有按国家规定的基本建设程序签订的合同才属有效合同,基本建设工作涉及面广,内外协作配合环节多,必须有计划、有步骤、有秩序地进行,必须严格执行国家有关基本建设程序的规定。对于大中型基本建设项目更是如此。

交通部2015年修订的《公路建设市场管理办法》规定,对公路工程建设程序的管理如下:

第一章 总则 主要明确了对进入公路工程建设市场的主体各方的要求,阐明公路建设市场应遵循公平、公正、公开、诚心的原则,以及由国家建立和完善统一、开放、竞争、有序的公路建设市场。

第二章 管理职责 明确国务院交通主管部门、省级人民政府交通主管部门、省级以下地方人民政府交通主管部门对公路建设市场监督管理的职责。

第三章 市场准入管理 指出凡符合法律、法规规定的市场准入条件的从业单位和从业人员均可进入公路建设市场。

第四章 市场主体行为管理 明确公路建设从业单位和从业人员在公路建设市场中必须严格遵守国家有关法律、法规和规章,必须严格执行公路建设行业的强制性标准、各类技术规范及规程的要求。

第五章 动态管理 指出各级交通主管部门应当建立举报投诉制度,查处违法行为,强调从业单位和主要从业人员的信用记录应当作为公路建设项目招标资格审查和评标工作的重要依据。

第六章 法律责任 明确对公路建设从业单位和从业人员违反本办法规定应进行的处罚。

第七章 附则

上述程序,既是公路基本建设的法定程序,又是签订公路工程承包合同的法定条件,任何单位和个人必须严格遵照执行。违反上述程序签订的合同,属于无效合同。

(4)合同主体之间具有严密的协作性。工程承包合同涉及面比较广泛,往往需要由勘察、设计、施工、监理及地质水文等部门互相配合,密切协作,共同完成工程建设任务。无论哪个部门和环节出现问题,都有可能影响整个工程的完成,各单位只有认真履行各自的义务,才能保证整个工程完成。

除以上特征外,工程承包合同还应接受国家专业银行的监督。建设银行通过贷款及结算对公路工程承包合同的工程投资、工程造价、工程进度、费率标准以及合同的执行情况等,进行监督。

二、工程合同的类型

工程合同可按不同的方法划分类型,常见的分类方法及类型如下。

1. 按工程合同内容不同划分

按工程合同内容不同可分为勘察设计合同、施工承包合同、监理咨询合同以及其他与工程相关的借款合同、机械设备租赁合同、供用电合同、买卖合同、劳务合同等。

2. 按选择承包者的方法不同划分

(1)任意合同。

任意合同是不通过竞争的方式签订的合同,在建设工程中有时会出现以下情况。

①合同的性质或目的不允许竞争,如合同的标的物需要特殊的技术或特殊的材料、构件,或合同的标的物建成后仅限交给特定人员使用。

②情况紧急,来不及竞争。如发生或预测将要发生灾害等紧急事态,来不及履行竞争手续,如水毁工程的抢修等。

③合同额定价格小或无人投标等。

在以上情况下,业主往往通过和某个特定的对象协商来签订合同,这样的合同即属任意合同。

(2)竞争合同。

竞争合同是通过竞争的方式选择合同对方当事人而签订的合同。竞争合同可分为一般竞争方式和指定竞争方式两种类型。

3. 按工程规模内容不同划分

(1)BOT 项目承包合同。

BOT 项目承包合同是指建设(Build)—经营(Operate)—转让(Transfer)全过程项目承包的合同形式,是国际上近十几年新兴的工程项目建设模式。其含义为:政府通过授权,把本属于政府支配、拥有或控制的资源,委托给资本拥有者进行投资建设并经营获益,在特许经营期届满时移交政府继续经营。

此外,还有 PPP 方式和 TOT 方式。PPP 方式(Public Private Partnership)是指政府与民间投资人合作投资基础设施。在这种方式下,政府通过法定程序选定基础设施的投资运营商,政府将给基础设施的民间投资人提供包括投资资金、运营补贴、减免税收在内的资金支持,或者给予其他支持。政府也可能从基础设施的经营中分享收益。特许经营期末,基础设施将被以有偿或者无偿的方式转交给政府,或者民间投资人被重新安排继续特许经营。TOT(Transfer Operate Transfer)是从特许经营方式 BOT 演变而来。它是指政府或需要融入现金的企业,把已经投产运行的项目(公路、桥梁、电站)移交(T)给出资方经营(O),凭借项目在未来若干年内的现金流量,一次性地从出资方那里融得一笔资金,用于建设新的项目;原项目经营期满,出资方再把它移交(T)回来。TOT 方式可以积极盘活资产,只涉及经营权或收益转让,不存在产权、股权问题,可以为已经建成项目引进新的管理,为拟建的其他项目筹集资金。

(2)总承包合同。

总承包合同是承包单位与业主之间直接签订的关于某一工程项目全部工作的协议。又分为设计施工总承包合同与施工总承包合同。设计施工总承包合同是指由设计方和施工方组成设计施工联合体,对工程的设计和施工进行联合投标,业主从中选择一家设计方案优秀、有实力且工程造价低的联合体作为中标方,然后再签订承包合同。由于工程造价主要由设计方案决定,因此这种方式对业主降低工程造价,节省工程投资有显著优点。同时,工程实施中联合体可以将设计和施工统一安排,使设计施工交叉进行,从而提高工作效率,加快工程进度,缩短了工期。

(3)分包合同。

分包合同是总包单位在建设单位签订总承包合同后,又与分包单位就工程的某一部分工程或某一单位工程,分包给分包人完成而签订的合同。如土方、模板、钢筋等分项工程,或某种专业工程,如钢结构制作和安装、电梯安装、卫生设备安装等。分包人不与发包人发生直接的关系,而只对总承包人负责,在施工现场由总承包人统筹安排其活动。分包人分包的工程,不能是总承包范围内的主体结构工程或主要部分(关键性部分)。主体结构工程或主要部分必须由总承包人自行完成。分包主要有两种情形:一是总承包合同约定的分包。总承包可以直接选择分包人,经发包人同意后与之订立分包合同。二是总承包合同未约定的分包。经发包人认可后,总承包人方可选择分包人,与之订立分包合同。可见,分包事实上都要经过发包人同意后才能进行。

4. 按施工承包合同计价方式不同划分

按施工承包合同计价方式不同,可分为总价合同、单价合同、成本补偿合同。

三、工程合同的法律规定

工程合同应遵守国家的有关法律,如《合同法》和《建筑法》《中华人民共和国招标投标法》《中华人民共和国担保法》《中华人民共和国仲裁法》《公路建设市场管理办法》《公路建设四项制度实施办法》《公路工程施工招标投标管理办法》等。

1. 勘察设计合同

签订公路工程勘察设计合同还应遵守的法律依据是国务院 2000 年 3 月 1 日颁发的《建设工程勘察设计合同管理办法》。签订初步设计合同时,要有国家政府主管部门批准的可行性研究报告;签订施工图设计合同时,要有国家主管部门批复的初步设计报告。主体双方应具有法人资格,勘察设计方应持有与工程规模相适应的勘察设计证书。

2. 施工承包合同

签订公路工程施工承包合同还应遵守国务院 1983 年 8 月 8 日颁发的《建筑安装工程承包合同条例》。其合同格式应参照交通部颁发的《公路工程国际招标文件范本》或《公路工程施工招标文件》。签订公路施工承包合同时,应有批准的初步设计和总概算,主体双方要有法人资格,承包方要有相应的资质等级,征地、拆迁问题已经解决,资金已经落实。

3. 监理咨询合同

签订监理咨询合同应符合交通部《公路工程施工监理办法》的规定。监理单位应具有法人资格,持有监理资格证书,具有相应的资质等级。监理合同的详细内容可参照国际咨询工程师联合会颁发的《业主与咨询工程师标准服务协议书》和交通部颁发的《公路工程施工监理合同范本》。

第二节 公路施工承包合同管理

一、公路施工承包合同的概念及特点

公路施工承包合同是工程项目的业主方与施工承包方之间,为完成该工程项目的建造任务签订的明确双方权利和义务的协议。

1. 施工承包合同的特点

施工承包合同主要有以下几个方面的特点。

(1)合同标的具有特殊性。

施工合同的标的是各类建筑产品。建筑产品是不动产,其基础部分与大地相连,不能移动,这就决定了每个施工合同的标的都是特殊的,相互间具有不可替代性。这还决定了施工生产的流动性。建筑物所在地就是施工生产场地,施工队伍、施工机械必须围绕建筑产品不断移动。另外,建筑产品的类别庞杂,其外观、结构、使用目的、使用人都各不相同,这就要求每一个建筑产品都须单独设计和施工。另外,建筑产品是单体性生产,这也决定了施工合同标的的特殊性。

(2)合同履行期限具有长期性。

建筑物的施工结构复杂、体积大、建筑材料类型多、工作量大,使得工期都很长。合同履行期限肯定要长于施工工期,因为工程建设的施工应当在合同签订后才开始,还须加上合同签订后到正式开工前一个较长的施工准备时间和工程全部竣工验收后、办理竣工结算及保修期的时间。在工程的施工过程中,还可能因为不可抗力、工程变更、材料供应不及时等原因而导致工期顺延。所有这些情况,决定了施工合同履行期限具有长期性。

(3)合同内容具有多样性和复杂性。

虽然施工合同的当事人只有两方,但其涉及的主体却有许多,与大多数经济合同相比较,施工合同的履行期限长、标的额大、涉及的法律关系包括劳动关系、保险关系、运输关系等,因此具有多样性和复杂性。

(4)合同管理具有严格性。

由于施工合同的履行会对国家、社会、公民产生较大和长期的影响,因此国家对施工合同的管理工作是十分严格的。主要体现在以下几个方面。

①对合同签订的严格管理。签订施工合同必须以国家批准的投资计划为前提,初步设计和概算已经批准。同时还要得到相关部门,如规划、环保等部门的批准。

②对合同履行的严格管理。在施工合同的履行过程中,除了合同当事人、监理工程师要对合同进行严格管理外,经济合同的主管机关(工商行政管理机关)、金融机构、交通行政主管机关,都要对施工合同的履行进行监督和管理。

③对合同主体的严格管理。国家对施工合同的主体有严格的管理制度。发包方必须具备组织协调能力;承包人必须具备有关部门核定的资质并持有营业执照等证明文件。无营业执照或无承包资质证书的施工企业不能作为施工合同的主体,资质等级低的施工企业不能越级承包施工项目。

2. 业主方和承包人双方的资格要求

(1)业主必须具备的条件。

①具备法人资格。

②具有与拟建工程规模相适应的组织管理、技术管理、经济管理人员和相应机构。

③具备编制招标文件、标底,组织开标、评标等能力。

不具备以上②和③条的,应委托具有相应资格的咨询公司代理。

(2)承包人必须具备的条件。

承包人应持有工商行政管理部门核发的营业执照及应持有经行业主管部门考核发给的施工资格证书。国务院各部门直属施工企业的资格证书,由主管部门按照本部门的资格等级标准核定等级,发给资格等级证书。省、自治区、直辖市各厅、局所属施工企业的资格等级,由该主管厅、局按照国务院有关部门制定的等级标准核定等级,发给资格等级证书。所有国有施工企业,都可凭主管部门核发的资格等级证书,向所在地工商行政管理机关申请,办理登记,取得法人资格,领取营业执照。

3. 施工合同的作用

(1) 明确建设单位和施工企业在施工中的权利和义务。

施工合同一经签订,即具有法律效力。施工合同明确了建设单位和施工企业在工程施工中的权利和义务。这是双方在履行合同中的行为准则,双方都应以施工合同作为行为依据。双方应认真履行各自的义务,任何一方无权随意变更或删除施工合同;任何一方违反合同规定的内容,都必须承担相应的法律责任。

(2) 有利于对工程施工的管理。

合同当事人对工程施工的管理应以合同为依据,同时,有关国家机关、金融机构对工程施工进行监督管理时,施工合同也是极其重要的依据。

(3) 有利于建筑市场的培育和发展。

在计划经济条件下,行政手段是施工管理的主要方法;在市场经济条件下,合同是维护市场运转的主要因素。因此,培育和发展建筑市场,首先要培育合同意识。推行工程监理制度,实现招标投标制度和项目法人制,都是以签订施工合同为基础的。

(4) 是进行监理的依据和推行监理制的需要。

工程监理制度是工程建设管理专业化、社会化的结果。在这一制度中,行政干预的作用被淡化了,建设单位、施工企业、监理单位这三者的关系是通过监理服务合同和施工承包合同来确立的,监理单位对工程的监理是以订立施工合同为前提和基础的。建设单位一经委托监理单位对承包工程实现监理,则社会监理单位对工程进行监理的依据也就是施工合同。

4. 施工合同的订立

(1) 施工承包合同订立的依据。

施工承包合同的订立,应具备以下要求:

① 工程项目的设计文件和概、预算得到有关主管部门批准且项目已列入年度基本建设计划。

② 建设资金计划基本明确,资金已落实,征地拆迁工作可保证施工需要。

③ 工程建设实施计划概要已经完成。只有满足这些条件,签订的施工合同才能得到国家法律的保护。

(2) 订立施工合同应遵守的原则。

① 遵守国家的法律、法规和国家计划原则。订立施工合同,必须遵守国家的法律、法规,还应遵守国家的建设计划和其他计划。

② 平等互利、协商一致的原则。签订施工合同的当事人双方,都具有平等的法律地位,任何一方都不得强迫对方接受不平等的合同条款。合同的内容应当是互利的,不能单纯损害一方的利益。协商一致则要求施工合同必须是双方协商一致达成的协议,而且应当是当事人双方真实意思的表示。

(3)订立施工合同的程序。

施工合同作为经济合同的一种,其订立也应经过要约和承诺两个阶段。投保人投标是一种要约行为,发包人定标是一种承诺。分包人可通过施工招标,选择有竞争力的承包人。

二、公路施工承包合同的主要内容

1.《建设工程施工合同(示范文本)》

2017年10月,国家工商行政管理局和建设部联合颁发《建设工程施工合同(示范文本)》(以下简称《范本》)(GF-2017-0201),作为我国建设工程施工合同范本。主要用于房建工程,也可供签订公路施工承包合同时参考。该范本主要由《建设工程施工合同条款》和《建设工程施工合同协议条款》两部分组成。其中《建设工程施工合同条款》主要包括以下10个方面的内容。

(1)词语含义及合同文件。
(2)双方一般责任。
(3)施工组织设计和工期。
(4)质量与验收。
(5)合同价款与支付。
(6)材料设备供应。
(7)设计变更。
(8)竣工与结算。
(9)争议、违约和索赔。
(10)其他。

该合同条款共计41条,142款。《建设工程施工合同条款》是通用性条款,它基本上适用于各类建设工程。它是根据国家的有关法规对承/发包双方权利义务做出的规定。除双方协商一致对其中的某些条款做出修改、补充或取消外,都必须严格履行。

由于合同标的的不同,工期造价的变动,承/发包双方的自身条件、能力、施工现场的环境和条件也都各异,双方的权利、义务也就各有特性。因此《建设工程施工合同条款》也就不可能完全适用于每个具体工程,须进行必要的修改、补充,即配之以《建设工程施工合同协议条款》。该条款是按《建设工程施工合同条款》的顺序拟定的,主要是为《建设工程施工合同条款》的修改补充提供一个协议的格式。承/发包双方可针对工程的实际情况,把对《建设工程施工合同条款》的修改补充和不予采用的一致意见按《建设工程施工合同协议条款》的格式形成协议。《建设工程施工合同条款》和《建设工程施工合同协议条款》是承/发包双方统一意愿的体现,成为合同文件的组成部分。

2.《公路工程标准施工招标文件》

公路工程施工承包合同范本,主要包括合同条款、技术规范、图纸、工程量清单和标价及协议书等。

由交通运输部颁布的《公路工程标准施工招标文件》(2018版)的内容如下。

第一卷
第一章　招标公告/投标邀请书
第二章　投标人须知
第三章　评标办法
第四章　合同条款及格式
第五章　工程量清单
第二卷
第六章　图纸
第三卷
第七章　技术规范
第八章　工程量清单计量规则
第四卷
第九章　投标文件格式

三、公路施工承包合同双方当事人的权利和义务

1. 业主方的权利和义务

(1) 负责办理正式工程和临时设施范围内的土地征用、租用,申请施工许可证执照及各种公用设施使用许可证。

(2) 以书面形式提供道路、桥梁、涵洞、隧道等建筑物的水准点、坐标控制点等测量标志,进行现场交验并对其可靠性负责。

(3) 开工前,接通施工现场水源、电源和运输道路,拆迁现场内拟拆迁结构物(也可委托施工单位承担)。

(4) 业主应按《业主的要求》中规定的细节提供各类机械和材料,承担风险和支付费用,并按合同规定的时间、地点将此类机械和材料运交承包人,由承包人负责检查和照管。

(5) 组织设计方、施工方进行技术交底,并按合同规定的时间和份数及时通过监理方向施工方提交施工图等施工所需的技术资料。

(6) 派驻工地代表,及时与施工方协商并解决工程中发生的问题。实行社会监理的工程,业主委托的总监理工程师按协议条款的约定对施工进行监督管理,但无权解除合同中乙方的义务。

(7) 在制造、加工和准备期间,业主有权在工程进行的任何地点,对承包人按合同规定所提供的全部工程设备、材料的原料、工艺进行检查、审核与检验,并对制造进度进行审查。

(8) 由于承包人的原因,导致某些工作重复进行或工期延误,如由工程设备、材料设计和工艺造成的再度检验,承包人未能按期完工(某区段或工程),或其他承包人的违约,造成业主费用的增加,则业主有权从承包人处收回此类费用,并可从任何应支付给承包人的款项中扣除。

(9) 承包人的工程设备和材料一经运至施工现场则被认为是业主的财产。

(10) 当承包人严重违约或不能履行合同时,或以其他适宜的理由,业主有权终止合同。

(11) 批准承包人的履约担保和担保机构。
(12) 编制双方实施的合同协议书,并承担拟定的签订费用。
(13) 批准承包人的保险条件。
(14) 在承包人负责照管工程期间,如果因业主发生的风险情况,导致工程的任何损失和损害,则承包人有责任修补或修复,但费用有业主承担。
(15) 负责组织合同规定工程的交工验收和竣工验收。
(16) 及时向经办银行提交各期付款与结算所需的文件,按时办理贷款的结算。
(17) 负责按双方商定的业主应负责的其他事宜。

2. 承包人的权利和义务

"承包人"是其投标书已为业主接受的当事人以及取得当事人合法资格的继承人,但不指(除非业主同意)此当事人的任何受让人。如果承包人是两个或两个以上当事人的一个联营体(或联合集团)时,所有当事人在履行本合同时均负有各自的以及共同的连带责任。联营体应指定其中一人作为负责人,其有权管辖整个联营体(或联合集团)及其每位成员。没有业主的事先同意,联营企业(联营集团)的组合和构成不得改变。

(1) 承包人任命承包人代表在现场履行他的责任,行使他的权利。如果在合同中未注明承包人代表的姓名,承包人应在合同生效后14天内将代表姓名、详细情况提交业主代表以期得到其的同意。没有业主代表的同意承包人不能随意撤销对承包人代表的任命。

(2) 积极做好施工前的各项准备工作。施工前的准备工作包括组织力量核对设计文件,进行补充调查和施工测量,编好实施性施工组织设计,安排好施工所需的劳力、材料、机械、工具、工期和生活供应等工作。施工中涉及的有关部门问题,应事先联系,签订协议。大中型建设项目开工前,必须由施工单位提出开工报告,报交通部或省、直辖市、自治区基建主管部门(按投资隶属关系)核备。开工报告应说明征地拆迁、施工机械、劳务安排、材料进场、临时设施、施工方案和施工文件的准备情况等。

(3) 承包人的工程范围和要求。承包人的工作应完全符合合同,并符合合同规定的目的。承包人的工程范围应包括为满足业主要求,并为承包人的建议书及资料表所必需的,或合同隐含的,或由承包人的任何义务而产生的任何工作,以及合同中虽未提及但按照推论对工程的稳定、完整、可靠及有效运行所必需的全部工作。

(4) 及时向业主或监理工程师汇报工程质量与进度情况。施工方应按合同规定的日期向业主和监理工程师递交有关采购材料的使用性能检验报告、施工中各种混合料、混凝土和施工质量的自检报告、各种隐蔽工程的验收申请、各种施工统计表、工程事故情况报告、阶段验收和竣工验收报告等材料。

(5) 在合同生效日期后,承包人应向业主提交一份履约担保。其保证金额、货币种类应符合投标书附件中的规定。承包人应保证该履约在完成工程实施、竣工并修补其任何缺陷之前持续有效。

(6) 承包人应负责工程的协调。承包人负责安排其他分包人、承包人本人、其他承包人在现场的工作场所和材料存放地。

(7) 承包人应根据业主要求或业主代表书面给定的原始基准点、基准线和参考高程对工程进行放线,并自费校正工程位置、高程、尺寸或基准线出现的任何差错。

(8)积极协助业主代表和监理工程师工作。施工方应按合同条款的规定,向业主代表或监理工程师提供在现场办公用房、生活用房及设施,发生费用由业主承担;施工方还负责提供合同规定的业主代表或监理工程师进行各种质量检验所需的材料、试件、工人、场地、设备等,以便对方的质量检验人员进行检验。

(9)负责工程所需的照明、信号、看管工作。施工单位应负责工程施工所需的照明、施工标志、信号、圈栏、安全警卫等,以保证安全施工。

(10)施工应遵守有关规定并保护有关管线等构造物。施工方在施工中应遵守当地政府关于噪声、污染及夜间施工控制方面的规定,遵守当地政府关于工地附近道路使用的规定,注意保护施工中遇到的地下管线及其他邻近建筑物、构造物,避免使建设单位遭到因上述情况发生而产生的索赔。

(11)承包人应为自己进入现场所需的道路通行权承担全部费用和开支,并提供自己为完成工程所需要的现场以外的任何附加设施。业主对现场道路的使用和其他原因引起的索赔不承担任何责任。

(12)在投标书附录中规定的时间内,承包人应向监理工程师提交一份符合合同规定内容并用网络表示的进度计划,在工程中按合同规定编制并提交月度进度报告。承包人应按监理工程师要求,提供一份实施工程的安排方案的总体说明,如果进度计划和实施方案有重大修改,必须通知监理工程师。如果工程实际进度与进度计划不符,监理工程师可以指令修改计划。

(13)承包人应提供为完成本工程所必需的全部承包人的设备,且在完工前,未经监理工程师同意不得将之移出现场。

(14)承包人进行并负责工程的设计。承包人应使自己的设计人员和设计分包者符合业主要求规定的标准,具备从事设计所必需的经验与能力,且保证其设计人员能随时参与监理工程师的讨论。

(15)承包人应编制足够详细的施工文件,并按监理工程师的指示编制进一步的施工文件。承包人对其所编制的施工文件的完备性、正确性负责。承包人应保证其设计、施工文件、工程实施符合工程所在地的法律、规范、技术标准、规章等。

(16)承包人应保证业主免于承担因工程侵犯任何权利权,如已注册的设计、版权、商标或商名,或其他知识产权而导致的一切索赔。承包人应负责自费谈判,接受因索赔而引起的诉讼和仲裁,以及不应做出任何有损业主利益的行为。但由于业主要求或其他承包人引起的除外。

(17)承包人对其雇佣的职员和劳务人员的报酬、福利、安全及其他一切行为负全面责任。

(18)承包人收到开工通知书后,应尽快设计和实施工程,并按照合同规定的方法对拟提供的工程设备、材料进行制造加工和实施。

(19)承包人负责全部工程设备、材料以及其他物品的采购、运输和储存工作。

(20)工程完工后应及时提交有关竣工验收全套的竣工技术资料,办理工程竣工结算,参加交工验收及参加缺陷责任期验收,最后通过竣工验收。

(21)在合同规定的缺陷责任期内,对属于施工方责任的质量问题,负责无偿保修。公路工程项目的缺陷责任期一般为1年,期满时,经验收合格,施工方即可得到全部工程款。

四、公路工程施工承包合同的违约责任

根据《合同法》以及《建筑安装工程承包合同条例》,对公路工程施工承包合同的违约责任,应按如下规定处理。

1. 业主的违约责任

(1)业主未按照约定的时间和要求提供原材料、设备、场地、资金、技术资料的,承包方可以顺延工程日期,并有权要求赔偿停工、窝工等损失。

(2)因业主原因在工程中途停建、缓建或由于设计变更以及设计错误造成的返工,业主应采取措施弥补或减少损失,同时,赔偿承包方由此而造成的停工、窝工、返工、倒运、人员和机具设备调迁、材料和构件积压的实际损失和费用。

(3)工程未经验收,业主提前使用或擅自动用,由此而发生的质量或其他问题,由业主负责。

(4)超过合同规定日期验收,应按合同违约责任条款的规定,偿付逾期违约金。

(5)不按合同规定支付工程款,应按银行有关逾期付款办法或"工程价款结算办法"的有关规定处理。

2. 承包方的违约责任

(1)因施工方的原因致使建设工程质量不符合约定的,承包方应负责在合理期限内无偿修理或返工、改建。修理或经过返工造成逾期交付的,应偿付逾期违约金。

(2)工程交付时间不符合规定的,按合同中违约责任条款的规定,承包方应偿付逾期违约金。

五、公路施工承包合同的管理

公路施工承包合同的管理,是指各级工商行政管理部门、建设行政主管机关和金融机构,以及工程发包单位、社会监理单位、承包企业,依照法律和行政法规、规章制度,采取法律的、行政的手段,对施工合同关系进行组织、指导、协调及监督,以保护施工合同当事人的合法权益,处理施工合同纠纷,防止和制裁违法行为,保证施工合同法规贯彻实施的一系列活动。

1. 国家机关及金融机构对公路工程施工承包合同的管理

(1)工商行政管理机关对公路工程施工承包合同的管理。

工商行政管理机关对公路工程施工承包合同的管理体现在以下几个方面:宣传公路工程施工承包合同的有关法律、法规;指导和督促业务主管部门和企、事业单位的公路工程施工承包合同的管理工作,建立合同管理系统网络;组织开展"重合同守信用"活动,促使企业搞好合同管理;监督公路工程施工承包合同的订立和履行,督促当事人按照合同的约定履行自己的义务;进行公路工程施工承包合同的鉴证和备案工作;查处违法公路工程施工承包合同等。

(2)交通行政主管机关对公路工程施工承包合同的管理。

交通行政主管机关是公路工程施工承包合同的主管机关,主要有以下职责:

①贯彻国家有关经济合同方面的法律、法规和方针政策。
②贯彻国家制定的公路工程施工承包合同示范文本,并组织推行和指导使用。
③组织培训合同管理人员,指导合同管理工作,总结交流工作经验。
④对公路工程施工承包合同的签订进行审查,监督检查合同履行,依法处理存在的问题,查处违法的行为。
⑤制定签订和履行合同的考核指标,并组织考核,表彰先进的合同管理单位。
⑥确定损失赔偿的范围。
⑦调节施工合同纠纷。

2. 发包方和监理单位对公路工程施工承包合同的管理

(1) 公路工程施工承包合同的签订管理。

在发包方具备了与承包人签订公路工程施工承包合同条款的情况下,发包方或者监理单位,可以对承包人的资格、资信和履约能力进行预审。对承包人的预审,可以通过招标资格预审进行,非招标工程可以通过社会调查进行。发包方和监理工程师还应做好施工合同的谈判签订管理。使用《范本》时,应依据合同条款逐条进行谈判。经过谈判后,且在双方对施工合同内容取得完全一致意见后,即可签订施工合同文件。

(2) 施工合同的履行管理。

发包方和监理工程师在合同履行中,应当严格按照公路工程施工承包合同的规定,履行应尽的义务。公路工程施工承包合同内规定应由发包方负责的工作,都是合同履行的基础,是为承包方开工、施工创造的先决条件,发包方必须严格履行。具体包括以下几个方面的内容:

①在工期管理方面:按合同规定,要求承包方在开工前提出施工总体进度计划,监理工程师应进行审核,并进行实际检查。对影响进度的因素进行分析,属于发包方的原因,应及时主动解决;属于承包人的原因,应督促其迅速解决。

②在质量管理方面:检验工程使用的材料、设备质量;检验工程使用的半成品及构件质量;按合同规定的规范、规程,监督检验施工质量;按合同规定的程序,验收隐蔽工程和需要中间工程的质量;组织交工验收等。

③在费用管理方面:严格进行合同约定价款的管理;当出现合同约定的情况时,对合同价款进行调整;对预付工程款进行确定,包括批准和扣回;对工程量进行核实确认,进行工程款的结算和支付;对变更价款进行确定;对施工中涉及的其他费用,如安全施工方面的费用、专利技术等涉及的费用;办理竣工结算等。

(3) 施工合同的档案管理。

发包方和监理工程师应做好施工合同的档案管理工作。工程项目全部竣工之后,应将全部合同文件加以系统整理,建档保管。在合同的履行过程中,对合同文件,包括有关的签证、记录、协议、补充合同、备忘录、函件、电报、电传等都应做好系统分类,认真管理。

3. 承包方对施工合同的管理

(1) 施工合同的签订管理。

在施工合同签订前,应对发包方和工程项目进行了解和分析,如工程项目是否列入国家投资计划,施工所需资金等是否落实,施工条件是否已经具备等,以免招致重大损失。承包方投标中标后,在施工合同正式签订前还需要与发包方进行谈判。待双方达成一致意见后,即可正式签订合同。

(2)施工合同的履行管理。

在合同履行过程中,为确保合同各项指标的顺利实现,承包方须建立一套完整的施工合同管理制度,主要有以下内容:

①工作岗位责任制度。这是承包方的基本管理制度,规定了承包方内部具有施工合同管理任务的部门和有关管理人员的工作范围,履行合同中应负的责任,以及拥有的职权。只有建立起这一制度,才能使分工明确、责任落实,促进承包方施工合同管理工作正常开展,保证合同指标顺利实现。

②检查制度。承包方应建立施工合同履行的监督检查制度,通过检查发现问题,督促有关部门和人员改进工作。

③奖惩制度。奖优罚劣是奖惩制度的基本内容,建立奖惩制度有利于增强有关部门和人员在履行施工合同中的责任心。

④统计考核制度。这是运用科学的方法,利用统计数字,反馈施工合同的履行情况。通过对统计数字的分析,总结经验,找出教训,可以为企业的经验决策提供重要的依据。

(3)施工合同的档案管理。

施工企业同样应做好施工合同的档案管理。不但应做好施工合同的归档工作,还应以此指导生产、安排计划,使其发挥重要作用。

第三节 公路施工监理合同管理

一、公路施工监理合同的概念及特点

在国际土木工程建设中,工程监理和咨询是一种非常普及的方法。施工过程的监督管理只是工程咨询的一个阶段性工作。施工监理合同是由业主与工程监理公司之间签订的,明确双方权利和义务的协议。业主与监理单位签订的监理委托合同,与其在工程建设实施阶段所签订的其他合同的最大区别表现在标的性质上的差异。勘察设计合同、施工承包合同、物资采购合同、加工承揽合同等的标的物可以产生新的物质成果或信息成果,而监理合同的标的是服务,即监理工程师凭据自己的知识、经验、技能,受业主委托为其所签订的对其他合同的履行实施监督和管理的职责。综上所述,施工监理合同是一种委托合同。委托合同是指双方当事人约定一方以他方的名义和费用为他方处理事务的合同。在委托合同中,一方当事人为委托人,另一方当事人为受托人。委托合同的法律特征是:

(1)委托合同的订立以委托人与受托人的相互信任为前提。
(2)委托合同的目的在于由受托人用委托人的名义和费用处理或管理委托人的事务。
(3)委托合同为诺成合同、不要式合同。

(4)委托合同可以是有偿的,也可以是无偿的。

鉴于监理合同标的特殊性,作为合同一方当事人的监理单位,仅是接受业主委托,对业主签订的设计、施工、加工订货等合同的履行实施监理,其目的仅限于通过自己的服务活动获得酬金,而不同于承包合同的承包方是以经营为目的,通过自己的管理、技术等手段获取利润。监理合同表明,受委托的监理单位不是建筑产品的直接经营者,不向业主承包工程造价。如果由于监理单位的严格管理或采纳了监理单位所提供的合理化建议,在保证质量的前提下节约了工程投资,缩短了工期,则业主应按监理委托合同中的规定给予一笔奖金,但这也只是对监理单位所提供优质服务的奖励。

随着我国土木建筑行业的改革开放及市场经济的深入发展,参照国际惯例,我国在交通、能源、水利、工业与民用建筑等行业普遍实行了工程监理制度,使我国的建设工程管理上升到一个新的高度。近几十年的工程实践表明,推行工程监理制度,对改变我国建筑工程管理的落后面貌,提高基本建设投资的效益,保证建设工程的质量和工期,控制工程投资,都是一种行之有效的方法。

1. 施工监理法规逐步完善

我国交通部 1995 年颁布了《公路工程质量监理暂行办法》,开始在公路建设中推行监理制度。以后,随着我国公路项目引进外资、利用世界银行贷款,工程监理制度在我国公路建设中很快得到普及。1999 年 4 月 24 日,交通部工程管理司又颁发了《公路工程施工监理暂行办法》,更使我国公路施工监理上升到新的高度。随后,交通部又颁发了《公路工程施工监理规范》和《公路工程施工监理办法》,使施工及监理方面的法规逐步完善起来。同时,还制定了《公路工程施工监理招标投标办法》,以规范工程监理市场。目前,我国的公路建设项目普遍实行了监理制度,一些企业还出国承包工程施工或监理任务,使我国的公路施工和监理也开始走向国际市场。

2. 监理合同双方应具备的资格

监理合同中的业主方应具备建设工程的法人资格;监理方必须具有法人资格和营业执照,且必须具备交通基本建设工程监理单位监理资质证书或临时资质证书。监理方不得与被监理方及材料、设备供应方有隶属关系或发生经营性业务关系,不得营私舞弊,损害业主或施工方的利益。监理工程师应持有国务院或省级交通行政主管部门颁发的监理工程师证书上岗。

二、合同范本的内容及相关规定

1. 《公路工程建设监理委托合同》(范本)

中华人民共和国建设部编制的监理合同范本《公路工程建设监理委托合同》(范本)的主要内容如下。

《公路工程建设监理委托合同》示范文本主要由 3 个部分组成:第一部分为"建设工程委托监理合同";第二部分为"建设工程委托监理合同标准条件";第三部分为"建设工程委托监理合同专用条件"。

(1)"建设工程委托监理合同"是一个总的协议,是纲领性的文件。主要内容是当事人双方确认的委托监理的概括内容、价款和酬金以及合同签订、生效、完成时间。

(2)"建设工程委托监理合同标准条件"共46条,内容涵盖合同中所用词语的定义,适用的语言和法规,签约双方的责任、权利和义务,合同变更与终止,监理酬金,风险分担以及履行过程中应遵循的程序及其他一些情况。它是监理委托合同的通用文本,适用于各类工程建设监理委托,是所有签约工程都应遵守的基本条件。

(3)"建设工程委托监理合同专用条件"。由于标准条件适用于所有的工程建设监理委托,因此其中的某些条款规定得比较笼统,需要在签订具体工程项目的监理委托合同时,就地域特点、专业特点和委托监理项目的工程特点,对标准合同中的某些条款进行补充、修正。如对委托监理的工作内容而言,认为标准条件中的条款还不够全面,允许在专用条件中增加合同双方议定的条款内容。所谓"补充",是指标准条件的某些条款明确规定,在该条款确定的原则下,在专用条件的条款中进一步明确具体内容,使两个条件中相同序号的条款共同组成一条内容完备的条款。"修改"是指对标准条件中规定的程序方面的内容,如果双方认为不合适,可以协议修改。如标准条件中规定"业主对监理单位提交的支付通知书中酬金或部分酬金项目提出异议,应在收到支付通知书24小时内向监理单位表示异议的通知",如果业主认为这个时间太短,在与监理单位协商达成一致意见后,可在专用条件的相同序号内延长时效。

2.《公路工程施工监理合同》(范本)

中华人民共和国交通部编制的监理合同范本《公路工程施工监理合同》(范本)的主要内容如下:

Ⅰ 公路工程施工监理合同协议书

Ⅱ 公路工程施工监理合同通用条件

1.定义与解释

2.监理单位的义务

3.业主的义务

4.责任和保障

5.监理合同的生效、终止、变更、暂停与中止

6.监理服务的费用与支付

7.其他

8.争端的解决

Ⅲ 公路工程施工监理合同专用条件

A.参阅通用条件

B.修正、补充或删除通用条件的条款

Ⅳ 公路工程施工监理合同附件

附件A 监理服务的形式、范围与内容

附件B 业主提供的监理工作条件

附件C 监理服务费用与支付

上述监理合同范本对有关监理合同双方的权利与义务、违约责任及争端解决均有详细条款规定,监理合同双方均应按国家法律规定及合同条款规定执行。

三、施工监理合同双方的权利和义务

1. 业主的权利

(1) 授予监理单位权限的授予权。监理合同是要求监理单位对业主与第三方签订的各种承包合同的履行实施监理，监理单位在业主授权范围内对其他合同进行监督管理，因此在监理合同内除须明确委托的监理任务外，还应规定监理单位的权限。在业主授权范围内，监理单位可对所监理的合同自主采取各种措施进行监督、管理和协调。如果超越权限时，就应首先报请业主批准后方可发布有关指令。业主授予监理单位权限的大小，要根据自身的管理能力、工程建设项目的特点及需要等因素考虑。监理合同内授予监理单位的权限，在执行过程中可随时通过书面附加协议予以扩大或减小。

(2) 对其他合同承包单位的选定权。业主是建设资金的持有者和建筑产品的所有人，因此对设计合同、施工合同、加工制造合同等的承包单位有选定权和订立合同的签字权。监理单位在选定其他合同承包单位的过程中仅有建议权而无决定权。但合同条款中规定，监理单位对设计和施工等总包单位所选定的分包单位，拥有批准权或否决权。

(3) 委托监理工程重大事项的决定权。业主有对工程规模、规划设计、生产工艺设计、设计标准和使用功能等的认定权；有工程设计变更和施工任务变更的审批权；有对工程质量等级要求和合理工期要求的决定权。

(4) 对监理单位履行合同的监督控制权。业主对监理单位履行合同的监督权体现在以下3个方面。

①对监理合同转让和分包的监督。除了支付款的转让外，未经业主的书面同意，监理单位不得将所签合同涉及的利益或规定义务转让给第三方。监理单位所选择的监理工作分包单位必须事先征得业主的认可。在没有取得业主的书面同意前，监理单位不得开始实行、更改或终止全部或部分服务的任何分包合同。

②对监理人员的控制监督。合同开始履行时，监理单位应向业主报送委派的总监理工程师及其监理机构的主要成员名单，以保证完成监理合同专用条件中约定的监理工作范围内的任务。当监理单位调换主要监理人员时，须经业主同意。

③对合同履行的监督权。业主有权要求监理单位提交专项报告，以及月度、季度和年度报告，检查监理工作执行情况。如果发现监理人员履行监理合同不力，有权要求监理单位更换监理人员，直至终止合同。

2. 业主的义务

(1) 业主负责工程建设的所有外部关系的协调工作，以满足开展监理工作所需提供的外部条件。

(2) 做好与监理单位的协调工作。业主要任命一位熟悉建设项目工程情况，能迅速做出决定的常驻代表，负责与监理单位联系。更换此人前应通知监理单位。

(3) 为了不耽搁服务，业主应在合理的时间内就监理单位以书面形式提交给他的一切事宜做出书面决定。

(4) 为监理单位顺利履行合同义务，做好协助工作。协助工作包括以下几个方面的内容。

①将授予监理单位的监理权力,及时书面通知已选定的第三方,并在与第三方签订的合同中予以明确。

②在双方议定的时间内,免费向监理单位提供自己能够获得并与监理服务有关的一切资料。

③为监理单位驻工地的监理机构开展正常工作提供协助服务。服务内容一般包括检测试验设备、测量设备、通信设备、交通设备、气象设备、照相录像设备、打字复印设备、办公用房及生活用房等。这些属于业主财产的设施和物品,在监理任务完成和终止时,监理单位应将其交还业主。如果双方议定某些本应由业主提供的设施由监理单位自备,则应给监理单位合理的经济补偿。对于这种情况,要在专用条件的相应条款内明确经济补偿的计算方法。此外还有人员服务。人员服务是指如果双方议定,业主应免费向监理单位提供职员和服务人员,也应在专用条件中写明提供的人数和服务时间。当涉及监理服务工作时,业主所提供的职员只应从监理工程师处接受指示。监理单位应与这些提供的服务人员密切合作。但不对他们的失职行为负责。

3. 监理单位的权利

监理合同中涉及监理单位权力的条款可分为两大类,一类是监理单位在委托合同中应享有的权力;另一类是监理单位履行业主与第三方签订的承包合同的监理任务时可行使的权力。

监理委托合同中赋予监理单位的权力如下。

(1)完成监理任务后获得酬金的权力。监理单位不仅可获得完成合同内规定的正常监理任务的酬金,如果完成附加服务后,也有权得到额外的时间酬金。业主应通过与监理单位协商签订补充协议的方式,委托监理单位提供附加的监理服务。计算附加监理服务费用的方法,原则上应在正常监理服务费用计算办法的基础上确定。由于在实际操作过程中,情况比较复杂,业主与监理单位签订补充协议时,应确定监理单位提供附加服务相应费用的计算方法。另外,建议业主在监理合同中,要求监理单位将法定节假日和工作时间以外的加班费用列入监理服务费用报价中,并将此项监理服务作为监理单位正常的服务。

(2)获得奖励的权力。监理单位如果在服务过程中做出了显著成绩,如提出的合理化建议,使业主获得实际经济利益,则应按照合同中规定的奖励办法,得到业主给予的适当物质奖励。奖励办法通常参照国家颁布的合理化建议奖励办法,应写明在专用条件的相应条款内写明。

(3)终止合同的权力。如果由于业主违约严重拖欠应付监理单位的酬金,或由于非监理方责任而使服务暂停的期限超过半年以上,则监理单位可按照终止合同规定程序,单方面提出终止合同,以保护自己的合法权益。

监理在业主与第三方签订承包合同时可行使的权力包括以下几个方面。

(1)工程建设有关事项和工程设计的建议权。工程建设有关事项包括工程规模、规划设计、生产工艺设计、平面立体布局、设计标准和使用功能等。工程设计是指按照安全和优化方面的要求,就某些技术问题自主向设计单位提出建议。但如果拟提出的建议会提高工程造价,应事先征得业主的同意。

(2)对实施项目的质量、工期和费用的监督控制权。主要表现为:对承包人报送的组织设计和技术方案,按照保质量、保工期和降低成本的要求,自主进行审批和向施工单位提出建议;

检查施工的开工准备,发布开工令;对工程上使用的材料和施工质量进行检验,有权发布停工、返工和复工令;对施工进度进行检查、监督,对工程实际竣工日期提前或延误期限进行鉴定;在工程承包合同议定的工程价格范围内,审核和确认工程支付款,复核确认与否定结算工程款权。未经监理单位签字确认,业主不得私自支付工程款。

(3)组织协调工程建设有关协作单位的主持权。

(4)在业务紧急情况下,为了工程和人身安全,在变更指令已超越了业主授权而又不能事先得到批准时,有权发布变更指令,但应尽快通知业主。

(5)审核承包人索赔的权力。

4. 监理单位的义务

(1)监理单位在履行合同的义务期间,应运用合理的技能、认真勤奋地工作,公正地维护有关方面的合法权益。

(2)在合同期内或终止合同两年内,未经业主事先同意,不得泄露与该工程、合同或业主的业务活动有关的专业资料或保密资料。

(3)任何由业主提供或支付的供监理单位使用的物品都属于业主的财产,服务完成后,应将剩余物品归还业主。

(4)非经业主书面同意,监理单位及其职员不应接受监理合同议定以外的与监理工程有关的其他方所给的报酬,以保证监理行为的公正性。监理单位不得参与可能与合同规定的与业主利益相冲突的任何活动。

(5)合同条款规定的监理单位的其他义务。

四、施工监理服务合同的履行

1. 业主的履行

(1)严格按照监理合同的规定履行应尽义务。监理合同内规定应由业主负责的工作,是使合同最终实现的基础。如外部协调工作,为监理工作提供外部条件;为监理单位提供获取本工程使用的原材料、构配件、机械设备以及生产厂家名录等是监理方做好工作的先决条件。

(2)按照监理合同的规定行使权利。监理合同中规定的业主权利,主要有对设计、施工单位的发包权,对工程规模、设计标准的认定权及设计变更的审批权,对监理方的监督管理权。

(3)管理档案。在全部工程项目竣工后,业主应将全部合同文件,包括完整的工程竣工资料加以系统整理,按照国家《档案法》有关规定,建档保管。为了保证合同档案的完整性,业主对合同文件及履行中与监理单位之间进行的签证、记录协议、补充合同备忘录、函件、电报、电传等都应系统地认真整理,妥善保管。

2. 监理单位的履行

(1)确定项目总监理工程师,成立项目监理组织。每一个拟监理的工程项目,监理单位都应根据工程项目规模、性质、业主对监理的要求,委派称职的人员担任项目的总监理工程师,代表监理单位全面负责该项目的监理工作。总监理工程师对内对监理单位负责,对外向业主负责。在总监理工程师的具体领导下,组建项目监理班子,并根据签订的监理委托合同,制订监理规划和具体的实施计划,开展监理工作。

(2)进一步熟悉情况,收集有关资料,为开展建设监理工作做准备。主要是收集反映工程项目特征的有关资料、反映工程所在地技术经济状况及建设条件的资料、反映当地工程建设报建程序的有关规定和类似工程项目建设情况的有关资料。

(3)制订工程项目监理规划。工程项目的监理规划,是开展项目监理活动的纲领性文件,是监理单位根据业主委托监理的要求,在详细占有监理项目有关资料的基础上,结合监理的具体条件编制的开展监理工作的指导性文件。其内容包括工程概况、监理范围和目标、监理主要措施、监理组织、项目监理工作制度等。

(4)制订各专业监理工作计划或实施细则。在监理规划的指导下,为具体指导投资控制、质量控制、进度控制的进行,还须结合工程项目的实际情况,制订相应的实施性计划或细则。

(5)根据制订的监理工作计划和运行制度,规范化地开展监理工作。监理工作的规范性体现在工作的顺序性、职责分工的严密性和工作目标的确定性3个方面。

(6)监理工作的总结归档。

①向业主提交监理工作总结。主要内容包括:监理委托合同履行情况概述;监理任务或监理目标完成情况评价;由业主提供的供监理活动使用的办公用房、车辆、试验设施等清单;表明监理工作终结的说明等。

②向监理单位提交的监理工作总结。主要内容包括:监理工作的经验,可以是采用某种监理技术、方法,也可以是采用某种经济措施、组织措施的经验;签订监理委托合同方面的经验;如何处理好与业主、承包人关系的经验等。

③监理工作中存在的问题及改进的建议。总结本项目的监理经验,指导今后的监理工作;向政府有关部门提出政策建议,不断提高我国工程监理水平。

在全部监理工作完成后,监理单位应注意做好监理合同的归档工作,包括两方面的内容:一是向业主方移交档案资料;二是监理单位内部归档,以便为今后的工程监理工作积累丰富的经验。

五、施工监理合同双方的违约处理

《合同法》规定,"由于当事人一方的过错,造成经济合同不能履行或者不能完全履行,由有过错的一方承担违约责任。如属双方的过错,根据实际情况,由双方分别承担各自应负的违约责任""当事人一方违反经济合同时,应向对方支付违约金"。根据《合同法》的规定,为保证监理合同规定的各项权利义务的顺利实现,在监理合同中,可制定约束双方行为的条款,这些条款归纳起来有如下几点。

(1)在合同责任期内,如果监理单位未按合同中要求的职责勤恳认真地服务,或业主违背了其对监理单位的责任时,均应向对方承担赔偿责任。

(2)任何一方对另一方负有责任时的赔偿原则如下。

①赔偿应限于由于违约所造成的可以合理预见到的损失和损害的数额。

②在任何情况下,赔偿的累计数额不应超过专用条款中规定的最大赔偿限额。在监理单位一方,其赔偿总额不应超出监理酬金总额(除去税金)。

③任何一方与第三方共同对另一方负有责任时,负有责任一方所应付的赔偿比例应限于由其违约所应负责的那部分比例。

(3)当一方向另一方所索赔的要求不成立时,提出索赔的一方应补偿由此所导致的对方的各种费用支出。

(4)如果不在专用条件中规定的时限内或法律规定的更早日期前正式提出索赔,无论业主或是监理单位均不对由任何事件引起的任何损失或损害负责。

由于工程监理单位具有向业主提供技术服务的特性,且在服务过程中,监理单位主要是凭借自身知识、技术和管理经验,向业主提供咨询服务,替业主管理工程的,同时,在工程项目的建设过程中,还会受到多方面因素限制,鉴于上述情况,法律在监理单位责任方面做了如下规定。

监理工作的责任期即监理合同有效期。监理单位在责任期内,如果因过失而造成业主的经济损失,要负监理失职的责任。在监理过程中,如果完全全部议定监理任务因工程进展的推迟或延误而超过议定的日期,双方应进一步商定相应延长责任期,监理单位不对责任期以外发生的任何事件所引起的损失或损害负责,也不对第三方违反合同规定的质量要求和交工时限承担责任。

第四节 工程项目其他相关合同管理

一、工程勘察设计合同管理

(一)工程勘察设计合同特点

工程勘察设计合同是业主与勘察设计法人之间为完成一定的勘察设计任务签订的明确相互权利和义务关系的协议。工程勘察设计合同除具有经济合同的一般特征外,还具有以下几方面的特点。

1. 合同的订立必须符合工程项目的基本建设程序,并实行项目报建制度

勘察设计合同的签订,应在项目的可行性研究报告及项目计划任务书获得批准后进行。可行性研究是建设前期工作的重要内容之一,它为建设项目的决策和计划任务书的编制提供了重要依据。计划任务书是工程建设的大纲,是确定建设项目和建设方案(包括依据、规模、布局、主要技术经济要求等)的基本文件,也是进行现场勘测和编制文件的主要依据。项目报建是对从事工程建设的业主方的资格、能力及项目准备情况的确定。

2. 勘察设计方应具备合法的资格与资信等级

工程勘测设计方必须具备法人资格。工程勘察、设计方必须经过资格认证,获得工程勘测证书或工程设计证书,才能承担工程勘察任务或工程设计任务。勘察设计方应具备下列条件。

(1)有按法定主管部门批准成立勘察、设计机构的文件。

(2)有专门从事工程勘察、设计工作的固定职工组成的实体。

(3)有固定的工作场所和一定的仪器装备。

(4)具备独立承担工程勘察、设计任务的能力。

3. 工程勘察设计的阶段与任务

基本建设项目一般采用初步设计和施工图设计两阶段设计。技术比较简单和方案明确的小型项目,在修建任务紧急的情况下,可采用一阶段施工图设计;技术上复杂又缺乏经验的建设项目或项目中的个别路段、特殊大桥、立体交叉工程、长大隧道等,可采用初步设计、技术设计及施工图设计三阶段设计。

(1)初步设计阶段的主要任务为:选定工程设计方案,初步确定工程位置;说明工程地质、水文、材料等;确定排水系统与防护工程的概略位置、结构形式和基本尺寸并估算工程数量、编制相应的工程概算文件。

(2)技术设计阶段的主要任务包括:实际测定工程位置,确定工程方案;确定工程防排水系统及防护工程位置、结构形式和尺寸;计算工程排水工程数量及基础土石数量;确定各工程的结构类型和尺寸;计算征用土地、拆迁建筑物及设备的数量;编制修正概算等。

(3)施工图设计包括:确定工程平、纵、横断面位置;具体深化工程设计,确定各项工程的位置、类型和各部门尺寸,绘制施工布置图和详细设计样图;计算工程数量;编制施工图预算等。一般在初步设计及概算文件获得批准后,才能编制施工图和施工图预算。

(二)勘察设计合同应具有的主要条款

勘察设计合同应具备以下主要条款。
(1)建设工程名称、规模、投资额、建设地点。
(2)业主提供资料的内容、技术要求及期限,承包方勘察的范围、进度和质量,设计的阶段、进度、质量和设计文件份数。
(3)勘察设计取费的依据、取费标准及拨付办法。
(4)违约责任。

(三)勘察设计合同双方当事人的义务

1. 委托方(业主)的义务

(1)按规定的时间向承包方及时提供开展勘察设计工作所需的有关基础资料。委托勘察工作的,在勘察工作开始前,应提出勘察技术要求及附图;委托初步设计的,在初步设计前,应提供经过批准的设计任务书和能满足初步设计要求的勘察资料及其他进行初步设计所需的资料;委托施工图设计的,在施工图设计前,应提供经过批准的初步设计文件和进行施工图设计所需的勘察资料、施工条件及有关设备的资料等。

(2)在勘察设计人员进入现场作业或配合施工时,应负责提供必要的工作和生活条件。
(3)按照国家有关规定及勘察设计合同规定付给勘察设计费。

工程勘察合同按国家建委颁发的《工程勘察取费标准》计费;工程设计合同根据国家计委颁发的《工程设计收费标准》收费。工程勘察合同一旦生效,委托方就应付给承包方勘察费的30%作为定金;承包开始勘察工作,再付勘察费的30%;勘察单位交付勘察成果,委托方即应付清全部勘察费。设计方交付初步设计成果,付给设计费的30%;施工图交付后再付给设计费的40%;设计工程建成交付使用,付清全部设计费。

(4)维护承包方的勘察结果和设计文件,不得擅自修改,也不得转让给第三方重复使用。

2. 勘察设计方的义务

(1)勘察方应按现行的标准、规范、规格和技术条件,进行工程测量,开展工程地质、水文地质等勘察工作,并按合同规定的进度、质量提交勘察成果。

(2)设计方要根据批准设计任务书中上一阶段设计的批准文件、有关设计技术经济文件、设计标准、技术规范、规程,定额等提出勘察技术要求和进行设计,并按合同规定的进度和质量提交设计文件(包括概算文件、工程数量及材料设备清单)。

(3)在初步设计经上级主管部门审查后,在原定任务书范围内的必要修改,由设计方负责。原定任务书有重大变更而重做或修改设计时,须具有设计审批机关或设计任务书批准机关的意见书。经双方协商,须另签订合同。

(4)设计方对所承担设计任务的建设项目应配合施工,进行设计技术交底,解决施工过程中有关设计的问题,负责设计变更的修改预算,参加工程竣工验收。对大中型工业项目和复杂的民用工程,应派现场设计代表,并参加隐蔽工程验收。

(四)违约责任

根据《合同法》及《建设工程勘察设计合同条款》,公路勘察设计合同中当事人的违约责任,应按如下规定处理。

1. 发包人(业主)的违约责任

(1)因发包人变更计划、提供的资料不准确或未按期提供必需的勘察、设计工作条件而造成勘察、设计返工、停工或者修改的,发包人应当按照勘察人、设计人实际消耗的工作量增付费用。

(2)发包人超过合同规定的日期付费时,应偿付逾期的违约金。偿付的办法与金额,由双方按照国家有关规定协商,或按在合同中写明的违约金支付。

(3)委托方无故不履行合同,即丧失其所付的定金。

2. 勘察设计方的违约责任

(1)勘察、设计的质量不符合要求或者未按期提交勘察设计文件或拖延工期,造成发包人损失的,勘察人、设计人应当继续完善勘察、设计,并减收或免收勘察设计费。

(2)对因勘察设计错误而造成工程重大质量事故者,勘察设计方除免收受损失部分的勘察设计费外,还应支付与直接受损失部分勘察设计费相等的赔偿金。

(3)如果承包方不履行合同,应双倍返还定金。

二、借贷款合同管理

借贷款合同,是指有关银行与建设单位或施工企业之间依据国家批准的建设计划和设计文件签订的,明确相互权利与义务的协议。

(一) 贷款的基本原则

(1) 按计划发放贷款原则。是指所发放的各项固定资产投资贷款应纳入国家投资计划和信贷计划，符合国民经济发展规划和国家投资政策。
(2) 择优发放原则。
(3) 按期归还贷款原则。
(4) 必须具有法律保证和物资保证原则。
贷款单位与银行签订的借款合同具有法律效力，任何一方违反合同，都将受到经济制裁。借款合同实行抵押或第三方保证的担保制度。

(二) 贷款资金的来源

(1) 国家财政预算和地方财政预算基建贷款基金。
(2) 委托贷款基金。委托贷款基金是指中央、地方财政部门、主管部门和企业单位以自有资金委托银行发放贷款的各种委托基金。
(3) 财政存款。包括中央财政存款和地方财政存款。
(4) 企业存款。
(5) 信托资金存款。
(6) 自有资金。

(三) 借款合同的特征

1. 合同的当事人具有特殊性

在借款合同中，贷款人只能是金融机构或自然人，一般企业之间不能相互借贷。金融机构应当具有国家允许经营信贷业务的许可证。自然人作为贷款人要具有完全的民事行为能力，能够独立行使民事权利。法律对借款人也有严格的限制。如要有较强的偿付能力和信誉，要为借款提供一定的担保等。自然人作为贷款人时，不得为自然人以外的任何法人和组织提供贷款。

2. 借款合同有较强的计划性

金融机构订立借款合同时必须严格执行国家的金融政策。以保证国家的信贷平衡和资金管理。国家的政策决定资金的来源、资金的方向和数量。贷款人要根据国家下达的贷款计划审核发放借款；借款人也应按照规定的用途使用借款，不得挪作他用。

3. 合同标的物是货币

借款合同的标的物不同于买卖合同和租赁合同。它转移的是特殊的商品——货币。因此借款合同的标的物在交付上有一定的特殊性，可以现金方式支付，也可以采取支票、汇票等非现金方式支付。货币的利息——借贷的利率由国家统一规定。即使自然人之间的借款，其利率也不得超过国家的限定。

(四) 贷款的种类

贷款用途决定贷款种类，贷款种类反映贷款的用途。由于贷款对象、用途与方法不同，贷款种类也不完全相同。正确划分贷款种类,是合理发放贷款、加强贷款管理和研究贷款经济效果的需要。一种贷款只有既能反映用途又能反映对象时,才有利于进行管理。根据基建贷款目的的性质不同,可以从不同的角度来划分贷款的种类。按贷款资金使用性质不同可将贷款分为6大类,即基本建设贷款、更新改造措施贷款、建筑企业流动资金贷款、临时周转贷款、委托贷款和信托贷款。本节仅介绍前两类。

1. 基本建设贷款

(1) 贷款对象。

贷款对象包括两个方面的含义,一是指贷款发放对象,这是确定借款人的问题;二是指贷款的用途,这是确定用到什么地方的问题。贷款的对象决定贷款运用结构,制约贷款的用途,影响国民经济结构的变化。因此,正确地规定贷款的对象,对促进国民经济有计划、按比例发展具有重要意义。

(2) 贷款的依据。

建设银行对符合规定的贷款对象发放贷款时,应按有关规定对贷款项目进行严格的审查,对符合条件的给予贷款,对不符合条件的可以拒绝贷款。凡是向建设银行申请贷款的单位,需要有下列条件作为贷款的依据。

①申请投资性贷款必须纳入国家计划。

②贷款项目必须具有批准的计划任务书,初步设计文件和概算。

(3) 基本建设贷款的范围。

①财政预算基建贷款。贷款资金来自财政,包括中央财政预算基建贷款和地方财政预算基建贷款。

②地方机动财力安排的基建贷款。用地方机动财力安排的基建贷款。

③提前完成基建计划的临时贷款。包括中央级和地方级,用以反映基建包干项目年度工程,加快进度需要增加用款经批准发放的贷款,以及重点项目临时资金不足的贷款。

④建设银行基建贷款。建设银行根据国家计划组织信贷资金和自有资金发放的基建资金,即原来的基建投资加上财政贴息的贷款。

⑤基建储备贷款。中央、地方建设单位为以后年度工程储备设备的国内储备贷款。

(4) 借款的担保。

为确保借贷资金不受损失,发放固定资产投资贷款应要求借款单位以产权属于自己的财产设置抵押或提供符合法定条件的第三方保证人担保,并办理公证手续。建设银行根据国务院办1985年发行的《借款合同条例》的有关规定,于1987年制定了《建设银行借款合同担保法(试行)》。

(5) 贷款的支付与监督。

贷款单位应按照借款合同规定的用途并在贷款指标额的限度内借用贷款。借款单位应将支用贷款的有关经济合同、协议以及年度用款计划提交贷款银行;建设银行对贷款的支付要执行国家的有关政策和规定。

2. 更新改造措施贷款

(1) 贷款的对象与条件。

凡是列入国家计划的大型技术改造项目,建筑安装企业、工程承包公司、城市综合开发公司、勘察设计单位和地质勘探单位的更新换代改造措施项目,以及小型技措、出口工业品生产、引进国外技术设备国内配套、地方建筑材料等专项措施项目(包括中央直属企业和地方企业)均可向建设银行申请更新改造措施贷款。

(2)借款的申请和审批程序。

借款单位申请贷款时,须向建设银行提送借款申请书并交验经主管部门、计划部门批准的项目建议书、设计文件和年度更新改造措施计划。

须由国家审定的大型技术改造项目贷款,贷款银行应对企业提送的项目建议书进行评估,提出能否贷款的意见,并在企业按规定程序上报国家有关部门的同时,逐级上报建设银行、总行,以便有关部门将其列入国家更新改造措施计划和信贷计划。

对更新改造措施项目的贷款,贷款银行应按贷款条件,逐项进行审查和评估。对符合贷款条件的项目,按照国家关于更新改造投资计划审批权限的规定,在经有关建设银行审查并纳入国家或地方有关计划后,即视为批准贷款。贷款申请书批准后,贷款银行应及时通知借款单位,并按照规定签订借款合同。

(3)贷款的发放与审查。

借款合同生效后,借款单位即可向贷款银行办理开户用款手续。借款单位应提送年度分季用款计划,并按季将贷款转入存款户。贷款银行应按借款合同的规定,及时供应资金;对贷款的使用情况要进行检查监督。

借贷款合同应履行的手续包括:贷款的申请;贷款合同的签订;贷款的担保;贷款的支付与监督;贷款的回收;利息的计算与收取;逾期贷款的处理;到期贷款的延期等。

三、买卖合同的管理

工程项目在实施时,需要采购和供应建筑材料和机电成套设备,这就必须签订买卖合同。

(一)建筑材料买卖合同管理

建筑材料包括钢材、木材、水泥等基本材料,其签订的法律依据是《合同法》、国务院颁发的《工矿产品购销合同条例》等法律规定。材料采购合同,是指平等主体的自然人、法人、其他组织之间,以工程项目所需材料为标的、以材料买卖为目的,出卖人转移材料的所有权于买受人,买受人支付材料价款的合同。

1. 主要合同条款

(1)合同的标的。买卖物资的名称(牌号、商标)、品种、型号、规格、等级、花色、技术标准或质量要求等都是合同标的的具体化形式。

(2)合同中建材物资的数量。数量是合同中衡量标的的尺度。签订合同必须有准确的数量的规定。如果没有数量规定,双方的权利和义务就很难具体确定,一旦发生纠纷也难于分清责任。计量方法要按国家或主管部门的规定执行;没有国家和主管部门规定的,按供需双方商定的方法执行。

(3)建材物资的包装标准和包装物的供应与回收。产品的包装标准是指产品包装的类型、规格、容量以及印刷标记等。包装标准根据《工矿产品购销合同条例》第 7 条的规定:"产品包装按国家标准或专业标准规定执行,没有国家标准或专业标准的,可按承运、托运双方商定并在合同中写明的标准进行包装。"

(4)物资运输方式。运输方式是指通过运力实现产品在空间过程中转移所采取的方法。运输方式可分为铁路运输、公路运输、水路运输、航空运输、管道运输及民间运输等,一般由需方在签订合同同时提出采取那一种运输方式,由供方代办发运,运费由需方承担。

(5)物资的价格。物资价格必须遵守国家有关物价管理的规定。

(6)结算方式。物资价款的结算方式是指供需双方对产品的贷款、实际支付的运杂费和其他费用进行货币清算和了结的一种形式,分为现金结算和转账结算两种,应在合同中写明结算方式。

(7)违约责任,即违反买卖合同的责任,是指由合同当事人自己的过错致使购销合同不能履行或不能完全履行时,依照法律和合同规定必须承担的法律责任。

(8)特殊条款。如果供需双方有一些特殊的要求或条件,可通过双方协商,经双方认可后也可作为合同的一项条款、在合同中明确列出。

2. 建筑材料买卖合同的履行

合同一经订立,当事人双方要按照合同中的各项规定,承担各自应尽的义务,全面完成合同所约定的事项和要求。在上述合同履行过程中要注意以下几个方面问题。

(1)建筑材料供应合同的计量方法。建筑材料数量的计算方式,有理论换算计量、验斤计量和计件论数 3 种。按理论换算计量的应做检尺计量换算。一般采用钢卷尺、皮尺等进行计量,然后根据理论质量换算表计算。按验斤计量供货的,可采用轨道衡、磅秤、台秤等衡器;按计件论数的,应做件数计算或用求积方法。

建筑材料等物资在运输过程中,容易造成自然损耗。如挥发、飞散、干燥、风化、潮解、破碎、漏损及在装卸操作或检验环节因换装、拆包检查造成的损耗。这都会造成物资数量的减少,这些都是途中自然减量。另外,还有一些情况不可作为自然减量,如发生非人力所能抗拒的灾害造成的非常损失,由于工作失职而产生的损失等。在途自然减量的规定,由有关部门制定,应在合同中加以明确。

(2)建筑材料的验收与处理,包括:需方对产品数量、质量的验收;验收时供需双方责任的确定;验收后提出异议的期限和交(提)货期限。

(二)成套设备买卖合同管理

成套设备采购合同指采购方与供货方以工程项目所需的设备为标的,以设备买卖为目的,由供货方转移设备的所有权于采购方,由采购方支付设备价款而签订的合同。

1. 我国成套机械设备买卖的方式

(1)按市场经济规律运作,实行招标投标,由发包单位对需要的成套设备进行招标,各厂家或公司参加投标,按中标结果签订设备买卖合同。

(2)委托承包。由设备成套公司根据发包单位按设计委托的成套清单进行承包供应,并收取一定的成套业务费。

(3)按设备费包干。根据发包单位提出的设备清单及双方核定的设备预算总价,由设备成套公司承包供应。

2. 成套设备买卖合同条款及注意事项

成套设备买卖合同的条款与建筑材料买卖合同的条款相类似,但是还应注意以下事项。

(1)成套设备价格。成套设备合同价格应根据承包方式来确定。按设备费包干以及招标投标承包方式确定合同价格较为简捷,而按委托承包方式确定合同价格则较为复杂。在签订合同时确定价格有困难的产品,可由供需双方协商暂定价格,并在合同中注明"按供需双方最后商定的价格(或物价主管部门批准的价格)结算,多退少补"的字样。

(2)成套设备数量。除写明成立设备名称套数(按项目系统分)外,还要明确规定随主机的辅机、附件、配套的产品,易损耗备品、配件和安装修理工具等,必要时要随合同附上一份详细清单。

(3)技术标准和技术性能指标。除应注明成套设备系统的主要技术性能(生产能力、设计技术指标等)外还要随合同附上一份各部分设备的主要技术标准和技术性能文件。

(4)交货单位。设备成套公司应是成套设备的总交货方,合同中应明确责任。需方(项目建设单位)只向设备成套公司(供方)催提设备。

(5)现场服务。设备成套公司应选派技术和管理人员进行现场服务,对现场服务的内容要有明确规定,合同中还要对现场服务人员生活待遇及费用出处作出明确规定。

(6)保修与验收。

3. 合同双方的职责

(1)设备采购合同采购方职责。

①现场提供技术服务。组织有关生产企业到现场提供技术服务,处理有关设备技术方面的问题。

②掌握进度,保证供应。供方应了解、掌握工程建设进度和设备到货、安装进度,协助联系设备的交、到货等工作,按施工现场设备安装的需要保证供应。

③参与验收。参与大型、专用、关键设备的开箱验收工作,配合建设单位或安装单位处理在接运、检验过程中发现的设备质量和缺损件问题。明确设备质量问题的责任。

④处理事故。及时向有关主管单位报告重大设备质量问题,以及项目现场不能解决的其他问题。

⑤处理竣工验收中的问题。处理在工程验收中发现的有关设备的质量问题。

⑥监督现场技术服务人员。监督和了解生产企业派驻现场的技术服务人员的工作情况,并对他们的工作进行指导和协调。

⑦现场服务总结。做好现场服务工作日记,及时记录日常服务工作情况及现场发生的设备质量问题和处理结果,定期向有关单位抄送报表,汇报工作情况,做好现场工作总结。

(2)设备采购合同供货方责任。

①技术资料。建设单位应向设备成套公司提供设备的详细技术设计资料和施工要求。

②协助技术服务组工作。应配合设备供应部门做好设备的计划接运工作,协助住现场的技术服务组开展工作。

③监督工作。按合同要求参与并监督现场的设备供应、验收、安装、试车等工作。
④组织验收工作。组织各有关方面进行工程设备的验收,并提出验收报告。

4. 违约的责任

为了保证合同双方的合法权益,在合同条款中应明确约定违约责任。

(1)供货方的违约责任。

①未按合同约定交付货物。由于卖方交货不符合合同规定,如交付的设备不符合合同的标的,给对方造成损失的,应承担违约责任。

②延误到货的违约责任,包括:未能按合同规定时间交付严重影响施工的违约责任;因技术服务的延误、疏忽或错误导致工程延误的违约责任。

③质量责任。交付设备未达到质量技术要求,经过两次性能试验后,一项或多项性能指标仍达不到保证指标时,供货方应负的对各项具体性能指标的违约责任。

④由于供货方责任造成采购方人员的返工费。如果供货方委托采购方施工人员进行加工、修理、更换设备,或由于供货方设计图纸错误以及因供货方技术服务人员的指导错误造成返工,供货方应承担因此所发生合理费用的责任。

⑤不能供货的违约金。合同履行过程中,如果因供货方原因不能交货,应按不能交货部分设备约定价格的某一百分比计算违约金。

⑥供货方中途解除合同。由于供货方中途解除合同,买方可采取合理的补救措施,并要求卖方赔偿损失。

(2)采购方的违约责任。

①延期付款。采购方在验收货物后,不能按期付款时,可根据合同约定的逾期付款利息计算办法,按中国人民银行有关延期付款的规定交付违约金。

②采购方中途退货。合同签订以后或履行的过程中,采购方中途退货,供货方可采取合理的补救措施,并要求采购方赔偿损失。可按退货部分设备约定价格的某一百分比计算违约金。

5. 设备采购合同的履行

(1)支付货物。卖方应按合同规定,按时、按质、按量地履行供货义务,做好现场服务工作,解决有关设备的技术质量、缺损件等问题。

(2)验收。买方对卖方交货应及时进行验收,并依据合同规定,对设备的质量及数量进行核实检验。如有异议,应及时与卖方协商解决。

(3)结算。买方对卖方交付的货物检验没有发现问题,应按合同的规定及时付款。如果发现问题,在卖方及时处理达到合同要求后,也应及时履行付款义务。

(4)违约责任。在合同履行过程中,任何一方都不应借故延迟履约或拒绝履约,否则应追究违约当事人的法律责任。

四、工程担保与保险合同管理

与工程项目合同相对应的从合同是工程担保合同和工程保险合同,它们都是为了保证工程项目主合同的如期履行而签订的,一旦主合同履行中出现问题,从合同即发生法律效力。在现代民法中,担保实际上是指债的担保或称债权担保。按照《担保法》规定,在借贷、买卖、货物运输、加工承揽等合同中,债权人需要以担保方式保障其债权实现,可见,合同的担保,是指当事人为了保障债权的实现,依据法律规定或者合同的约定而设立的一种法律制度。关于工程担保已在"合同法律基础知识"章节中已经做了详细的阐述。下面主要介绍保险合同管理。

保险合同,是指投保人与保险人约定保险权利义务关系的合同。投保人是指与保险人订立保险合同,并按照保险合同负有支付保险费义务的人。保险人是指与投保人订立保险合同,同时承担或者给付保险金责任的保险公司。保险合同是双务有偿合同,但保险合同的双务有偿较为特殊,投保人给付保险费的义务是固定的,保险人赔偿或者给付保险金的义务不是确定的,投保人给付保险费只是获得一个得到保险金的机会。另外,由于保险业是经营风险的行业,其经营对象的特殊性决定了保险合同对其当事人的诚心要求比一般合同更为重要。

1. 保险合同的订立

投保人提出保险要求,经保险人同意承保,并就合同的条款达成协议,保险合同即成立。保险人应当及时向投保人签发保险单或者其他保险凭证,并在保险单或者其他凭证中载明当事人双方约定的合同内容。

保险合同应当包括下列内容:

(1) 保险人名称和住所。

(2) 投保人、被保险人名称和住所,人身保险收益人名称和住所。

(3) 保险标的。

(4) 保险责任和责任免除。

(5) 保险期间和保险责任开始时间。

(6) 保险价值。

(7) 保险金额。

(8) 保险费以及支付办法。

(9) 保险金赔偿或者给付办法。

(10) 违约责任和争议处理。

(11) 订立合同的时间。

2. 保险合同的履行

保险合同成立后,投保人应按照约定交付保险费;保险人应按照约定的时间开始承担保险责任。被保险人应当遵守国家有关消防、安全、生产操作、劳动保护等方面的规定,维护保险标的的安全。根据合同的约定,保险人可以对保险标的的安全状况进行检查,及时向投保人、被保险人提出消除不安全因素和隐患的书面建议。投保人、被保险人或受益人知道保险事故发生后,应当及时通知保险人。保险事故发生后,请求保险人赔偿或者给付保险金时,投保人、被保险人或者受益人应当向保险人提供其所能提供的与确认保险事故的性质、原因、损失程度等有关的证明和资料。保险人在收到赔偿或者给付保险金额的协议后10天内,履行赔偿或者给付保险金义务。保险合同对保险金额及赔偿或者给付期限有约定的,保险人应当依约定履行。

3. 保险合同的分类

保险合同从不同的角度可以划分不同的种类,最基本的分类是依据保险标的的不同可划分为人身保险合同和财产保险合同两种。

(1)人身保险合同。人身保险合同是以人的寿命和身体为保险标的的保险合同。投保人对下列人员具有保险利益:本人、配偶、子女、父母,与投保人有抚养、赡养或者扶养关系的家庭其他成员、近亲属。除此以外,被保险人同意投保人为其订立合同的,视为投保人对被保险人具有保险利益。

(2)财产保险合同。财产保险合同是以财产及其有关利益为保险标的的保险合同。财产保险的险种很多,但大致可分为财产损失保险、责任保险、信用与保证保险三大类。工程保险也是一种财产保险。我国的工程保险主要包括建筑工程一切险、安装工程一切险以及第三者责任险。

4. 保险合同的管理

(1)投保人应按约交付保险费。投标人签订保险合同后,应当按照双方约定的期限,交付保险费。如不按期交付,保险人可以分别情况要求其交付保险费及利息或者终止保险合同。投保人如果要求提前终止合同,则应按有关短期费率表的规定,缴纳自保险生效日至终止合同为止的保险费,才能收回原已交付的保险费。

(2)投保人应做好事故防范工作。投标人与保险公司签订保险合同后,应当遵守国家有关部门制定的关于消防、安全、生产操作和劳动保护等方面的有关规定,以维护劳动者和保险财产的安全。特别是建筑工程一切险的工程后期和安装工程一切险的试车考核期,风险比较集中,被保险人应当克尽职守,认真做好安全防范工作,以避免和减少损失的发生。

(3)做好索赔管理。在工程建设中发生保险事故后,工程的承包人应尽快向业主提供损失情况和估价报告。被保险人向保险人索赔时,应提供必要的、有效的证明单据作为索赔依据。承保的损失事故发生后,被保险人应立即通知保险人,并在保险人检验损失前保护事故现场。为防止损失扩大,被保险人应采取一切必要措施将损失减少至最低。

五、加工合同管理

在建设工程中,加工合同是很常见的。加工合同的标的,通常被称为定作物,包括建筑构件或建筑施工用的物品。加工合同的委托方,通常被称为定作方,该方需要定作物;另一方被称为承揽方,该方完成定作物的加工。

1. 加工合同材料的供应方式

加工定作物所需的材料,主要有两种供应方式。

(1)由定作方提供原材料,即来料加工,承揽方仅完成加工工作。

(2)由承揽方提供材料,定作方仅需提出所需定作物的数量、质量要求;双方商定价格,由承揽方全面负责材料供应和加工工作。在实际工作中,通常对不同的材料采用不同的供应方式。

2. 加工合同的主要内容

(1)定作物的名称或项目。

(2)定作物数量、质量、包装和加工方法。

(3)检查监督方式。

（4）原材料的提供以及规格、质量和数量。

（5）加工价款或酬金。

（6）履行的期限、地点和方式。

（7）成品的验收标准和方法。

（8）结算方式、开户银行、账号。

（9）违约负责。

（10）双方商定的其他条款，如交货地点和方式等。

3. 加工合同双方的责任

（1）用定作方原材料的加工合同。合同中应当明确规定原材料的消耗定额。定作方应按合同规定的时间、数量、质量和规格提供原材料；承揽方应按合同规定及时检验，对不符合要求的材料，应立即通知定作方调换或补充。承揽方对定作方提供的材料不得擅自更换。

（2）用承揽方原材料的加工合同。承揽方必须依照合同规定选用原材料，并接受定作方的检验。承揽方如隐瞒原材料缺陷，或使用不符合合同规定的原材料而影响定作物质量的，定作方有权要求重做、修理、减少价款或退货。

（3）定作方提供的技术资料必须合理。承揽方在按照定作方的要求进行工作期间，如果发现定作方提供的图样或技术要求不合理，应当及时通知定作方。定作方应当在规定的时间内答复，并提出修改意见。承揽方在规定时间内未得到答复，有权停止工作，并通知定作方。由此造成的损失，由定作方负责。

（4）质量标准和技术要求。承揽方依据合同规定的质量标准和技术要求，用自己的设备、技术和人力完成工作。未经定作方同意，不得擅自变更，更不得转让给第三方加工承揽。

（5）检验与验收。在加工期间，定作方可以进行必要的检查，但不得妨碍承揽方的正常工作。双方对质量问题发生争执时，可由法定质量监督机关检验并提供质量检验证明。定作方应按合同规定的期限验收。验收前，承揽方应向定作方提交必需的技术资料和有关质量证明，并在合同中明确规定质量保证期限。在保证期限内因非定作方使用、保管不当等原因造成的质量问题，应由承揽方负责修复、退换。

（6）价款与定金。凡是国家或主管部门有规定的，按规定执行；没有规定的，可由当事人双方协商确定。定作方可向承揽方交付定金，定金数额由双方协商确定。定作方不履行合同，无权要求返还定金；承揽方不履行合同，应当双倍返还定金。定作方也可以向承揽方预付加工价款。承揽方如不履行合同，除承担违约责任外，还必须如数退换预付款；定作方不履行合同，可以将预付款抵作违约金和赔偿金。若抵偿后有余额，定作方可以要求返还。

4. 加工合同的违约责任

（1）定作方中途变更和废止合同。定作方中途变更定作物的数量、规格、质量或设计，应赔偿承揽方因此造成的损失。

针对两种不同的原材料供应方式，中途废止合同的赔偿，有如下两种情况。

①由承揽方提供原材料的，定作方应偿付承揽方未履行部分价款总值10%～30%的违约金。

②不用承揽方原材料加工的，定作方应偿付承揽方未履行部分酬金总额20%～60%的违

约金。

违约金的百分比应在合同中具体规定。

(2) 定作方应急时提供资源和及时提货。定作方未按合同规定的时间和要求向承揽方提供原材料、技术资料等,或未完成必要的准备工作,承揽方有权解除合同,定作方应赔偿由此造成的损失。定作方超期领取定作物,在偿付违约金、保管费、保养费后,如有结余,应退还给定作方;如果不足,定作方还应补偿不足部分。

(3) 定作方不得无故拒收定作物及超期付款。定作方无故拒绝接受定作物,应当赔偿承揽方由此造成的损失;变更交付定作物地点或接受单位,要承担承揽方由此多支付的费用;超过合同规定的日期付款,应偿付违约金。

(4) 承揽方应按质、按量、按时交货。承揽方交付的定作物的数量少于合同规定的,应当照数补齐,补交部分按逾期交付处理。如果由于推迟交付,定作方不再需要少交部分的定作物,定作方有权解除合同,因此造成的损失,由承揽方赔偿。交付的定作物不符合合同规定的质量,而定作方同意接受的,应对定作物按质论价。若定作方不同意接收,承揽方应当负责修整或调换,并承担逾期交付的责任。经过修整和调换后仍不符合合同规定,定作方有权拒收,由此造成的损失由承揽方负责。承揽方逾期交付定作物,应按合同规定,向定作方支付违约金。未经定作方同意,提前交付定作物的,定作方有权拒收。

(5) 包装和异地交货。未按合同规定包装定作物,承揽方应当负责返修或重新包装,并承担因此而支付的费用,如果定作方不要求返修或重新包装,而要求赔偿损失,承揽方应当赔偿低于合格包装物价格的部分。因包装不符合合同规定造成定作物毁损、灭失的,由承揽方赔偿损失。异地交付的定作物不符合合同规定的,暂由定作方代保管,承揽方应偿付定作方实际支出的保管费和保养费。

(6) 运送和保管。由合同规定代运或送货的定作物,错发到达地点或接收单位,承揽方除按合同规定负责改运到指定地点或接收单位外,还须承担因此多付的运杂费和逾期交付定作物的合同责任。承揽方由于保管不善致使定作方提供的原材料、设备、包装物及其他物品毁损、灭失的,应当偿付定作方因此而造成的损失。

(7) 原材料检验。对定作方提供的原材料,承揽方未按合同规定的办法和期限进行检验,或经检验发现不符合要求,但未按合同规定的期限通知定作方调换、补充的,由承揽方承担责任。擅自调换定作方提供的原材料或修理物的零部件的,定作方有权拒收,承揽方应赔偿定作方由此造成的损失。

(8) 不可抗力因素。在合同履行期间,由于不可抗力致使原材料毁损、灭失的,承揽方在取得合法证明后,可免于承担违约责任。但承揽方应采取积极措施减少损失。如在合同规定的履约期限以外发生不可抗力事件,则不得免责。在定作方迟缓接受或无故拒收期间发生不可抗力事件,定作方应当承担责任,并赔偿承揽方由此造成的损失。

六、其他与工程相关的合同管理

其他与工程项目相关的合同还有供用电合同,科研与技术服务合同,工程分包合同,劳务合同,机械设备租赁合同等。这些合同都与工程项目的建设密切相关,由于篇幅的原因,本处不再一一列举,可参考其他合同类书籍。

对工程项目的合同管理,不仅国家相关部门要求实施监督管理,业主和承包人等也应注意合同管理,要求承包工程项目的经理等管理人员要充分理解和熟悉合同条款,以便随时在工程现场发生问题时引用合同条款做相应处理。另外,对于合同实施中的变更与解除,违约索赔及处理都应予以高度重视。有关内容将在后面 FIDIC 合同条款中讲述。

1. 工程合同的特点是什么?
2. 施工承包合同按计价方式划分为哪几类?各有什么特点?
3. 监理服务合同双方各应负哪些违约责任?
4. 监理服务合同双方的权利和义务有哪些?
5. 施工承包合同双方的权利和义务有哪些?
6. 施工承包合同双方各应负哪些违约责任?
7. 施工监理合同双方应学习国家和交通运输部颁发的哪些法律、法规?
8. 与工程项目相关的其他合同有哪些?

第五章 合同管理的主要内容

CHAPTER FIVE

合同管理的主要内容包括工程风险的管理、工程分包的管理、工程变更的管理、工程延期的管理、费用索赔的管理及违约争端的处理等。

第一节 工程风险的管理

一、风险的概念及分类

风险就是在给定的情况和特定的时间内,那些可能产生的结果间的差异。风险是客观存在的,不以人的意志为转移,无论人们是否认识或觉察,风险随时随地可能发生。风险又是不可确定的,风险在何时何地发生,风险发生的形式、规模及损失程度等,事先都是不能确定的。公路工程风险是工程建设各个阶段产生的与工程项目参与者主观预料不同的各种涉及工程项目的行业风险,其他行业则不受影响。其产生原因是因为人们不可能完全预料未来实际结果和主观预料之间存在的差异。

我国《公路工程标准施工招标文件》中明示及潜在的风险主要包括以下内容:

(1) 自然风险。如水灾、暴风雨、冰雹(冻)、雷电、地震、陨石等不可预测和防范的自然力、不可预见的恶劣自然条件和地下障碍等。

(2) 人为风险。如暴乱、骚乱、火灾、爆炸、盗窃、技术人员缺乏经验、疏忽和恶意行为、设计错误、原材料缺陷、工艺不当或其引起的事故和损失影响业主对工程的使用等。

(3) 政治风险。如战争、敌对行为、叛乱、革命、暴动、军事政变、政策及法律的变更等。

(4) 经济风险。如经济动荡、通货膨胀、汇率急变等。

(5) 其他风险。如核燃料及核废物、放射性毒气爆炸、任何爆炸性核装置或核成分的其他危险性所引起的放射性污染、音速及超音速飞行物的压力波等。

同时依据国际工程承包管理科学分支——风险管理与决策,一般常将风险划分成极端严重的风险、严重危害的风险、常见的一般危害的风险3个等级。

1. 极端严重的风险

此类风险一旦发生,足以对业主和施工工程公司造成致命的危害,使业主和承包人破产或倒闭。如战争、敌对行为、叛乱、革命、暴动、军事政变、政策及法律的变更等就属于此类。

对于致命危害的风险,业主和承包人应该慎之又慎,仔细研究分析,最后再决策是放弃该项目的竞标避开风险,还是冒着风险去获取更高的利润。如2003年的伊拉克市场,根据决策的目标和方法不同,一些国际工程承包人退出了该市场,而另一些国际承包人则继续在该地区开拓市场并有条件地承包工程项目,以取得更高的利润。

2. 严重危害的风险

此类风险若发生,可能给业主和承包人带来严重的经济损失。但是,若能事先预测,认真对待,再加上合同条款的公平与保证,可以避开或减少此类风险。一些经济风险,如通货膨胀,人工费、材料费等猛涨以及汇率浮动变化异常等就属于此类。物价的上涨造成的人工费和材料费等的增加,可以利用调价条款进行调整。

3. 常见的一般危害的风险

这类风险危害较轻且常见。如合同条款存在问题、技术规范问题、管理决策失误等。有经验的工程业主和承包人只要采取适当的措施,就可以预测此类风险并避开和转移风险。

对于风险的分析和研究,应该在"战术上重视敌人,在战略上藐视敌人"。我们如果利用分析得当,就可以促使风险转化,促使严重风险转化为一般风险,防范和避开风险,特别是对于合同条款以及法律方面和技术规定方面的风险,应认真对待,一旦出现问题和风险,要善于利用法律与合同条款,免受经济损失。

二、风险责任的划分

《公路工程施工招标文件》风险责任划分的依据是,将每一风险分担给最有条件管理和能设法将风险减少到最低程度的一方。根据这一原则,《公路工程施工招标文件》中双方的风险责任划分如下。

1. 业主的风险责任

(1) 战争、入侵。

(2) 核反应、辐射或放射性污染。

(3) 空中飞行物体坠落或非业主亦非承包人责任造成的爆炸、火灾。

(4) 暴乱、骚乱。但纯属承包人或其分包人派遣与雇用的人员由于本合同工程施工原因引起的除外。

(5) 永久工程的任何部分或单项工程被业主提前使用或占用所造成的损失或损害,但合同中另有规定的除外。

(6) 属于本工程设计不当引起的损失或损害,但由承包人设计不当的部分除外。

(7) 承包人无法预见,也无法采取措施加以防范的或自然力的破坏作用,但能予投保的自然力风险除外。

2. 承包人的风险责任

(1) 承包人自开工之日起到移交证书签发日止对工程有照管责任,承包人对提供的材料、工程的缺陷、施工技术和方法不完备、临时工程倒塌等造成的工程损害等应承担责任。

(2) 报价风险、材料及设备的采购风险、施工工艺和技术风险、进度与质量风险、管理不善风险、承包人设计的工程不当风险。

(3) 自然界的不可抗力和人身安全等意外事故,业主和承包人双方可共同或分别进行保险来转移风险。

三、制定风险防范对策

业主、监理工程师、承包人都应根据工程项目可能出现的风险制定相应的对策。

1. 风险回避

风险回避主要是中断风险源,使其不致发生或遏制其发展。采取这种手段有时可能不得不做出一些必要的牺牲,但较之承担风险,这些牺牲比风险真正发生时可能造成的损失要小得多,甚至微不足道。但同时也失去了利用风险的机会,如承包人因回避某种可能发生的风险而放弃投标。业主采取资格预审的办法避免缺乏资信的承包人中标等都是回避风险的行为。

2. 风险转移

风险转移是风险防范的一种重要手段,采取转移措施以保护自己,但不能理解为嫁祸于人。许多风险对一些人的确会造成损失,但因各人的优势不同,对风险的承受能力不同,转移后并不一定必然给他人造成损失。如在某高速公路工程施工过程中,承包人施工进度迟缓,虽经调整进度计划和多次书面提示仍未见改善。监理工程师在详细调查后发现是因该合同段包含大量软弱地基处理工作非承包人专长而造成的计划落后局面。最终监理工程师在充分考虑承包人施工能力、有利季节因素和工期控制目标等多方面条件后,认为该承包人已无力完成合同约定的阶段性控制目标的要求,果断地采取了指定专业地基施工单位分包承建的措施。此事件中,无法获得地基处理工程的部分利润,与将遭受因拖期违约损失和加大投入赶工的损失以及信誉的损失相比,损失仍是小的。

购买保险也是转移风险的手段之一。投保人可通过保险将自己本应承担的责任和赔偿责任及时转移给保险公司,从而使自己免受和减轻风险损失。

3. 风险控制

风险控制包括预防和减少风险损失两个方面。预防风险损失是指采取各种预防措施以防止风险损失发生。减少风险损失是指在风险损失不可避免的情况下,采取措施遏制损失继续恶化或限制其扩展范围。如业主要求承包人交纳投标保证金、出具履约保函等行为是为了防止承包人不履约或履约不力,而承包人要求在合同条款中赋予其索赔的权利也是为了防止业主违约。监理工程师在工程实施过程中也应采取风险控制手段预防风险的发生。如采取指令承包人撤换职业素质低劣、有玩忽职守行为的不称职人员等措施,以预防可能发生的工程质量风险和对可能发生自然灾害的情况予以提示,以预防或减少风险损失。

四、工程保险

对风险进行转移的重要手段之一就是购买保险。公路工程施工阶段的保险，是指向专门机构——保险公司投保。保险公司以收取保险费的方式建立保险基金，一旦发生自然灾害或意外事故，造成参加保险者的财产损失或人身伤亡时，即用保险金给予补偿。它的好处是，参加者付出一定的小量保险费，换得遭受大量损失时得到补偿的保障，从而增强抵御风险的能力。

1. 工程实施中保险的种类和内容

保险的种类很多，究竟工程上应投保哪几种保险，这要按标书中合同条款的规定以及该项目所处的外部条件、工程性质和业主与承包人对风险的评价和分析来决定。其中，合同条款的规定是决定的主要因素。凡是合同条款要求保险的项目一般都是强制性的；而另一些保险项目属于特殊风险的保险，如战争引起的损失险和其他政治风险等，承包人可以根据自己的分析和估计来决定是否投保。

国内保险公司对工程的保险一般包括如下险种。

（1）建筑工程一切险。

所谓"工程一切险"，是一种综合性的保险，即对工程在施工和保险期间，由于自然灾害、意外事故、操作疏忽或过失而可能造成的一切损失进行保险。保险范围包括合同规定的全部工程、到达工地的设备材料和施工机具、临时设施及现场的其他物资。值得注意的是，所谓"一切险"并未全面概括所有的风险损失，这是有许多限制条件的，特别是对导致损失的原因有很多限制。承保建筑工程施工中由于下列原因造成的损失和费用，保险人负责赔偿：

①风暴、山崩、冻灾、水灾、冰雹、海啸、地震等自然灾害。

②雷灾、火灾、爆炸。

③飞机坠毁、飞机部件或飞行物体坠落。

④盗窃。

⑤工人、技术人员缺乏经验，疏忽、过失、恶意行为。

⑥原材料缺陷或工艺不完善所引起的事故。

⑦其他不可预料的和突然发生的事故。

但发生下列各项保险人不负赔偿责任：

①被保险人及其代表的故意行为和重大过失所引起的损失、费用或责任。

②战争、类似战争行为、敌对行为、武装冲突、没收、征用、罢工、暴动引起的损失、费用或责任。

③核反应、辐射或放射性污染引起的损失、费用或责任。

④自然磨耗、氧化、锈蚀。

⑤错误设计引起的损失、费用或责任。

⑥换置、修理或矫正标的本身原材料缺陷或工艺不完善所支付的费用。

⑦非外力引起的机械或电器装置的损坏或建设用机器、设备、装置失灵。

⑧全部停工或部分停工引起的损失、费用或责任。

⑨各种后果损失如罚金、耽误损失、丧失合同。
⑩文件、账簿、票据、现金、有价证券、图表资料的损失。
⑪保单中规定应由被保险人自行负责的免赔额。
⑫领有公共运输用执照的车辆、船舶和飞机的损失。
⑬盘点货物时发现的短缺。

被保险人应承担如下义务：
①应采取合同的预防措施,避免投保工程工地发生意外事故;对保险公司提出的合理化建议应认真考虑,并付诸实施。
②发生保单承保的损失事故后,应立即通知保险公司,并用书面形式说明详细经过。
③为便于调查,在检验损失前应保护事故现场。
④为防止损失扩大,应采取一切必需的措施将损失减小至最低限度。
⑤保险内容如有变化,应及时书面通知保险公司,办理批改手续。

被保险人及其代表如故意不执行上述规定义务,保险公司将不负赔偿责任。

工程一切险的保险额是按合同总价,即工程完成时的价值计算;实际上,工程价值从零开始,到竣工时才达到保险额总值。保险费率是按保险额计取某一千分数,并不考虑工程价值在施工初期和末期的价值变化,而赔偿金额只考虑实际损失数字。承包人可以要求保险公司在确定保险金费率时充分考虑这一特点和因素。如果承包人不愿投保"一切险",也可以就承包人的材料、机具装备、临时工程、已完工程等分别进行保险,但应征得业主的同意。

一般来说,集中投保一切险,可能比分别投保的费用花费要少。有时,承包人将临时工程、劳务或某一部分永久性工程分包给其他分包人,那么,他可以要求分包人投保其分担责任的那一部分保险,而自己则按扣除该分包价格的余额进行保险。保险费率与项目的性质(如一般民用建筑、公路桥梁、工业建筑、化工装置、危险物品仓库等)和项目所在地的地理条件、自然条件以及工期的长短、免赔额的高低等因素有关。承包人可以就本项目的具体情况与保险公司协商一个合理的费率。保险的期限要根据合同条款要求确定,至少应包括全部施工期。如果业主要求缺陷责任期内由于施工缺陷造成的损害也属于保险范围,则可以在投保申请书中写明。一般来说,实际保险期限可以比合同工期略长一些,这是考虑到工期可能拖延,以免今后再办保险延期手续。

(2) 建筑安装工程第三者责任险。

在建筑安装工程的保险期限内,因发生意外事故,造成工地或邻近地区的第三者人身伤亡、疾病或财产损失,依当地法律应由被保险人负责时,以及被保险人因此而支付的诉讼费用和经保险公司事先同意支付的其他费用,都将由保险公司负赔偿责任。

此项保险不包括以下各项赔偿责任：
①明细表列明的应由被保险人自行负担的免赔额。
②被保险人和其他承包人在现场从事工程有关工作的职工的人身伤亡和疾病。
③被保险人及其他承包人或他们的职工所有的或由其照管、控制的财产损失。
④领有公共运输用执照的车辆、船舶和飞机造成的事故。
⑤被保障人根据与他人的协议、支付的赔偿或其他款项。

业主要求承包人进行这种保险的目的是很明显的,因为工程是在业主的工程土地范围内进行,如果任何事故造成工地和附近地段第三者人身伤亡和财产损失时,第三者都可能要求业主赔偿或提出诉讼,业主为免除自己的责任而要求承包人投保这种责任险。

在发生这种涉及第三方损失的责任时,保险公司将对承包人由此遭到的赔款和发生的诉讼等费用进行赔偿。但是应当注意,属于承包人或业主在工地的财产损失,或其本公司和其他承包人在现场从事与工作有关的职工的伤亡不属于第三方责任险的赔偿范围,而属于工程一切险和人身意外险的范围。领有公共交通和运输用执照的车辆事故造成的第三方的损失,也不属于这项第三方责任险赔偿范围,而属于汽车保险范围。

(3)施工机械设备损坏险。

承包人为了保障在工地的施工机械设备遭受损失时得到补偿,可投保机器损坏险。机器损坏险对被保险的机器及其附属设备由于下列原因造成的物质损失,保险公司负责赔偿:

①设计、制造或安装错误,铸造和原料缺陷。

②工人、技术人员操作错误,缺乏经验,技术不善,疏忽、过失、恶意行为。

③离心力引起的断裂。

④电气线路和其他电气原因。

⑤锅炉缺水。

⑥物理性爆裂。

⑦暴风雨、严寒。

⑧其他不可预料的和意外的事故。

但对下列各项责任保险公司不负责赔偿:

①被保险人或其代表的故意行为或者重大过失引起的损失或费用。

②战争、没收、征用、罢工、核子反应和辐射等引起的损失和费用。

③被保险人知道被保险设备在本保险开始前已经存在缺点或缺陷引起的损失或费用。

④根据法律或契约应由供货方或制造人负责的损失或费用。

⑤机器设备运转后必然引起的后果,如自然磨损、氧化、锈蚀等。

⑥各种传送带、缆绳、链条、轮胎、印刻滚筒、玻璃、毛毡制品、润滑油、催化剂等。

⑦保险事故发生后引起的各种间接损失或责任。

⑧保单中规定应由保险人自行负担的免赔额。

⑨在财产保险中承保的各种责任。

(4)货物运输险。

货物运输险的承保范围如下:

①货物在运输途中由于恶劣气候、雷电、海啸、地震等自然灾害造成整批货物的全部损失或商定金额。

②由于运输工具遭受搁浅、触礁、沉没、互撞、与流冰或其他物体碰撞以及失火、爆炸、意外事故造成货物的全部或部分损失。

③在装卸或转运时由于一件或数件整体货物落海造成的全部或部分损失。

④对遭受危险的被保险货物采取抢救、防止或减少货损而支付的合理费用。

⑤运输工具遇难后,在遇难港由于卸货所引起的损失以及卸货存仓和运货所产生的特别费用。

⑥共同海员的牺牲、分摊和救助费用。

但下列损失不含在赔偿责任范围之内：

①被保险人的故意行为或过失所造成的损失。

②属于发货人责任所引起的损失。

③在保险责任开始前，货物已存在品质不良或数量短差所造成的损失。

④被保险货物的自然损耗、本质缺陷、特性以及市价跌落、运输延迟所引起的损失或费用。

⑤各种货物运输中的战争险与罢工险条款所规定的责任范围和除外责任。

（5）机动车辆险。

机动车辆包括汽车、拖拉机、摩托车以及各种特种车辆。对施工中所使用的各种机动车辆需另行投保。

保险公司对由于下列原因造成的损失负赔偿责任：

①碰撞、倾覆、失火、爆炸。

②雷击、暴风、洪水等各种自然灾害，隧道坍塌、空中运行物体的坠落。

③全车失窃在3个月以上。

④运载保险车辆过河的渡船发生自然灾害及意外事故。

⑤由于上述原因采取保护、施救措施所支出的合理费用。

⑥使用保险车辆过程中发生意外事故，造成第三者人身伤亡或财产的直接损毁，应由被保险人承担的经济赔偿责任。

由于下列原因造成的保险车辆损失或费用，不在保险范围之内：

①战争或军事行动以及政府征用。

②被保险人或其驾驶人员的故意行为或违法行为，如无证驾驶或酒后驾驶。

③自然磨损、轮胎爆炸，未经修复而继续使用所遭受的损失。

④保险车辆上的一切人员和财产。

⑤其他不属保险范围内的损失、费用和所有间接损失。

（6）人身意外险。

人身意外包括各种交通事故，以及建筑、筑路、装卸、试验、采掘、勘探、加工、医疗等生产及工作中发生的各种不幸事件。

但下列情况除外：自杀、犯罪、诈骗、战争、因病等所致死亡或伤残，以及因意外伤残所支付的医药费。

（7）其他保险。

在特殊情况下，可向保险公司投保战争险、投资险或其他政治险。例如，2000年某公司在承包伊拉克的某项工程时，投保了战争险。后来两伊战争爆发，这项工程正处于前线地区而被迫中止施工，这家工程公司为遣散工人购买了飞机票，保险公司就赔偿了该承包人的损失。

2. 工程保险的性质与作用

（1）工程保险是强制性的，合同条款中有明文规定。

现在许多工程承包合同都是强制要求进行各种保险，如工程保险、第三方责任险、工人工伤事故险等。这种强制性的要求，固然是为了保障业主本身的利益，同时对承包人也有益处，因为所有的招标都承认承包人可以将保险金计入投标报价和合同价格之中。

(2)进行各种保险可使业主和承包人转移和减轻风险。

大家都知道,土木工程建设周期很长,遇到的各种复杂情况往往是难以完全预测和防范的。特别是一些大型工程,有些灾害和重大事故还会给业主和承包人带来灾难性的、无法补救的经济损失,但通过保险,他们可以从保险公司得到赔偿或部分经济补偿,这就至少可使承包人在从事工程承包这一"风险事业"时获得一定的经济保障。我国的工程公司在工程承包中,从保险受益的实例很多。如某公司吐鲁番至乌鲁木齐的高速公路项目,因为洪水突然暴发而造成工地淹没,所幸人员紧急撤离未造成伤亡,但一些大型机具设备和工程材料受淹损坏严重。由于进行了工程保险,获得了保险公司的赔偿,减少了损失。

(3)保险后仍须预防灾害和事故,尽量避免和减少风险危害。

承包人和业主虽联名或分别对工程进行了各种保险,并交纳了相当数量的保险费,但是,灾害和事故造成的恶果,不是保险公司支付了赔偿费就能全部弥补的。业主和承包人仍然要采取各种有力措施防止事故和灾害的发生,并阻止事故的扩大。正是由于任何业主、承包人和保险公司都不希望灾害和事故发生,保险公司才敢于和愿意承接为数不大的保险费,为价值大于保险费数百倍的工程承保。保险公司承保的项目越多,得到的保险费也越多,其总的赔偿费用占总的保险费收入的比值也越小。

3. 购买工程保险的注意事项

(1)择优选取保险公司,研究其资金与信誉。

当一家工程公司中标获得一项承包金额较大的合同时,许多保险公司会主动上门来寻找生意。面对相互竞争的众多保险公司,此时承包人应从以下几个方面加以考虑:

①考虑保险公司的注册资本及赔偿风险的资金能力。

②调查保险公司的信誉。

③应当优先考虑将国外承包工程和国内外资贷款工程的各类保险向本国的保险公司投保。由国内保险公司承保,不仅可以使外汇保险金不至于外流而且便于处理事故赔偿等问题,保险费率也可有一定优惠。特别是避免外国保险公司推卸责任。

(2)认真细致办理保险,分析研究保险合同条款。

①认真填报保险公司的调查报表。

②认真分析研究保险条款。

③重视保险内容的变化和改办手续。

(3)预防事故和接受调查。

①重视被保险人的义务。承包人应当教育自己的全体职工和工人重视被保险人的义务,特别是预防事故和防止事故损失的扩大。无论发生任何事故,应当立即通知保险公司,并努力保护事故现场,采取一切必需的措施将损失减少到最低限度。只要采取的措施是合理和有效的,其措施费用一般可得到保险公司的补偿;相反,如果既不通知保险公司,又不保护现场,其索赔一般将被保险公司拒绝。

②及时报损和接受调查。只要被保险人及时向保险公司报告,保险公司一般将派人到事故现场进行调查。严重事故发生时,保险公司还将组织协同进行抢救活动,并编写调查报告。调查报告主要内容除陈述事故经过、分析事故原因和调查被保险人的防范和抢救措施外,重点在于调查损失。损失的计算首先由被保险人提出,每项损失都要求提供必要的有效证明单据。

对于工程一切险,保险公司的赔偿一般以恢复投保项目受损前的状态为限。其受损的残值应被扣除。承包人的利润损失和其他各项管理费的损失是不予赔偿的;同时还应扣除免赔额(通常每次赔偿按保险单中所列的免赔额与保险金额的比例扣除)。

例题 5-1

某地区因连降暴风雨而发生严重的洪水灾害,致使一条正在施工的公路发生如下损失。
① 部分路基被洪水冲毁,估计损失为 600 万元。
② 一座临时水泥仓库被暴雨淋湿,估计水泥损失为 30 万元。
③ 部分临时设施被毁,损失为 20 万元。
④ 工程被迫停工 15 天,停工、窝工和机械闲置损失 50 万元。
⑤ 现场的部分施工机械受损,损失为 30 万元。
⑥ 因施工原因致使原排水系统被破坏,导致洪水无法正常宣泄,致使公路沿线的农田被淹,估计损失 60 万元。
⑦ 临时房屋倒塌造成承包人人员伤亡,损失 10 万元。

根据风险责任的划分,上述风险损失该由谁承担?若该工程办理了"建筑工程一切险"和"第三者责任险",投保金额分别为 5000 万元和 50 万元,保险费率分别为 4‰ 和 3‰,试求应交纳的保险费和当事人可获得的赔偿额。

解:根据风险责任的划分,业主应承担被毁工程、水泥损失及临时设施的修复损失,停工、窝工和停机损失,共计 700 万元(600 + 30 + 20 + 50)(其中只有停工、窝工和停机损失的 50 万元不属于建筑工程一切险保险范围),而施工机械受损、承包人人员伤亡、农田受淹的损失共计 100 万元(30 + 10 + 60)应由承包人承担。

由于办理了建筑工程一切险,因此业主遭受的损失部分可由保险公司赔偿。经调查,该项工程造价 10000 万元,投保金额为 5000 万元,按保险公司规定,当保险金额低于工程完成时的总价值时,其赔偿只能按保金与总价值的比例支付,即保险公司的赔偿费为:

$$(700 - 50) \times 5000/10000 = 325(万元)$$

业主办理保险应交纳的保险费为:

$$5000 \times 4‰ = 20(万元)$$

所以,业主损失的 700 万元中的 325 万元可由保险公司承担,业主用 20 万元保险费避免了 325 万元的损失,但仍有 375 万元需要业主自己负担。

由于办理了第三者责任险,因此周围农田受淹损失中的 50 万元(只保了 50 万元)可由保险公司赔偿,需交纳的保险费为:

$$50 \times 3‰ = 0.15(万元)$$

五、工程风险的管理

工程风险的管理是监理工程师的重要工作之一,监理工程师要按照合同规定监督业主、承包人担保、办理保险情况,避免合同双方承受不必要的经济损失。

1. 帮助与指导承包人办好保险

监理工程师应根据合同要求和工程建设的规模督促承包人选择与其要求相适应的保险公

司,避免无力赔付情况的出现;也可根据经验向承包人推荐已经证明资信和赔付能力较强的保险公司。另外,监理工程师还要监督承包人如实填报保险公司的调查表,提示承包人不要企图为降低保险费而隐瞒实际情况,避免一旦发生此类风险,保险公司推卸其赔偿责任。

2. 审查承包人的担保保险

监理工程师应根据合同规定审查承包人办理担保的情况。除合同专用条件另有规定外,承包人按照合同实施和完成本合同工程之前的履约担保应一直有效。承包人在收到中标通知书 28 天内并在签订合同协议书之前向业主提交具有法人资格银行出具的履约担保,业主应向监理工程师转告(书面)或转交履约担保证明。

监理工程师应根据合同规定审查承包人办理保险的情况。保险范围应包括从现场开工直至本合同工程(或其单项工程)完工,业主和承包人遭受的并由投保协议书所规定的损失和损害。承包人应在办理有关保险后,尽快向业主提供按合同要求所投各种保险的生效证明,并在开工后 56 天内提交保险单,同时向监理工程师提交副本。

承包人提供担保或保险的机构要符合合同规定的资质、资信;担保或保险的最低金额应等于或大于投标书中所列的款项(若小于投标书所列金额为无效);担保或保险有效期应等于或大于合同工期或修订的工期;履约担保证明应符合合同规定的格式和条件。

3. 督促合同双方遵守有关规定

监理工程师有责任根据合同条款要求业主和承包人共同遵守根据合同生效的保险单条件。如业主或承包人未能遵守,一方应保障另一方不受由于未能遵守保险单的条件而造成的全部损失和索赔。监理工程师若发现承包人未按合同规定的时间和内容,向业主提交合格的保险单时,应采取以下措施:

(1)指示承包人尽快补办或补充办理保险。
(2)承包人拒绝办理时,应通知业主。
(3)保险最终由业主补办或补充办理时,监理工程师应签发扣除承包人相应费用的证明。
(4)如果业主也未补办,监理工程师应书面提示承包人和业主由此带来的危害,并建议尽快办理保险。

六、监理工程师自身风险和避免的要点

1. 监理工程师的风险

监理工程师是工程实施的直接参与者之一,虽然不是工程承包合同的当事人,但也有在工程所在地的各种风险,又因其职业特点及在工程项目实施中的地位和作用,难免要承受其自身的和其他人为的风险。

来自业主的风险。监理工程师与业主是合同关系,应各负其责、独立工作、相互尊重、密切合作,但业主在聘用监理工程师代为监督和管理工程施工过程中,难免与监理工程师产生分歧,如因业主原因增加其工作难度和工作量,甚至干扰其执行合同的公正性。来自业主的风险主要有:

(1)业主片面追求少花钱多办事。
(2)工程前期工作质量差,遗留问题多。

(3)业主无管理经验或管理水平低。
(4)业主干预监理工程师在职责和权限内按合同规定进行工作。
(5)业主刻意要求加快工程进度。

来自承包人的风险。监理工程师与承包人是监理和被监理的关系,施工中与承包人产生分歧和争端难以避免。某些承包人因自身条件和追求自身利益,会给监理工程师的工作带来种种困难,甚至导致监理工程师承受重大风险。来自承包人的风险有:

(1)缺乏商业道德。
(2)标书不诚实。
(3)职业素质过低,缺乏履约能力。

监理工程师职业责任风险包括:
(1)监理工程师承担的工程设计不充分、不完善。
(2)存在设计错误和疏忽。
(3)监理工程师的职业道德水平低或发生违规、违法行为。
(4)监理工程师的能力和水平与承担的责任不适应,不称职、失职和渎职。

2. 监理工程师避免风险的要点

(1)掌握工程项目的资金供应情况。对于缺乏后续资金或不能及时支付工程款的工程项目,应确切掌握情况,详细记录,慎重对待。资金不足或不能保证按规定时限支付费用,会导致工程无法正常进行和导致承包人的索赔,甚至终止合同,也影响监理费用的支付。因此,监理工程师应及时向业主反映情况,说明由此可能导致的风险。

(2)了解项目业主的管理能力。业主管理经验少、能力低、协调不力或片面追求工程进度和投资效益,不但会对工程质量、进度、费用控制造成困难,也会对实现工程预期目标和监理工程师履行职责造成风险,因此监理工程师应提示业主按规定履行业主义务。如确有必要,在符合监理服务协议规定的情况下可主动终止监理服务。

(3)慎重对待业主提出的要求。监理工程师贯彻业主意图和要求的条件是业主要求必须符合合同规定。合同规定外的要求应由业主和承包人协商取得补充协议后,按协议规定执行;业主超出合同规定的要求(如工期、工程规模、标准、规范等变更),应以业主正式文件为依据。

对业主提出的不符合实际的或违反合同规定的要求,监理工程师应让其根据实际情况和合同规定说明其合理性、可行性、与合同规定的符合性及可能解决的办法和处理程序,防止盲目执行,导致监理风险。

(4)明确工作范围和权限,恪尽职守。不同岗位的监理人员承担的责任和风险不同,必须明确工作范围和权限,认真研究和执行合同,尽职尽责完成岗位工作。如坚持达到合同规定的工程质量指标,不提出超标准控制要求,严格工程进度控制措施,不擅自要求或变相要求缩短工期;认真审查计量支付申请,防止多计、超计、套支预付款情况发生;亲自动手检测、试验、验收,保证监理资料正确、可信等。这些措施都可以防止和避免因监理岗位责任和工作的随意性导致的风险。

(5)关注承包人的履约能力。承包人出于投标策略的需要低价投标,一旦中标,有的承包人无力按承诺履约或不履行合同约定,投入少、管理差,竭力寻找机会索赔,致使工程进度慢、质量差。监理工程师除运用合同条款规范承包人的行为,督促其认真履约外,应报告业主及时采取措施。

承包人施工质量差甚至弄虚作假,监理工程师可依据合同要求撤换有关责任人和不称职人员,并有针对性地采取措施加强监督力度。

(6)防范承包人的恶意行为。个别承包人对于严格管理的监理工程师会采用恶劣手段,蓄意损害监理工程师的名誉和工作能力,制造业主和监理工程师之间的矛盾,干扰其密切配合协调工作,监理工程师除定期向业主提交监理报告外,应主动与业主交流有关工程情况、承包人履约表现,提出工程进展中应解决问题的建议等。同时,还应采取措施提高监理人员技术素质、业务能力、工作效率,加强工作责任心和组织管理,进行廉洁自律教育,严肃纪律,规范监理人员行为。

(7)正确处理变更设计。变更设计应由业主委托的设计单位或承包人承担,监理工程师应对其进行检查和审核。除合同另有规定外,监理工程师只从事涉及构造或局部完善等方面的变更设计,以提高工程质量;涉及力学等复杂计算的设计变更,监理工程师应拒绝,且应注意以下几点:

①监理工程师不宜主动承担设计变更。

②根据工程变更规模、性质、复杂程度及其对工程质量、安全、功能、外观的影响,应由具有相应资质和经验的设计单位审核。

③不属于监理审定职责范围的变更设计,不但应有变更设计图纸,还应由业主下达正式变更通知。

(8)正确表达监理要求。

①应采用符合合同规定的程序和方法处理工程建设中出现的质量、进度、费用等问题,不能越权或采取不当的指示方式。

②为避免工作中可能出现的遗忘和失误,要多采用书面材料,如会议决议要承包人签字认可,各种文件和指示要采取书面形式下达等。

③按合同程序完善手续。监理工程师可依据自身经验和专业知识提出有关建议或处理措施(除指令外),如承包人采用,应由承包人以书面形式提交批准后实施,不应代替承包人制订施工方案和措施。

第二节 工程分包的管理

一、工程分包的概念及其形式

随着生产社会化和专业化程度的提高,获得整个工程或区段工程合同的承包人,往往需要将该工程按专业性质或工程范围再分包给若干个分包人承担任务,业主有时也有必要将一些专业性强的部分工程或单项工程直接授予指定的分包人。如果管理得当,协调有力,充分发挥其优势能在一定程度上优化施工组织和能力,有利于促进工程进展和提高工程质量。分包人一般直接与承包人签订合同。监理工程师应兼顾业主和承包人两者的利益,组织、监督与管理承包人和分包人,处理好一般分包合同与指定分包合同,避免和禁止出现不必要的层层分包,使工程达到进度、质量、投资三大控制目标。

1. 工程分包的基本概念

《公路工程施工招标文件》中的工程分包是指获得整个工程或单项工程合同的承包人将其中一部分工程的施工、机械设备或材料供应等委托其他承包人承担,或业主直接将其授予专业技术强的指定分包人。承包人取得的分包批准并不解除其分包部分合同规定的任何责任或义务,其仍应对分包工程加强管理、监督和协调,对其工程质量、进度负责。分包人要接受承包人的统一管理,并承担分包工程部分的责任和义务。如果名为分包、实为转包,即将合同义务和权益全部转让给第三人,则视为非法转让。

2. 工程分包的形式

工程分包的形式一般分为一般分包与指定分包。相应地,分包合同分为一般分包合同和指定分包合同。

一般分包合同是指在执行工程承包合同过程中,承包人由于某些原因,将自己所承担的一部分工程,在经监理工程师批准后,转包给另外的承包人施工,承包人和分包人双方签订工程分包合同。经监理工程师批准,从承包人那里分包一部分工程,并与承包人签订明确规定相互责任、权利和义务的分包合同的人或实体,被称之为一般分包人。

指定分包合同是业主或监理工程师为了某些专业化强或特殊的或关键工程、专项材料、设备供货的质量,通过独立的招标或邀标选定某些单位作为业主的指定分包人,并要求其与承包人签订分包合同,以便承包人在施工中能统一协调和管理。该通过业主或监理工程师指定的任何施工、货物及材料供应、工程设备或提供服务的所有专业人员、技术工人及其他人员,以及根据合同规定要求承包人对他们进行分包的任何人员,在从事上述工程的实施或供货、材料供应、工程设备和服务提供的过程中,均应视为承包人雇佣的分包人,并在此合同中被称为"指定的分包人"。

二、一般分包的管理

1. 一般分包的组织机构

工程一般分包组织机构框图如图 5-1 所示。

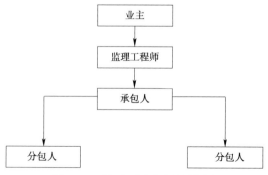

图 5-1　工程一般分包组织机构框图

2. 工程一般分包的特点

(1) 承包人不得将本合同工程或其中任何部分转让给其他法人或自然人。

(2) 分包合同由承包人制订,即由承包人挑选分包人。

(3) 主要分包人应在投标时一并报请业主审批。在工程实施中未经监理工程师审查并取得业主批准,承包人不得将合同任何部分分包出去。主体和重要工程不准分包。

(4) 分包人应具有与分包工程相适应的资质条件。除另有规定外,分包部分不能超过总合同工程量的 30%,且不允许再次分包。

(5) 分包中不准压低单价。除另有规定外,分包管理费应视工程情况控制在分包合同价的 2%~3%(不含税金)。分包协议书(包括工程量清单)应交监理工程师核实备案。

(6) 业主对承包人与分包人之间的法律与经济纠纷不承担任何责任和义务。对于提供劳务的自然人或由企业法人提供的劳务合作,虽不要求承包人取得上述批准,但承包人应将劳务协议(含支付条款)交监理工程师备案,监理工程师对此有权进行核查。

(7) 不允许假劳务之名,行分包之实;不得向个人分包。

(8) 承包人并不因部分工程分包,从而减少其对分包工程在承包合同中应承担的责任和义务。

3. 一般分包的审批程序

(1) 由承包人选择分包人,制订工程分包合同,上报监理工程师。

(2) 承包人将选定的分包人的机械设备、技术力量、财务状况以及所承担过的工程情况等详细资料报监理工程师审查。

(3) 监理工程师应对分包人的上述情况进行仔细审核,必要时到分包人的其他施工工地进行现场考察,然后给承包人批准或不批准的书面答复。

(4) 经监理工程师书面批准,承包人可同分包人签订正式工程分包合同,并将工程分包合同的副本报送监理工程师一份,之后分包人可进入工地施工。

一般分包的审批流程如图 5-2 所示。

4. 不属于分包的行为

工程施工使用的材料、设备和劳务不属于工程分包行为,因而也无须提交监理工程师批准,但联营的体必须在投标时声明,并附有联营协议。

(1) 联营即联合承包。

(2) 提供劳务。

(3) 根据合同中规定的规格采购材料。

(4) 租赁施工机具、设备。

5. 一般分包的常见工程内容

在工程施工过程中,承包人常将下列一些专业化的或特殊工程,或者工程数量虽大,但技术精度要求不高的分项工程分包给具有技术专长、施工经验丰富的专业工程公司。

(1) 不良地基处理(强重夯、粉喷桩、压密注浆、塑料排水板等)。

(2) 边坡工程(爆破及防护与加固)。

(3) 小型构件预制。

(4) 部分路基土石方。
(5) 部分小型结构物。
(6) 人工挖孔桩基成孔及部分钻孔灌注桩。

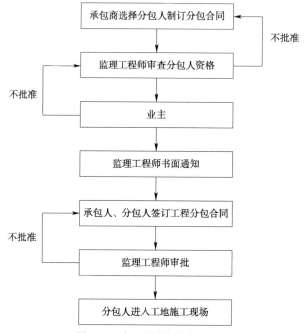

图 5-2　一般工程分包的审批流程

6. 一般分包审查的主要内容

监理工程师应从以下几个方面审查承包人的分包工程申请：

(1) 分包人的资质情况及证明，包括企业概况、财务状况、参加分包工程人员的资历、施工机具状况等。

(2) 分包工程项目及内容。

(3) 分包工程数量及金额。

(4) 分包工程工期。

(5) 分包工程所使用的技术规范与验收标准。

(6) 分包协议。

上述内容均应符合合同规定。

7. 一般分包的监理要点

(1) 工程分包必须按合同有关分包的规定办理，包括工程内容、范围、工程量、责任和义务的划分、批准程序等。

(2) 承包人取得分包批准并不解除合同规定的任何责任和义务。承包人应对分包人所承担的工程派专人监督、协调和管理，并把分包人施工安排、质量控制、计量支付、合同管理等纳入整体管理中去，且要对其工程质量及其职工行为、违约和疏忽负完全责任。

(3) 监理工程师对分包人的管理一般要通过承包人，不宜与之发生直接关系。必要时，征得承包人同意,分包人可参加技术问题研讨或处理。除承包人违约,没有承包人书面同意,监理工程师不应直接与分包人处理合同问题和计量支付费用。

(4) 经监理工程师书面批准后,承包人才能同分包人签订正式分包合同,并将分包合同的副本送监理工程师一份。

(5) 履行开工手续。分包人的每项工程,在开工前必须填报"分项工程开工申请",分包工程同时应附上监理工程师的书面批准证明。

(6) 每次工地会议,承包人必须上报分包工程情况的有关资料,并邀请主要分包人参加。

(7) 督促分包人按合同履行义务,核查分包人参加分包工程的主要技术人员、管理人员和设备进场及工程进展情况。

(8) 经常检查分包人所完成的工程。分包工程的技术指标要符合规范。

(9) 发现分包人的施工设备、技术力量以及工程质量难以达到工程要求,监理工程师应立即采取果断措施,建议清除出场,并通知承包人,抄送业主。

三、指定分包的管理

依据指定分包人的定义可以知道,指定的分包人一旦被任命,分包人和承包人的关系就应在承包人和分包人签订的分包合同中做出规定。做这样安排的一个重要原因是业主希望承包人统一负责分包合同的管理和协调,并只向承包人支付这些服务费用。另外,由业主指定分包的原因还有很多。例如,业主对整个工程按专业性质的顺序进行招标,特别是专业性较强的项目,如高速公路的收费站及系统,电力设施的安装等已另行招标,但业主还是希望搞土建项目的承包人进行总承包,以便统一协调整个工程的施工管理。因此会要求承包人接受其他专业项目的承包人为指定分包人。

1. 指定分包合同的组织机构

指定分包合同的组织机构,如图 5-3 所示。

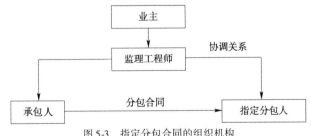

图 5-3 指定分包合同的组织机构

2. 指定分包合同的特点

(1) 指定的分包合同直接涉及业主和监理工程师。因此,在一些分包合同招标之前,业主或监理工程师指定的分包公司,最好能得到业主和承包人的共同批准。承包人也许会要求删去他有理由反对的公司,而建议增加他信任的并且在过去有过良好合作关系的公司,这当然也须经过业主和监理工程师的批准。

(2) 在标书中,应明确写出指定分包的项目或指定分包人的名单。因指定分包合同和招标文件最后都要成为分包合同的组成部分,因此在颁发指定分包招标文件之前,应征求承包人的意见。监理工程师还应注意,使招标分包合同的文件和条款尽可能与承包合同文件的内容实质相一致。

(3)指定分包合同所用的暂定金额应包括在合同的工程量清单之内。

(4)指定分包人应当向承包人承担如同承包人向业主所承担的同样的义务和责任,以保证承包人对指定分包人满意并合作共事。

3. 指定分包合同的审批程序

指定分包合同的标书通常由监理工程师或业主拟订(包含分包合同、分包工程项目、细目等)并负责招标和接受中标事宜,接着由中标人与承包人签订指定分包合同,并交业主和监理工程师备案。指定分包合同一般应在业主同承包人签订承包合同后进行。在指定分包合同招标之前,受邀请投标的公司最好能得到业主和承包人的共同批准。指定分包的合同签订程序如图5-4所示。

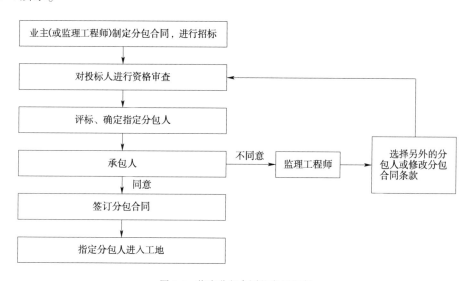

图5-4 指定分包合同的审批程序

4. 指定分包合同应注意的事项

(1)指定分包协议中有悖于工程合同规定的条款,承包人有权拒绝与此指定分包人签订合同;监理工程师和业主应尊重承包人的意见,不能强制承包人签订分包合同。反之,若承包人提不出正当反对意见,就应与分包人签订指定分包合同,并合作干好工程。

(2)指定分包人应向承包人负责,承担分包合同文件中承包人应向业主承担的一切相应责任和义务,并向总承包人交纳部分管理费。同时,指定分包人不得滥用承包人为本工程提供的施工设施和临时工程,还要保障承包人免受分包工程的损害并得到必要的补偿。若指定分包人拒绝这些限制条件,承包人就可以不雇佣指定分包人。

(3)设计要求应明确规定,指定的分包人承担并负责合同中的项目或工程的详细施工图设计,监理工程师应颁发给分包合同投标人关于该设计的规范要求。在使用规范和设计细节方面,若征得承包人同意,指定分包人也可以直接与监理工程师联系,并把联系情况及时通报给承包人,最好安排该分包人与承包人一起参加工地协调会议。

(4)对签订指定分包协议的指定分包人(或供货人)已完成的工程或已提供的货物、材料、设备,承包人有权得到下述款项:①分包合同由承包人统一结算,按照监理工程师的指令,根据指定分包合同约定,由承包人收取的已支付的实际价款;②承包人向指定分包人已提供的劳务费用;③承包人对指定分包人应收取的手续费、利润提成,其金额应按已支付或应支付给指定的分包人的实际价款的某一百分率计算;④对指定分包人的工程或服务付款,应当通过承包人支付。如果承包人没有向指定分包人支付,业主可在监理工程师对其工程和服务质量确认后,直接向指定分包人付款,并扣除承包人的这笔款项。

5. 指定分包的常见工程内容

在公路工程建设中较常见的指定分包有以下情况:

(1)装饰工程(如隧道洞口及洞内装饰)。

(2)绿化工程。

(3)部分交通安全设施(隔音墙等)。

(4)监控设施(摄像、报警装置的设备采购与安装等)。

(5)收费设施(收费棚、收费亭、自动栏杆、收费站路面等设备的采购等)。

(6)通信工程(通信管道增设)。

(7)附属工程的部分内容及项目如室内装修、电话安装、供排水及污水处理以及供水、冷暖设备的采购等。

(8)不同施工单位相互交叉影响的分部分项工程。

(9)承包人严重滞后于计划或事实证明无力完成的某些工程。

6. 指定分包的监理要点

(1)签订了指定分包协议的指定分包人(或供货人)和承包人的关系是合同关系。承包人有权对指定分包人的分包工程进行统一安排和管理;分包人应对所分包工程负责,履行承包人承担该部分工程中合同规定的责任和义务;监理工程师应设专人对指定分包工程进行管理,督促承包人和指定分包人履行各自的合同责任和义务,保证工程的顺利进行。

(2)监理工程师在不干扰承包人监督管理工作的前提下,可以直接对指定分包人进行监督、检查和管理。

(3)监理工程师应注意使分包工程所使用的合同条款、技术规范、验收标准与承包合同一致,以确保分包工程符合整体工程合同规定的质量要求,若有差异,应与业主协商取得一致。

(4)监理工程师应建议业主让分包人向业主提供银行保函,以便一旦分包人未能履约可没收其保证金。

四、分包合同的主要内容

因分包人多是通过议标确定,故分包合同的条件和价格均可协商讨论,经双方反复协商,最后由承包人和分包人签订正式的分包合同。

分包合同格式多种多样,并无统一的文本。有些国家的咨询工程师协会或承包人协会编制了一些参考合同文本。一般工程分包合同应包括以下几项主要内容。

1. 工程范围和内容

分包合同应十分明确地划分工程范围,工作内容更要详细说明,否则,分包人可以利用范围和内容的含混不清而与其他分包人或承包人争执和相互推诿,承包人也有可能强加额外的工程内容给分包人。

另外,分包合同还应列明工程量表。对牵涉两家以上的分包人分别承包的,要特别予以说明。若分包人的一些材料由承包人供给,应当明确双方各自承担材料的供应范围。其他方面也均应写明,切不可用"相应的工程项目"等含糊不清的词句。

2. 工程变更

工程变更方面,与分包人有关的有以下两种情况。

(1)业主提出变更要求,经过监理工程师下达的工程变更令通知承包人,承包人又转给分包人做相应变更,这样根据总承包合同条款即可得到相应的变更工程量付款。

(2)由承包商提出变更要求,由监理工程师认可后下达工程变更令。这种情况一般是对承包人有利。例如,承包人因供应的材料和设备的变化要求工程数量变更,这或许是因与其他分包人协调配合而引起的变化。这种情况承包人不能从业主那里获得额外付款,只能由承包人自己来支付有关工程变更对分包人的额外索赔。作为总承包人往往要求分包人接受诸如"只有在承包人获得业主的工程付款后才支付分包人的工程付款"。分包人则希望分包合同中写明"若非分包人原因引起监理工程师拒绝签字认可时,承包人还应及时付款给分包人"。

3. 支付条件

分包合同中的支付条件一般应当与总包合同基本一致,包括预付款的支付比例和扣还的方式;进度付款的支付方法和时间;保留金的扣除比例和归还时间以及支付货币的种类和汇率等。

4. 保留金和缺陷责任期

承包人一般愿意按合同的比例每月扣除分包人已完工程部分的保留金。但在保留金的退还和缺陷责任期的起止日期上会发生争执。承包人希望在业主退还保留金后,即让分包人等到全部工程竣工并办理竣工移交证书后才支付其保留金。但有些分包人的分包工程,可能比全部工程竣工时间早很多,如道路或房建工程的土方工程,也许比工程全部竣工早一两年,这种情况下,土方工程的分包人不可能同意保留金要拖延一两年才予收取。比较合理的方法是,承包人应根据不同的分包情况区别对待。

5. 拖延工期违约损失偿金

在大型工程项目进展中,各专业的分包施工进度都互相制约,能否按计划在合同期内完成工程,主要靠承包人的合理协调和组织管理,监理工程师也时刻在控制和关心协调进度计划。承包人对业主的总合同工期负责,拖期则应向业主支付合同规定的拖期违约金。所以在分包合同中,承包人也会规定分包的拖期违约损失偿金。另外分包合同还规定:承包人有权通知和督促分包人加快工程进度;若发现分包人开工不足或管理不善无法弥补其拖延的工时,承包人有权雇用其他工人施工,而由该分包人支付其所发生的费用,甚至还可没收该分包人的履约保函而将分包人驱逐出工地。分包人为维护自身权益,通常在接受拖期违约损失偿金合同条款时,要求补上一句:"若由于承包人或其他分包人的责任或延误,或本分包合同以外原因引起的延误工期,承包人不得向本分包人索取任何拖期违约损失偿金。"

6. 双方的责任、义务和权利

承包人虽然受总承包合同的制约,责任重大,但同时也享有相应的补偿和索赔的权利。因此,分包人应注意承包人是否将总包合同中相应的权利和义务一起转给分包人。承包人则应注意虽然分包合同已转移责任义务和风险给分包人,但业主和监理工程师并不因此而解除承包人的任何责任和义务。

7. 其他方面

分包合同的其他问题,诸如合同的变更、中止、解除、法律、语言以及仲裁等问题的条款,可以参照总承包合同订立。

五、工程分包的管理

监理工程师要控制好工程进度、质量、投资三大目标,审查和批准分包人是关键的一环。作为承包人,也须十分慎重稳妥地选择合适的分包人实施分包工程,并且要主动报与监理工程师征求意见,以利工作。若分包人选择不当,可能会被分包人拖进困境;一家分包人拖延工期或因质量低劣而返工,可能引起连锁反应,影响与之有关的其他分包人的工程进度。特别棘手的是,若因分包人违约或破产而中途解除合同,承包人被迫再找另一家分包人来接替实施工程未完的部分,是极难处理的。因此,不论是从监理工程师还是总承包人的角度来看,在工程开工之前必须要选择好分包人,切忌"中途换马";工程进展过程中,要加强对分包人的协调、监督和管理。

一个工程项目实施中,对合同的管理工作出现问题最多和管理最困难的就是一般分包合同。在工程项目实施阶段,监理工程师要注意以下几个问题:

(1) 坚决防止承包人变相分包、层层转包、以包代管。监理工程师发现上述违约行为,应要求承包人限期纠正,并通报业主。

(2) 及时掌握分包人履约动态(如管理力量、技术力量、施工队伍、施工设备、工程质量、进度等),对不按约定履约或无力履约的分包人,要及时督促,限期解决。对虽经督促、采取措施仍无明显改变的分包人,应建议承包人进行调整,以至撤出现场,另选分包人。

(3) 强化承包人对分包工程的管理,畅通监理工程师与承包人的工作渠道,加强直接联系与沟通。应避免:

① 绕开承包人直接向分包人下达通知、指示、指令或答复处理有关合同事宜。

② 未经承包人检验认证,直接对分包人工程进行检验、验收和计量。

③ 检查分包工程时无承包人参加。

④ 未经承包人书面同意,直接对分包人办理支付。

⑤ 办理应由承包人办理的其他有关合同事宜。

(4) 充分发挥监理工程师在施工中的调控作用,加强承包人与分包人,尤其是与指定分包人的协调和配合,要在保证整体和阶段性计划要求的前提下,相互创造有利于对方的施工条件，妥善照管已完工程不受损害和污染，保证工程顺利有序地进行。

（5）履行开工手续。对分包人的每项工程，在开工前必须填报"开工申请单"，并附上监理工程师批准分包的书面证明。

（6）承包人在每次工地会议都必须上报有关分包人情况的资料，必要时，可邀请主要分包人参加工地会议，用唯物辩证法的观点来看，任何事物都有其两面性或多面性。工程分包也一样，把好对分包人资格的审批与管理，允许工程建设市场上一些专业施工队伍分包，是因为他们在某一专业项目的施工技术可能超过承包人，但凭其企业资质等级又无法承揽整个施工项目，允许其分包工程是有利于工程建设的，即有其对建设项目起促进作用的有利一面。但是如果业主和监理工程师对分包管理不严，或不指定承包人上报分包人的情况并审查批准，可能会使分包人放任自流，将从承包人处分包来的工程再行分包，或者分包人并不是某一专业上的强项分包，力所不能及，盲目揽活分包，从而造成工程质量严重不合格、进度缓慢。这样不仅会给承包人造成损失，也会使业主的利益受到损失，甚至造成刚修好的公路即塌陷严重不能行车，即将合龙的大桥桥垮人亡的后果。

总之，工程分包施工及管理在正反两方面都有很多的经验教训，不管哪一类的工程项目，监理工程师加强对分包的审批、监督与管理，都是十分必要的，是保证工程控制三大目标实现的一个重要保证环节。

第三节　工程变更的管理

土木工程项目从开始到建成的时间长、涉及面广，受地形、地质、水文、气象、社会环境等客观条件的影响，在实施过程中不可避免地会发生不同于合同约定的变更。《合同法》规定，合同变更一般是由一方当事人或第三方提出合同变更的建议，经合同双方或多方协商一致后生效的。作为监理工程师，在处理工程变更问题时，应及时与业主和承包人协商，正确处理工程的变更工作。

工程变更无论何种类型、出于何种原因，最终的目的是提高建设项目的投资效益，即国民经济效益和财务效益。所以，在评价工程变更的合理性时，要进行详细的可行性研究和经济评估，全面考虑工程变更所带来的影响，在此基础上做出工程变更的审批决策。故应从效益的高度进行综合分析和评价，避免顾此失彼的现象发生。不管何种形式的工程变更，都是以保证工程质量为前提的，以牺牲工程质量为代价的工程变更，实践中是不可取的，而且后患无穷。在审批工程变更时，应优先考虑能优化设计方案，最大限度地发挥公路建设项目的社会服务功能，并注意照顾当地经济利益。工程变更通常会带来工程造价的变化，且以工程造价的增涨情况居多，这样的工程变更会增加业主筹措资金的压力，严重时会影响社会资金的供求平衡。所以，在审批工程变更的过程中，应将工程造价的控制放在重要地位，力保工程造价不超过设计概算。当超过设计概算甚至投资估算的重大设计变更不可避免地发生时，业主应会同监理工程师、造价工程师一起进行详细的可行性研究和工程变更评估工作，然后报国家计划主管机关批准后方能实施工程变更。所以在处理工程变更的过程中,要力求通过工程变更降低工程造价;而对要增加工程造价的工程变更,须认真地进行可行性研究和技术经济论证与评估,以确保工程变更的经济效果。总之,工程变更应力争做到"提高经济效益、保证工程质量、控制工程造价。"

一、工程变更的内容

1. 工程变更的原因

工程变更也就是合同变更,是指对合同中的工作内容做出修改,或者追加或取消某一项工作。由于土木工程地质水文条件的复杂性,发生合同变更是较常见的,几乎每一个土木工程项目都会发生工程变更。工程变更的原因一般有以下几种情况:

(1)由于工程规模、标准、技术规范、设计图纸、施工方案的改变,如新技术标准、规范的颁布,新技术、新材料的使用等。

(2)由于设计深度不足、设计遗漏、设计与地形不符、地质情况与设计不符等设计质量的问题。

(3)为了更适合地方政府、群众及有关方面的规划、建设、生产、生活、文物与环境保护等需要而做的设计完善。

(4)为了加快施工进度,挽回合同有关方面履约不力造成的工程进度滞后影响,改变施工方案措施等。

土木工程的变更,总是发生在工程施工过程中,是事先不可预见,无法事先约定的,需要监理工程师依据工程现场情况而决定。若处理不当,即使是正常的工程变更也会影响工程进展,因此必须予以高度重视。工程变更,不仅变更工作本身会产生额外工程成本,延长工期,而且还经常会影响其他相关工作,对工程产生多米诺骨牌效应。有时变更处理不当,会造成人、财、物的浪费,造成停工、窝工,埋下索赔隐患,甚至会使业主对其工程投资失去控制。

2. 工程变更的范围

根据监理工程师的职责,监理工程师(或业主)如认为有必要时,可对工程或其中任何部分的结构形式、质量、等级或数量做出变更,为此目的或出于任何其他理由,其有权指示承包人进行,而承包人也应进行下述工作:

(1)合同中所列出的工程项目中任何工程量的增加或减少。如监理工程师可以指示将原定的15mm厚石灰土底基层改为20mm。

(2)取消合同中任何单项工程。

(3)改变合同中任何工作的性质、质量及种类。如监理工程师可以根据业主要求,将原定的沥青混凝土路面改为水泥混凝土路面。

(4)改变工程任何部分的高程、线形、位置和尺寸。

(5)为完成本工程所必需的任何种类的附加工作。

(6)改变本工程任何部分施工规定的顺序和时间安排等。但是,监理工程师必须注意,不可以改变承包人既定施工方法,除非监理工程师可以提出更有效的施工方法予以替代。

上述任何变更,均不应以任何方式使合同作废或无效。

二、工程变更的基本要求和程序

(一)工程变更的基本要求

(1)工程变更必须符合国家的法律和行业技术法规规定,符合本合同工程标准和技术规范的要求。

(2)必须有利于工程的顺利进展,确保工程质量和使用功能,降低工程成本和造价等,并要兼顾施工合同各方和工程相关方面的合法权益不受损害。

(3)无论工程变更出于何种原因,由业主、承包人、监理工程师或其他任何方面提出,均应按施工合同办理,由监理工程师根据业主的授权签发工程变更令,并监督实施。

(二)工程变更的程序

(1)工程变更的提出。

工程变更常常发生在工程承包合同执行过程中,提出工程变更的范围很广且内容也较多。按提出工程变更的各方当事人不同,可分为以下几个方面:

①承包人提出工程变更。如果是由承包人提出工程变更,应交与监理工程师审查。承包人在提出工程变更时,一种情况是工程遇到不能预见的地质条件或地下障碍。如原设计的斜拉桥基础为钻孔灌注桩,承包人开工后钻探的地质条件与原图纸的地质资料严重不符,需要对钻孔灌注桩的深度做出改变,故上报监理工程师提出变更。再如某高速公路项目,原设计图纸上一箱涵地基承载力为 95kPa,但挖开地基以后,试验检测承载力的结果仅为 60kPa。故承包人提出在基础下换填沙砾,并上报监理工程师。监理工程师经设计单位同意并重新计算以确定沙砾换填厚度及平面尺寸后,下达工程变更令。

②业主方提出变更。如果是业主提出工程变更,监理工程师应与承包人协商,看是否合理可行。主要看业主方提出的工程变更内容是否超出合同限定的范围。若属于新增工程,则不能算为工程变更,只能另外签合同处理,除非承包方同意作为变更处理。

③监理工程师提出工程变更。监理工程师根据工地现场工程进展的具体情况,认为确有必要时,可提出工程变更,主要在公路工程施工中,常有水文、地质、地形、施工环境的实际情况,对比设计图纸规定、施工工艺要求等会有一些变化。如通道与涵洞和排水系统在设计阶段考虑不周,或施工时环境发生变化,监理工程师本着节约工程成本和加快工程进度与保证工程质量的原则,会提出工程变更。再如监理工程师根据现场边坡岩石风化、裂隙严重等情况,会提出变更边坡坡度或防护与加固的形式等。

④工程相邻地段的第三方提出工程变更。如果是工程相邻地段的任何第三方提出工程变更的要求,监理工程师要先报请业主,由业主出面与第三方相协调,以利工程进展。如山东滨博至博山高速公路的淄博西互通立交修建过程中,淄博市政府提出由于淄博至周村公路的扩宽,需要在该公路左侧(淄博西互通立交的匝道上)增加一通道作为非机动车道。经业主和监理工程师准许,由山东省公路勘测设计院设计,在要求处重新挖开路基,由该路段的施工单位挖开已经完工的路基进行建设,按合同规定应支付给承包人已完路基工程费用,对新修通道工程及重新开挖路基的费用重新协商价格进行支付。

有关工程变更的提出及内容都是很多的,这要根据具体工程项目的实际情况来决定,只要提出的工程变更在原合同规定的范围内是合理的,一般是切实可行的。若超出原合同,新增了很多工程内容和项目,则属于不合理的工程变更请求,监理工程师应和业主协商后酌情处理。

(2)工程变更的受理。

在合同管理工作中一般都由专职监理人员负责工程变更事宜,其受理程序在根据施工合同和业主授权制定的监理工作管理制度中有具体规定。具体受理程序和步骤如下:

①接受变更提出方的工程变更通知或申请。主要内容包括:变更工程项目、部位;变更原因、依据及有关文件、图纸、资料;工程变更对质量、进度、费用、施工环境及对相关方面影响的评价;工程变更的相关合同事宜等。工程变更通知或申请应以书面形式为准。

②资料收集,勘察现场。监理工程师根据工程变更的申请,为审查工程变更情况,应收集相关的合同文件,水文地质、地形资料,施工记录及有关的法规规定等,并对施工现场进行调查或补充勘察。

③工程变更核查。监理工程师以施工合同和实际勘察取得的资料为依据,对工程变更进行组织核查。主要内容有:a.核查工程变更设计图纸和相关基础资料以及工程变更对环境和相关方面的影响;b.核查工程变更施工方案及其对相关工程施工以及工期的影响;计算变更工程单价,评估工程变更对工程总合同造价的影响。

(3)协商价格。

监理工程师应与承包人和业主就工程变更费用评审及确定支付单价进行协商,对协商一致的单价可确定为工程支付单价。在意见难以统一时,监理工程师应根据情况在报业主同意后,定出认为合理的单价或总额价,并通知承包人,抄送业主。为不延误工程进展,变更工程支付单价或总额价一时不能议定,监理工程师可以确定暂时的单价或总额价作为暂时付款依据。先向承包人发布工程变更指令,使承包人继续施工,在进行施工的同时,与承包人进一步协商变更涉及的费率和价格。

(4)签发工程变更令。

经审查变更资料齐全、变更要求合理、变更工程单价确定,并按监理服务协议授权和监理制度规定完备了有关手续后,监理工程师应及时签发变更令。内容包括:①工程变更项目。②工程变更理由及说明。③工程变更数量、支付单价及总额价。④附件:工程变更后图纸及监理工程师为实施工程变更提出的关于施工方案、工程计划调整、与相关工程协调等问题的要求。⑤如本项工程变更对其他承包人的工作有影响,监理工程师应与有关承包人协商,做出协调施工安排的说明和规定。最后将工程变更令发至承包人,抄送业主。同时,将有关工程变更的资料认真整理作为"工程变更令"的附件存档备查。

(三)工程变更的审批权限

工程变更的审批通常实行分级审批的管理制度。在现有的 FIDIC 条款及《公路工程招标文件》(范本)的合同条款中,对工程变更的审批权限做了明确规定,即把工程变更分为一般工程变更、重要工程变更、重大工程变更。不同的工程变更等级,审批的最终权限是不一样的。

所谓一般工程变更,通常是指一些监理工程师有权直接批准的小型工程变更。由驻地监理工程师对变更申请的可行性进行评估,并写出初步的审查意见;最终总监理工程师对驻地监理工程师审查后的变更申请做进一步的审定,签署工程变更令;承包单位组织变更工程的施工,同时抄报业主。

重要工程变更通常是指对工程造价影响较大按合同条款须业主批准的工程变更,其审批在监理工程师下达工程变更令之前,一是要报业主批准;二是要同承包人协商确定工程变更的价格不超过业主批准的范围(如果超过业主批准的总额,监理工程师应在下达工程变更令之前请求业主做进一步的批准或授权)。

重大工程变更通常是指一些对工程造价的影响很大,可能超出设计概算甚至投资估算的工程变更。对这些工程变更工作,业主在审批工程变更之前应事先取得国家计划主管部门的批准。

(四) 工程变更费用的估价

工程变更费用估价主要是确定支付单价和总额价。变更费用处理必须坚持在保证合同工程规模、标准、质量、工期的基础上,降低成本、减少投资,以维护合同各方合法权益。监理工程师应以合同为依据进行公正地处理,既要有利施工,又要使费用变更合理。在工程变更处理以前要看支付项目是否合理。就是监理工程师在受理工程变更时,根据施工合同文件(包括招投标文件及附件、签约的最终工程量清单、澄清问题及合同谈判期间的来往文电、施工监理细则、监理指令、有关会议纪要等)关于涉及此变更项目及其费用的规定,分析发生的原因、责任及该项目变更引起的费用变化是否包含在原合同价中。如果发生本工程变更原因是因承包人过错、承包人违反合同或承包人责任造成的,或是承包人为方便施工或解决自身原因造成工程进度滞后要求的变更,或工程变更引起的费用变化已经包括在原合同工程量清单计量支付细目的工程范围和内容之内,那么此项工程变更的费用不予确认,不须进行费用估算工作,否则就要进行工程变更费用的估价。

1. 工程变更费用的估价依据

(1) 有关确定单价或总额价的合同条文。

①变更工程价格的增加或减少,应以工程量清单中的单价或总额价为依据。如果工程量清单中未包含适用于变更工程的单价,则采用工程量清单中监理工程师认为适合的单价为计价的依据。如果此单价或总额价一时不能确定,监理工程师可以确定暂时单价或总额价,作为暂付账款签发中期支付证书,待议定后在其他的中期支付证书中调整。

②如果变更工程的性质或数量,在整个工程中占有重要地位或比例较大,使涉及的工程细目原有单价或总额价因此不合理或不适用时,可由监理工程师和承包人议定一个合适的单价或总额价并报业主批准。当不能达成协议时,监理工程师应根据情况在报业主批准后,定出他们认为合理的单价或总额价,并通知承包人,抄送业主。

除另有规定外,如果合同的工程量清单中某一个支付项(工程细目)所列的"金额"或"合价"未超过合同价格的2%,而且该支付项变更后的实际数量不超过或不少于工程量清单中所列数量的25%,则该支付项的单价或总额价不予调整。

③除另有规定外,如果在签发交工证书时,发现合同价格的增加或减少超过"有效合同价格"的15%(这里的"有效合同价格"是指扣除暂定金额后的合同价格),且这种总额超过或减少15%或15%以上是产生于以下几方面。

a. 根据我国《公路工程施工招标文件》通用条件的全部变更的工程累计结果。

b. 根据实际计量对工程量清单中的估算工程量所做的一切调整,但不包括暂定金额和物价因素价格调整。

如果发生这种情况,监理工程师应与承包人协商并报业主批准后确定一笔管理费调整额,从合同价格中扣除或加到合同价格上。该调整金额是针对承包人用于本合同的现场管理费及总管理费中不受上述 a、b 项调整额影响的相应间接费的合理调整,监理工程师应将根据此款规定做出的决定通知承包人,并抄送业主。这笔调整金额应只依据上述增加或减少超过有效合同价格的 15% 的那一部分款项(如为正值,管理费向下调;如为负值,则向上调)。

(2)有关确定单价或总额价的参考依据。若上述的合同条文得不出合理结果,也可以参考如下的各项依据。

①合同内的单价计算方法。
②新增工程项目的技术标准以及计量项目所包括的工作范围和内容。
③国家、省(区、市)级专业管理机构颁布的现行概预算定额和价格参考及取费办法。
④合同条款中有关工程变更作价的其他规定。
⑤承包人预算及实际支出证明等参考材料。

2. 工程变更费用的估价方法

依照施工合同规定和招标文件有关资料,进行工程变更费用的估价,可采用以下方法。

(1)直接使用同类细目单价。

工程变更项目与工程量清单中已经明确列出项目的工程范围、内容、质量要求完全相同,可以直接采用工程量清单中该项目的已有单价。如决定将某工程的某处增加一处孔径为 1.0m 的圆管涵,其每米单价就可以直接采用本路段已有的工程量清单中孔径为 1.0m 圆管涵的每米单价。

(2)间接使用已有单价。

工程变更项目的工程范围、内容、质量要求基本相同,但变更后有部分内容改变,此时可在已有单价的基础上,重新核定单价。如某工程有一通道,施工图纸中孔径为 8×2.7m,而工程量清单中仅有较接近的孔径为 8×2.2m 通道的单价,只是净高存在差异,除此之外并无结构上的不同。此时可以对照招标文件和施工图纸,比较数量差别,按照结构逐项计算每一部分的工程量增减,同时采用清单中的价格计算增加的费用,摊入通道延米费用中,作为原通道变更后增加的费用。再如工程量清单中已有桥梁明挖基础深度 1.5m、2m 和 2.5m 的价格,而要决定挖深 3m 时的价格,可以按前面的价格以线性比例来确定。

(3)实际核算,协商议价。

工程量清单中没有列出工程变更项目,无同类细目单价或相似的单价可以借鉴时,承包人应对变更工程单价进行详细计算,送监理工程师审查。计算的依据是交通运输部部颁定额、本省(区、市)取费标准以及当前市场材料价格。进行这项工作时,监理工程师应充分熟悉工地现场情况和技术资料,综合分析,以此拟定出双方比较满意并有说服力的合理价格,并按规定征得业主同意。

(4)计日工。

根据合同规定,监理工程师如认为必要或可取时,可以指令按计日工完成任何变更的工程。但一般对工程量清单中无相应的计价依据的小型变更工程或零星附加工作,监理工程师才用计日工的形式来计价(计日工的数量由监理工程师确定)。计日工通常包括在有标价的工程量清单中的一项暂定金额内,有关计日工的费率和价格表一般会作为工程量清单的附件包括在合同之内。

①计日工使用的规定。承包人用于计日的劳务、材料、施工机械等,必须每天填写使用清单或报表(一式两份),上报监理工程师审查;劳务方面应包括所有工人的姓名、工种和工时的确切数字;施工机械和材料应包括种类和数量。

用于计日工的劳务,除监理工程师另有安排外,一般应按正常工时进行,不允许加班;用于计日工的材料应由承包人供应,除非监理工程师有书面指示由业主供应,承包人用于计日工的材料,未经监理工程师同意不得任意改变;用于计日工的施工机械设备由承包人提供,因故障闲置的施工机械不支付费用。

一般对计日工的工作,承包人不得任意分包,除非得到监理工程师的事先同意。

②计日工的费用支付。承包人应每日向监理工程师提交一式两份的用于计日工的费用清单或报表,监理工程师审查后有权修改,并在确认后退还给承包人作为支付的依据。

用于计日工的劳务费用,应按合同中计日工的有关规定按正常工时使用,未经监理工程师批准,不支付加班费用。计日工的劳务费用按合同规定,在直接费用上另加一个百分比的附加费。附加费应包括管理费、利润、质检费、税费、保险费、工具的使用与维修费及其他有关的费用。费用的计算应按投标人合同中计日工细目所开列的单价,若遇价格调整应按合同规定的办法执行。

用于计日工材料费用的支付是按照材料运至现场仓库或储料场的材料费用票面的净值加上合同工程量清单规定的一个百分比的附加费计算的。附加费包括管理费、利润、税费、保险费及其他有关费用。从仓库或储料场到施工现场的搬运费,按所用劳务或施工机械有关条目支付。

用于计日工的施工机械费用的支付。承包人用于计日工的施工机械费用的支付,应该是合同工程量清单中所列的基本租价。此基本租价包括全部折旧费、利息、燃料、油料、保养维修、配件及其消耗品以及有关使用这些机械需要的任何附加物件的管理费、利润、税费、保险及其他有关费用。驾驶、操作工与助手等的费用,包括在计日工劳务费中另行支付。

三、工程变更的管理

(一)处理工程变更时的注意事项

工程变更,不仅会使变更工作本身产生额外成本和使工期延长,而且会产生连锁反应,影响与之相关的其他工作。故监理工程师在处理工程变更时要慎重行事,妥善处理。

(1)工程变更的范围、内容不能随意扩大或缩小。工程变更主要涉及的是设计图纸和技术规范文件的变更,而且在合同条款中对其范围、内容也做了清楚的说明。因此,超出这一范围,就不应该视为工程变更,而应重新订立合同。主要原因是工程性质若发生重大的变更,承包人在投标时并未准备这些工程的施工机械设备,需另购置或运进机具设备,因此,承包人有理由要求另签合同,而不能作为原合同的变更,除非合同双方都同意将其作为工程变更对待。承包人认为某项变更指示已超出本合同的范围,或监理工程师变更指示的发布没有得到有效的授权时,可以拒绝进行变更工作。另外,作为承包人,如果业主取消了大量的工程内容,而没有同时增加其他替代工作,根据公平合理的原则,承包人可以对相应的可得管理费用和利润损失进行索赔,但承包人在做出这种判断时必须小心谨慎,因为如果提交仲裁,仲裁人可能会对合同规定的监理工程师及业主的权利做出非常广泛的解释。

(2)工程变更通常伴随工程数量的改变,但工程数量的改变并不意味着一定有工程变更的发生。例如,施工过程中,经常出现实际工程量与工程量清单中的估算工程量不一致现象,如果设计图纸不发生修改,则这种现象完全是由于估算误差造成的,这时的工程量增减并不属于工程变更的范围。只要按实际完成的工程量计量与支付即可。

(3)承包人在执行工程变更前,必须以监理工程师的书面变更令为依据,即使紧急情况下执行监理工程师口头令的工程变更,也应在执行过程中及时发出要求监理工程师对口头变更指示给予书面确认的请求。工程师没有在规定时间内予以答复,从承包人方面来说,应该在规定时间内尽快致函监理工程师要求对口头指示予以书面确认。在接到承包人的来函后,如果监理工程师未在规定时间内书面否认,即便在没有给予答复的情况下也可以推定工程师已承认该变更指示。对此,承包人也应该致函监理工程师声明他的沉默已构成合同法律中认为对该指示的确认,否则这样的变更将被视为是无效变更,即使对业主有利,也不一定能得到认可或补偿。工程变更的提出可以是业主、监理工程师、设计单位、承包人及当地政府,但不管属于何种情况,最后须由监理工程师组织实施。

(4)工程变更的时间。土木工程施工合同中一般对何时可进行工程变更没有明确的限制性规定。从理论上讲,在合同整个有效期间,即从合同成立至缺陷责任终止证书颁发之日,都可以进行工程变更。但从实际合同管理工作来看,工程变更大多发生在施工合同签订以后,工程基本竣工之前。除非有特殊情况,在总监理工程师对整个工程发了工程竣工交接证书以后,一般不能再进行工程变更。如果监理工程师根据合同规定发布了进行工程变更的书面指令,则不论承包人对此是否有异议,也不论监理方或业主答应给予付款的金额是否令承包人满意,承包人都必须无条件地执行此指令。即使承包人有意见,也只能是一边进行变更工作,一边根据合同规定寻求索赔或仲裁解决。在争议处理期间,承包人有义务继续进行正常的工程施工和有争议的变更工程施工,否则可能会构成承包人违约。

(二)工程变更的现场管理

1. 加强现场调查和记录

现场监理人员应正确理解和掌握监理工作范围内施工项目的工程范围、内容、标准、质量要求。要在施工前加强现场调查,在施工中密切关注施工情况和工程对环境的影响,及时发现施工图、招标文件与实际情况的差异及其对有关方面的不利影响,对此以及该项目的开工时间、施工周期、每天施工的工程数量、人员、机械使用、材料消耗等施工情况进行详细记录,并向主管监理工程师报告,为处理该项目变更提供客观、翔实的第一手资料。

2. 采取措施,防止监理工作失误

严格制度,加强管理,防止越权提出超出合同规定的工程范围、内容、质量标准的要求,导致推定变更;注意工程现场实际情况变化,防止盲目照图施工;主动及时地根据业主授权和岗位责任、监理工作管理办法提出或处理工程变更事宜,避免工作失误。

3. 合同管理人员深入现场

合同管理人员除充分熟悉合同文件、工作程序外,还应经常深入工程现场,及时了解、掌握工程进展情况和存在的问题,以便在处理工程变更时有理、有据,避免盲目性。

4. 遵守合同中变更的规定及处理方法

严格遵守合同规定的变更处理原则和程序,高效认真地审核工程变更要求及技术可行性、合理性,仔细进行费用评估,合理确定支付项目和单价。

5. 正确及时发布书面变更指令

对任何工程变更,监理工程师都应及时发布变更指令,以满足合同条款的基本要求,规范变更处理程序,明确合同各方责任,完善手续,减少合同纠纷,保证工程正常进展。同时,要防止非指令性变更发生,即在没有监理工程师对承包人的口头或书面变更指令的情况下,因业主或监理工程师原因或要求,对承包人的实施工程构成对原定工程合同实质上的工程变更。如业主某些人员提出变更工程标准、技术规范、修正设计差错,而某些监理人员则提出超合同规定提高工程质量和工程材料质量控制标准等,从而造成实质上的工程变更,引起工程费用的增加,此种变更带有随意性、缺乏依据,应予以避免。

6. 建立工程变更台账

为便于管理,减少差错,计量工程师应建立计量支付台账。台账中除记录项目的计量支付情况外,还应单独对工程变更项目及其费用等进行记录,内容包括变更项目名称及清单号、估计变更数量、变更令批准文号、截至本期支付情况等。监理工程师在进行计量支付审核时要重点核查变更工程的支付情况,如手续是否齐全、部位是否确切、与变更令的估计工程量有无较大差异等。若存在较大差异,应当会同现场技术人员认真分析原因,重新核实工程数量,防止变更费用失控。

7. 现场核查工程变更施工结果

工程交工前,合同管理人员应和现场监理人员共同对本工程发生的所有变更项目根据变更令进行逐一复查、核对。重点应审查变更项目的手续是否完善,结构类型、位置、变更内容是否与变更设计图纸一致,对隐蔽工程应从监理现场记录以及质检、检测及计量支付资料中进行核查,以确保变更项目严格按照变更令规定进行施工。

8. 工程变更总结

工程变更情况是交工验收监理工作总结报告中的重要内容之一。交工验收前,除了缺陷责任期的缺陷处理和部分遗留工程以及保留金外,整个工程的费用已基本计量支付完成,监理工程师应对整个工程的变更费用进行全面的整理、汇总,计算变更总额,与暂定金额分析比较。除业主另有规定外,变更总额应控制在暂定金额以内,并从整个工程变更发生的原因、类型、处理方法、费用核定等总结经验。如果变更总额较大,超过暂定金额较多,应分析原因,列出细目及金额,及时报告业主。

第四节　工程延期的管理

工程建设项目中的各类合同都应该在合同中明确规定完成工程或工作的期限或天数,称为工期或合同期。如在合同文件中明确规定,在开工令发出后多少天内完工,或截至某日期完工。承包人的责任就是在合同期内完成工程。而公路工程建设项目规模大、涉及面广,易受自然和人为条件影响,工程建设过程中不可避免地会出现各种制约因素,阻碍工程顺利实施,使部分工程或工程总体的工期延长,即工程延期。任何一项工程建设不能在预定的时间内完工,一般都会影响许多方面的利益。就建设工程的各方而言,都有直接与建设周期联系的经济效益,业主要承担项目的建设费用,特别是要承担沉重的资金利息,周期越长,负担越重。建设项目早日建成,早日投产,就会早日实现资金回收,促进国民经济的发展。一般其收益比基建费用大得多,是投资者的主要目标。建设周期对承包人经济效益的影响也是一样的:一个项目拖延越久,管理费用支出越大,会影响资金的周转,使施工力量受到牵制,也不能承接新的业务。此外,由于承担的工作不能按期完成,如果是由于承包人的责任,还要向业主支付拖期违约损失赔偿金,不仅有经济损失,还要蒙受声誉的损失。故首先业主为避免造成经济损失,而不愿意合同延期。而合同赋予的正常原因引起的工程延期是承包人的正当权益,承包人将通过合理延期来避免工期延误后为赶工而增加的施工成本(当延误的工期得不到工期索赔时就只得赶工)。这样就要求监理工程师在处理工程延期及有关问题时,应本着"提前消除、责任明确、公正判定、合理仲裁"的原则,认真、妥善地做好延期管理工作。要做好工程延期管理工作的前提就是分清工程延期的种类。

一、工程延误的种类与内容

工程延误是指工程进度方面的延误,是由各种原因而造成的工程施工不能按原定时间要求进行。工程延误实际上会造成时间损失和经济损失两个方面。某项延误业主是否可以给予延长工期及经济补偿,这取决于引起该延误的原因是否可以预见、承包人或业主是否有过错,以及合同中的文字规定。根据上述原因可以把延误分为可原谅延误与不可原谅延误;可补偿延误与不可补偿延误;共同延误与非共同延误。

1. 可原谅延误和不可原谅延误

(1)可原谅延误。可原谅延误是指非承包人过错所引起的工程施工延误。承包人将有权获得工期补偿,但不一定得到经济补偿。如果由于以下任一种情况使承包人有理由延长整个工程或任何区段的完工期限,监理工程师在与业主和承包人协商之后,应确定这种延长的期限并就此通知承包人,同时抄送业主。

①任何额外工作或附加工作的数量或性质。
②属于本合同条款中规定的任何延误原因。

③特别恶劣的气候条件。
④任何由业主造成的延误、妨碍或阻挠。
⑤除去承包人不履行合同或违约或由其造成的延误以外,其他可能发生的特殊情况。

可原谅延误的种类主要有:
①不可抗力引起的延误,且不可抗力是当事人所无法控制的。
②不利自然条件或客观障碍引起的延误。
③特别恶劣的气候条件引起的延误。
④特殊风险引起的延误。
⑤罢工及其他经济风险引起的延误。
⑥业主或业主代表原因引起的延误。
⑦其他可原谅的延误。

(2)不可原谅延误。不可原谅延误,是指可预见条件下或在承包人可控制条件下或由承包人自己的责任和过错而引起的延误,这种延误不能获得工期和费用的补偿,承包人必须无条件地按合同规定的时间实施和完成合同工程。

不可原谅延误有许多种类。通常有由于不适当的施工组织管理、分包人行为、承包人对现场条件的错误判断、承包人缺乏足够的财务能力、与承包人有直接关系的第三方造成的问题等。

2. 可补偿延误和不可补偿延误

上述可原谅延误又可分为可补偿延误与不可补偿延误。

(1)可补偿延误。可补偿延误是指承包人有权要求延长工期和经济补偿的延误,一般是指因业主或监理工程师的工作失误或疏忽导致的施工延误。

对这种延误,如果业主一方适当加以注意,是可以避免的。判断延误的决定性因素是业主或其代理人是否应对造成该延误的情况负责。如果是,则是可补偿的;否则是不可补偿的。例如,监理工程师未能在规定时间内提供图纸或指示;出现不可预见的不利自然条件或客观障碍;监理工程师指示不是由于承包人的原因暂停工程;业主未能及时提供场地、拖延付款;合同变更等。这都是可补偿延误。

(2)不可补偿延误。不可补偿延误是指可给予工期补偿,但不能对相应经济损失给予补偿的可原谅延误,这种延误一般不是因双方当事人有错误或疏忽,而是由双方都无法控制的原因造成的。例如,不可抗力、特别恶劣的气候条件、特殊风险、其他第三方原因等引起的延误。

3. 共同延误与非共同延误

(1)共同延误。共同延误是指两项或两项以上的单独延误同时发生的情况。共同延误有以下两种情况。

①在同一项工作上同时发生两项或两项以上延误。

只要每项延误的时间相同,它们对整个工程所产生的影响就是相同的。共同延误主要有以下几种基本组合方式。

a. 可补偿延误与不可原谅延误同时存在。在这种情况下,承包人不能要求工期延长及经济补偿,因为即便是没有可补偿延误,不可原谅延误也已经造成工程延误。

b. 不可补偿延误与不可原谅延误同时存在。在这种情况下,承包人无权要求延长工期,因为即便是没有不可补偿延误,不可原谅延误也已经导致施工延误。

c. 不可补偿延误与可补偿延误同时存在。在这种情况下,承包人可以获得工期延长,但不能得到经济补偿,因为即便是没有可补偿延误,不可补偿延误也已经造成工程施工延误。

d. 两项可补偿延误同时存在。在这种情况下,承包人只能得到一项工期延长或经济补偿。

例如,某公路工程某合同段发生以下原因引起的停工:2003年8月30日至7月3日承包人的施工设备出了故障;监理工程师向承包人提供后续图纸比规定的时间晚了10天(7月1日至10日);7月5日至18日之间工地下了特大雨。这里同时存在不可原谅延误、可原谅延误、可补偿延误和不可补偿延误。综合分析的结果是,只有7月4日1天是可补偿延误,另外14天(7月5日至18日)是不可补偿延误,而其余4天(6月30日至7月3日)则是不可原谅延误。

②在不同的工作上同时发生两项或两项以上延误。这种情况比较复杂。由于各项工作在工程总进度表中所处的地位和重要性不同,同等时间的相应延误对工程进度所产生的影响也就不同。

例如,某项工作延误了5天可能不会影响整个工程按期完工,而另一项工作同样延误了5天就可能会使整个工程延期5天甚至更长。所以对这种共同延误的分析就不像第一种情况那样简单。比如,业主延误(可补偿延误)和承包人延误(不可原谅延误)同时存在,承包人能否获得工期延长及经济补偿?对此应通过具体分析才能回答。首先,我们要分析业主延误和承包人延误分别对工程总进度造成了什么影响。然后,将两种影响进行比较,对相互重叠部分按第一种情况的原则处理。最后,看看剩余部分是业主延误还是承包人延误造成的。如果是业主延误造成的,则应该对这一部分给予延长工期和经济补偿;如果是承包人延误造成的,就不能给予任何工期延长和经济补偿。对其他几种组合的共同延误也应具体问题具体分析。

共同延误,最终的结果既可能是承包人可以获得工期延长和经济补偿,也可能是承包人要向业主支付延误赔偿金。那么,究竟谁负有举证责任呢?如果承包人想从业主那里得到工期延长及经济补偿,则承包人必须划分和证明双方分别应负的责任;如果业主想从承包人那里得到延误赔偿金,则业主也必须划分和证明双方的责任。

(2)非共同延误。非共同延误是指只有一项延误发生,而没有其他延误同时发生。

二、工程延期的申请与审批

1. 承包人如何申报延期

根据《公路工程施工招标文件》合同条款的规定,承包人在首次出现需延期情况后的14天之内,须向监理工程师提出申请延期,并向业主递交申请延期副本,否则监理工程师不予考虑。但作为监理工程师,站在公正立场上来看,以提醒承包人申报延期的方法为好。承包人在发出延期要求通知的随后7天时间内,应向监理工程师提交承包人要求延期的详细情况与缘由。若导致延期事件有连续性,承包人应在上款规定的7天内先报告情况,再每隔7天向监理工程师提交事件进展的详细资料,并在该事件造成影响终结后的14天内提交最终详细资料。具体工程延期的申请和审批程序如图5-5所示。

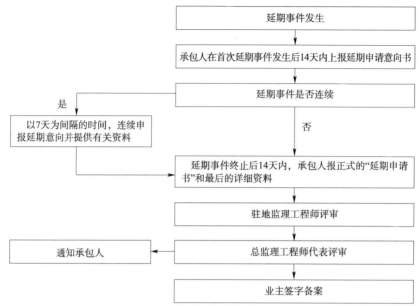

图 5-5　工程延期的申请和审批程序

2. 监理工程师审批延期的受理条件与程序

(1) 工程延期审批的受理条件。

承包人延期申请能够成立并获得监理工程师受理的条件如下：

① 工程延期事件属实，强调实事求是。

② 是我国《公路工程施工招标文件》的合同条款（见表 5-1）中所列原因之一。

③ 延期事件发生在工期网络计划图的关键线路上，即延期有效合理。

④ 延期天数的计算正确，证据资料充足。

《公路工程施工招标文件》规定可以获得延期的原因　　　　　表 5-1

条款号	原　因	结　果
1.6.1	发包人未按时提供图纸	造成延误
1.10.1	现场发现有价值的文物、古迹、遗迹、化石等	保护现场造成延误
3.4.5	由于监理人未能按合同约定发出指示、指示延误或指示错误	造成延误
4.11.2	遇到不利物质条件时，监理人没有发出指示	造成延误
5.2.6/5.4.3	发包人提供的材料和工程设备的规格、数量或质量不符合合同要求，或由于发包人原因发生交货日期延误及交货地点变更等情况	造成延误
8.3	发包人提供上述基准资料错误	造成延误
10.2	增加合同工作内容	造成延误
10.2	改变合同中任何一项工作的质量要求或其他特性	造成延误
10.2	发包人延迟提供材料、工程设备或变更	造成延误
10.2	提供图纸延误	造成延误
10.2	未按合同约定及时支付预付款、进度款	造成延误

续上表

条款号	原 因	结 果
11.4	出现专用合同条款规定的异常恶劣气候条件	造成延误
13.5.3	监理工程师要求对已覆盖部位进行钻孔探测或揭开重新检验,经检验证明工程质量符合合同要求	造成延误
18.4.2	发包人在全部工程竣工前,使用已接收的单位工程	造成延误
22.2.1	监理工程师无正当理由没有在约定期限内发出复工指示	造成延误

上述4条中,只有同时满足前3条,延期申请才能成立。至于时间的计算,监理工程师可以根据自己的记录,做出公正合理的计算。

上述前3条中,最关键的一条就是第3条,即延期事件发生在工期网络计划图的关键线路上。所发生的延误工程部分项目必须是会影响整个工程项目工期的工程。如果发生延误的工程部分项目并不影响整个工程完工期,那么,批准延期就没有必要了。同时还要注意关键线路并不是固定的,随着工程进展,关键线路也在变化,而且是动态变化。随着工程进展的实际情况,有时在计划调整后,原来的非关键线路有可能变为关键线路,所以是否是关键线路,必须依据最新批准的工程进度计划来确定。

(2)监理工程师审批延期的程序。

①现场核实。监理工程师接到承包人要求延期的书面申请并提交详细资料后,应立即组织有关监理人员,进行工地实际情况的调查,了解事件发生的原因、经过等;收集来自现场内外的各种资料和信息,并在可能的情况下及时提出避免或减少延期的处理措施。随时了解事件的发展情况,并做好详细记录,直至延误事件结束。应详细、连续、真实地记录发生的事件,反映事件的全过程,为处理延期、索赔等合同管理工作提供充分依据。否则,将会给承包人延期申请的审批带来困难。现场核实的内容应包括:现场的气温、气象以及降雨量;工程桩号、施工内容和工程量;承包人投入的管理人员和劳动力;承包人投入施工的机械设备种类、数量和型号;进场的材料种类和数量;停滞的原因和持续时间;是否及时进行了施工组织和作业调整(如果调整,记录调整后的人、料、机情况)。

②审查承包人的延期申请。承包人延期申请必须在以下方面符合要求:承包人发出延期申请和提交有关详细资料的时间符合合同规定;延期申请格式符合监理工程师要求;延期申请列明延期的工程细目及编号,阐明延期发生、发展的原因及申请依据的合同条款,附有延期计算方法和延期涉及的有关证明、文件、资料、图纸等。否则,应将延期申请退回承包人。

③工程延期评估。监理工程师应根据合同条款、现场实际调查和记录等有关资料对延期申请进行核查和评估。评估内容包括承包人提交的申请资料是否真实、齐全;申请延期的合同依据是否准确、充分;延期事件发生原因为非承包人责任,且受影响的工程处于工程施工网络图的关键线路上;申请延期天数的计算原则与方法是否恰当。评估最后应根据核实和评定或修订结果与承包人和业主协商审查意见。

④编写工程延期审查报告。延期审查报告主要内容有受理承包人延期申请的工作日期、工程简况,确认的延期理由及合同依据,经调查、计算、协商、确认的延期天数和结论。

⑤审查报告的批准。监理工程师编写的延期审查报告经业主批准后,签发"索赔时间/金

额审批表",并于承包人按合同规定时限发出延期申请并在提交详细资料或提交最后详细资料后28天内通知承包人延期决定,抄送业主。如果监理工程师在28天内不予答复,则视为承包人的延期要求已经业主批准。

对某些较复杂或持续性长的延期申请,可按上述程序做暂时决定,待事件结束,根据最后的详细资料,做出最终决定。在《公路工程施工国内施工招标文件范本》中,对监理工程师做出延期决定的时间并没有明确规定。但在实际工作中,监理工程师必须在合理的时间内做出决定,否则承包人会以延期未获准而被迫加快工程进度为由,提出费用索赔。为了避免这种情况发生,使监理工程师有比较充裕的时间评审延期时间,对于某些较为复杂或持续时间较长的延期申请,监理工程师可以根据初步评审,给予一个暂定的延期,然后再进行详细的研究评审,并书面给予批准的有效延期时间。合同条款规定,暂时批准的延期时间不能长于最后书面批准的延期时间。应该注意,在承包人未提出最后一个延期申请时,监理工程师批准的延期时间均是暂定的延期时间。最终延期时间应是承包人的最后一个延期申请批准后的累计时间,但并不是每一项延期时间都累加,如果后面批准的延期内包含有前一个批准延期的内容,则前一项延期的时间不能予以累计。

例题 5-2

外国某一世界银行贷款公路工程项目,全长78km。招投标后原定合同工期为30个月,工程实施期间,承包人申请延期,经监理工程师批准后,延期后合同实际工期为42.6个月。

第一次延期。在工程进展过程中,承包人分12次提出申请延期意向书,在工程进展到27个月时,承包人提出详细证据与计算、记录资料正式报"延期申请书",在第29个月时,监理工程师给予临时批准延期的通知,在第32个月时给予详细批准延期的通知,共审查批准延期237天即6.8个月。临时批准的优点是:一般是一个合适的估计延期情况,以避免并减少承包人提出索赔费用,同时又可再制订详细的批准计划。

第二次延期。在第一次同意延期合同工期为6.8个月后,承包人在工程进展到第35个月时,又以8个理由第二次申请延期。监理工程师在审查承包人所报资料和考察工地实际情况后,第二次正式给予批准延期是在第36个月,第二次批准延期时间为175天。监理工程师两次累计批准延期为383天,合计为12.6个月。

承包人两次共提出申请延期天数为1402天。由此例可见,承包人申报的延期天数与监理工程师的批准天数是有很大差别的。

3. 工程延期在工程项目中的应用

(1) 延期时间的计算方法。监理工程师究竟如何应用前述知识于工程项目中,去审查、核实、计算工期延长的天数是很重要的工作。在工程承包实践中,对延期天数的计算有下面几种方法:

①工期分析法。即依据合同工期的网络进度计划图,考察承包人按监理工程师的指示,完成各种原因增加的工程量所需用的工时,考虑受工序改变的影响,算出进度损失,以确定延期的天数。

②实测法。承包人按监理工程师的书面工程变更指令,完成变更工程所用的实际工时。

③类推法。按照合同文件中规定的同类工作进度计算工期延长时间。

④工时分析法。某一工种的分项工程项目延误事件发生后,按实际施工的程序统计出所用的工时总量,然后按延误期间承担该分项工程工种的全部人员投入来计算要延长的工期。

⑤造价比较法。若施工中出现了很多大小不等的工期索赔事由,较难准确地单独计算且又麻烦时,可经双方协商,采用造价比较法确定工期补偿天数。

⑥折合法。当计算出某一分部分项工程的工期延长时间后,还要把局部工期转变为整体工期,这时可以用局部工程的工作量占整个工程工作量的比例来折算。

(2)采取必要的措施,防止工程延期。延期危害很大,合同各方应尽力完成合同要求各自承担的责任,积极配合,密切协作,减少和避免延期事件的发生。防止延期事件的发生,应注意以下几点:

①监理工程师或业主要认真熟悉和掌握合同条款和技术规范,严格执行合同,按照合同要求行使自己的权利和履行自己的义务。

②作为业主应多协调,少干扰。监理工程师也应正确对待业主提出的要求,提示业主以合同为依据管理工程项目,提醒其行为可能造成的后果,避免因决策不当造成工程延误。

③按照工程实际进展情况,及时提醒业主认真履行合同义务,如图纸提交、技术交底、永久占地的征用和拆迁、合同规定应由业主提供的临时占地、便道使用、及时合理办理工程变更等。

④监理工程师应高度重视承包人编制的进度计划,考虑各种因素的影响,以使进度计划具有可实施性,避免因计划编制不周而引起延期。

⑤认真审批承包人编制的施工组织设计,对其施工工序和工艺进行重点审查,防止出现不符合合同要求和规范的情况,以免因调整施工组织和施工方案延误工期。

⑥实事求是地审定承包人的修订进度计划,监理工程师应结合具体的进度情况提示其合理安排施工进度计划,从组织、人力、设备、资金、材料、施工措施各方面切实保证修订进度计划的实现,避免出现工期一延再延的局面。

⑦密切关注承包人的施工活动,及时发现可能阻碍工程进度的各种潜在因素,提出建议提前防范。

⑧监理工程师应认真履行岗位职责,切实掌握施工现场情况并详细记录;认真对待承包人延期申请,按合同规定的程序和时限,高效、正确地处理工程延期事件。

第五节 费用索赔的管理

一、索赔的概念及工程费用索赔的特征

1. 索赔的概念

索赔的概念很广泛,概括地讲,是作为经济合同中合法的所有者及权利方申请或要求他认为自己应该得到的资格、权益或付款,也就是索取赔偿。土木工程项目承包合同,是业主和承

包人双方权利和义务对等的合约。当事人任何一方既享有合同所赋予的权利,又必须履行合同中所要求的责任和义务。这样合同才能如期完成,双方才能享有各自的权利。一旦任何一方没有履行自己的义务,就造成违约。若这种违约行为给另一方造成损失,违约方必须按照法律和合同的规定给对方以补偿。工程费用索赔,通常是指工程合同履行过程中,合同当事人一方因非自己的原因而受到损失或损害时,通过一定的合法程序向对方申请或要求应当得到的经济补偿。因此,在由业主和承包人分担不确定性风险的合同条款下,承包人依据法律及合同规定,对并非由于自己的过错或疏忽,且属于应由业主承担责任的情况所造成的实际损失或额外费用提出请求给予补偿的要求,这就叫作承包人向业主的索赔。反之,若承包人给业主造成了经济损失,业主也有权向承包人要求补偿经济损失,我们常把业主向承包人的要求补偿叫作反索赔。总之,土木工程建设中的诸多问题,其核心还是经济利益问题。

2. 工程费用索赔的特征

(1) 工程费用索赔是合同当事人以守约为前提的合法、合理的正当权利。

(2) 工程费用索赔具有双向性。

(3) 只有实际发生了损失或损害才能索赔。

(4) 工程费用索赔是一种未经确认的单方行为。

二、索赔的分类

由于索赔可能发生的范围比较广泛,其分类方法视其涉及的各当事人不同和索赔的依据不同,而有不同的分类方法,常见的分类方法如下。

1. 按涉及合同当事人不同划分

(1) 承包人与业主之间的索赔。这类索赔内容大部分都是有关工程的计量、变更、工期、质量和费用价格方面的争议,也有关于其他违约行为、中止或终止合同的损害费用补偿等。

(2) 承包人与分包人之间的索赔。其内容范围与上一种大致相似,但多数是分包人向承包人索要付款和赔偿,承包人扣留应支付分包人的款项。

(3) 承包人(业主)与供应商之间的索赔。其内容多是商贸方面的争议,如货品、建筑材料、机具等不符合技术要求,数量短缺,交货拖期违约,运输中损坏等。

(4) 承包人和业主共同向保险公司索赔。这一类多是承包人和业主已受到灾害、事故或其他的损害或损失,按保险单向其投保的保险公司索取赔偿。

(5) 其他索赔。承包人或业主在履约过程中与其他方面往来业务中发生的索赔。

2. 按索赔的指向不同划分

(1) 索赔。一般指承包人在受到经济损失或额外经济支出时,依据施工承包合同向业主方提出的索赔要求,并希望从业主处得到经济补偿。

(2) 反索赔。经常被用于工程项目的业主方向承包人提出索赔要求。或者是业主针对承包人提出的索赔报告,予以反驳、论证,阻挡承包人的索赔要求;或者是业主以此为据反过来向承包人索赔。在国际惯例中,统称业主的索赔与反驳叫反索赔。

3. 按索赔的依据不同划分

(1) 合同之内的索赔。索赔内容所涉及的均可以在合同中找到依据,特别是依据 FIDIC

合同条款进行索赔,如工程量计算、变更工程时的计量和价格、不同原因引起的拖期等,均属此类。

(2)合同规定之外的索赔。索赔的内容和权利虽然难以在合同条款中找到依据,但权利可以来自普通法律。通常,这种合同之外的索赔表现为属于违约造成的损害或可能是违反担保规定造成的损害,有的可以从民事法律的侵权行为中找到依据。

(3)优惠索赔。有些情况下,承包人在合同中找不到依据,而业主也没有违约或触犯法律的事件,这时承包人会对其损失寻求某些优惠性质的付款。例如,承包人在投标时对标价估计不足,工程实施过程发现比他原来预计的困难要大得多;或者风险突然增大,致使其成本远远大于其工程收入,尽管承包人找不到合同条款依据或法律依据,但某些工程的业主可能看到实际发生的情况,经监理工程师证实后,为了使工程获得良好进展而慷慨予以让步。这种情况一般少见,在政府招标工程中则很难获得这种补偿。这种索赔属于特殊的经济补偿方法。

4. 按索赔事件的性质不同分类

(1)违约索赔。由于业主或承包人违约的原因给对方造成损失所进行的索赔。如由于监理工程师延迟提交图纸,致使承包人不能按监理工程师批准的进度计划施工,给承包人造成施工成本的增加;业主没有及时提供现场,使承包人的施工进度受阻,导致施工成本的额外增加所导致的索赔;等等。

(2)工程变更索赔。在工程实施过程中,由于发生了大量的工程变更,而这些变更是一个有经验的承包人无法预见的,且导致承包人施工费用的额外增加而引起的索赔。

(3)风险索赔。根据合同条款第12条,将风险分为业主的风险和承包人的风险,由于业主的风险发生,给承包人造成损失,承包人可据此条款向业主提出索赔。

(4)其他索赔。

5. 按索赔处理方式不同分类

(1)单项索赔。索赔事件发生时为一单独事件,在进行单项索赔处理时应按规定的处理程序和要求单独处理。

(2)综合索赔。几种索赔事件交织在一起,有时在实际工程中经常遇到,这就要求监理工程师根据工程的实际情况和自己的经验,按合同条款的要求程序,认真处理此类索赔。

三、索赔的程序和方法

国内土木工程项目承包实践经验证明,合同条款对于索赔的规定是较公正合理的。实际上工程实施中的索赔,主要表现为承包人和业主之间在分担合同与工程风险方面的责任重分配。依据《建筑工程施工合同(范本)》(以下简称《范本》)合同条款进行索赔及处理时,监理工程师、业主和承包人及其工作人员对索赔程序和具体索赔方法的了解与应用是很重要的。

(一)索赔的程序

1. 费用索赔的受理条件

费用索赔当满足了一定的条件后,才能实施。应满足的条件如下。

(1)客观性。

客观性主要体现在以下 3 个方面:

①确实有干扰事件存在。发生索赔时,有发生索赔事件的客观事件存在。

②干扰事件确实对当事人造成了影响。有干扰事件,且此干扰事件对当事人造成了影响。如果只有干扰事件存在,但干扰事件并未对当事人造成影响,也不足以构成索赔。

③有详细、真实的证据和证明材料。通过这些材料,可证明干扰事件的真实性。如果没有详细真实的证明材料,在进行索赔时也会造成一定的困难。

(2)合法性。

费用索赔的提出应符合国家法律和合同规定,有理论上的依据。

(3)合理性。

合理性主要表现在以下 3 个方面:

①索赔要求符合实际情况。

②索赔值的计算合理。承包人在计算索赔值时,应该注意:索赔值的计算必须符合合同规定的计算方法和计算原则;必须符合公认的会计核算原则;必须符合工程惯例。

③干扰事件的影响与索赔值之间,应该有直接的因果关系,没有因果关系的索赔是不存在的,因此索赔要求应符合逻辑。

2. 承包人申请索赔的程序与内容

合同关于第 23 条"索赔程序"的条款,对业主和承包人的索赔处理都有约束。有索赔事件发生就会引起分歧和争端,特别是在引起索赔的事件发生很久之后才提出索赔时。过去许多索赔事件的处理常常是在工程项目已经完成且劳动力已遣散之后才进行的,因此,业主和承包人都依靠不完整的记录,再加上双方对索赔事件的回忆去处理,结果是双方的记忆很少吻合,双方都对处理结果不满意。为避免此类事情发生,合同条款中必须规定索赔程序,对索赔的申请和证明均须有时间限制,并要求保持同期记录,由监理工程师与业主和承包人三方协商解决索赔事件,或者可以提交仲裁或法律诉讼去解决索赔争议。

(1)承包人提出索赔意向申请。

当引起索赔的事件发生,或承包人意识到存在潜在索赔机会时,第一件事就是由承包人将有关索赔的情况及索赔意向书面通知监理工程师。提交索赔意向申请的作用是非常重要的,它标志着一项索赔事件的开始,也提醒监理工程师和业主注意正在发生导致额外费用或延长工期的情况,使业主和监理工程师有时间采取必要的措施和行动,以减少或尽量避免额外费用的发生或缩短延误工程的时间。对于承包人来说,及时提出索赔意向申请,也可对承包人自身起到保护和主动作用。

合同通用条款中第 23.1 款规定的"索赔通知"为:"承包人应在知道或应当知道索赔事件发生后 28 天内,向监理人递交索赔意向申请书,并说明发生索赔事件的事由。承包人未在前述 28 天内发出索赔意向申请书的,丧失要求追加付款和(或)延长工期的权利"。按照合同条款的规定,当出现或潜在索赔事项时,承包人事先向监理工程师发出书面的正式索赔意向申请书是遵守合同的表现,声明他的正当权利,也是一种良好的管理方法。其应遵照监理工程师的指示进行施工,而不影响施工的正常进展。承包人必须在整个工程实施期间始终保持索赔意识,并在合同规定的时间内及时提出索赔意向,如此才不至于失去重大的索赔机会。

索赔意向申请书的内容一般较简单,应尽量简明扼要说明索赔事件的名称、发生的时间、事件描述,以及所依据的施工承包合同条款,提出自己正当的索赔要求。其他具体的索赔证据资料,以及详细的索赔款项、需延长的工期天数等。

(2)承包人提交的索赔证据资料和账单。

当承包人发出索赔意向申请书后,应认真准备和记录索赔的论证资料,特别是保持完整详细的工程记录,保存好与工程施工有关的全部文件资料是非常重要的。合同条款第23.1款规定:"承包人应在发出索赔意向申请书后28天内,向监理人正式递交索赔申请书。索赔申请书应详细说明索赔理由以及要求追加的付款金额和(或)延长的工期,并附必要的记录和证明材料。"合同条款第23.2款规定:"监理人收到承包人提交的索赔申请书后,应及时审查索赔申请书的内容、查验承包人的记录和证明材料,必要时监理人可要求承包人提交全部原始记录副本。"

从合同条款的规定可知,承包人在提出索赔的同时,必须要有足够的证据资料来说明自己的索赔要求是正当的。监理工程师和业主一般都会对承包人的索赔提出一些质疑,要求承包人做出解释或出具有力的证明材料。因此,承包人在提交正式的索赔报告之前,必须尽力准备好与索赔有关的一切详细资料,以便在索赔报告中使用,或在监理工程师和业主要求时出示。也许有些细节资料暂且不用,但还是应全面准备。若能及时而准确地向监理工程师或业主提供所需要的索赔细节证据资料,对索赔是特别有利的。根据工程项目的性质和内容不同,索赔时应准备的证据资料也是多种多样、复杂万变。但从多年工程的实践来看,承包人应该准备和提交的索赔账单和证据资料主要如下。

①工程进度计划。无论在什么时间,只要发生与工程进度的延误或与之相关的索赔事件,无论是在工程伊始还是在工程施工过程中的由承包人或分包人编制或修订的工程进度计划,经过业主和监理工程师的审批,都必须加以妥善保存和经常检查,一旦发生索赔事件,可以将实际工程进度与计划进度相比较而进行分析和处理索赔事件。

②施工日志。根据工程进展,承包人的项目经理或指定的有关人员应每日记录在施工现场发生的各种情况,内容包括:每天工地的风力、是否下雨、雨量大小、气温高低、湿度、暴风雪等气候情况;每天出勤的工人人数、所使用的机械设备情况;施工检查员的检查记录;每天的工程进度、工程质量、安全等情况;进行了多少试验工作;监理工程师的检查情况;外来人员参观施工现场的情况;每天完工验收记录;有无施工事故及特殊情况发生;有无不利的自然条件和人工障碍;施工材料使用记录;施工图纸收发记录;施工效率降低记录;是否出现索赔事件等。然后将这些原始记录再整理归纳摘录,把较重要的情况整理成施工日志或施工现场记录报表,特别要注意其中一些对施工带来不利影响的情况和事件,以便于及时发现和正确分析索赔机会,为以后提出的索赔报告准备详细而全面的基本数据和资料证明。

③工程所在国的政治经济基本资料。因为工程项目的建设顺利与否,和工程所在国的政治经济形势变化密切相关,所以承包人应该注意收集这些资料,包括:重大的经济政策和法律法规出台情况,如增加税收、加强海关进出口有关规定,外汇汇兑及汇率变化情况,工资和物价指数的定期报道,涉外经济及法律变化等;有关的政府官员和施工工程项目主管部门领导视察工程现场时的讲话记录及指示;项目所在国或地区气象台发布的天气和气温预报,特别是异常天气记录;与工程项目相关的银行、保险公司、报纸、电视台等人员参观工程现场的谈话记录以

及新闻报道等。所有这些资料的整理与保存,都是与日后的索赔工作息息相关的。

④来往文件和信函等。随着工程进展,有大量的文件和信函、电传、电报等资料要归档记录。如业主和监理工程师的书面指示文件或信函,政府部门、银行、保险公司、货物运输部门、供货商、分包人等的来往文件或信函,都要认真加以检查验收,登记编号分类造册,妥善保存,还应注明发送或收到的具体时间。这些文件和信函将会为索赔提供有力的证据。

⑤会议纪要和备忘录。业主、承包人和监理工程师之间要经常举行工地会议,讨论合同和工程实施中存在的问题及改进方法。一般在会议进行中要有会议记录,会议结束时要形成由各方签字认可的会议纪要。会议纪要是很重要的文件,它是有关参加会议各方对工程进展、质量要求、工程变更令发布、不利施工现场条件的确认以及采取的改正措施等意见的准确资料来源。除了有一份各方正式签字的会议纪要外,承包人参加会议的代表还需要自己记录一份私人的、更加详细的会议纪要,以便把会议的进展和讨论过程描述下来。

备忘录是指在工地现场发生的事件当时所做的笔录,主要是将关于每一件事发生的时间和持续的过程,以及对工程的有利或有害情况做真实记录,以作为非常有价值的索赔证据资料来源。比如,某政府官员在工程现场下达的口头指示的笔录;业主或监理工程师对工程进展发出的口头指示,事后都应要求监理工程师或业主等对这些备忘录予以确认。

⑥投标报价时的基础资料。对有关索赔的证据资料,有时监理工程师和业主需要以承包人的编标基础资料作为比较的基准。因此,对编标过程中的各种费用取舍和计算依据、计算公式及过程、施工组织设计、施工技术和方法、进度安排计划等都应妥善保存,一旦发生不利的现场条件等,即可以作为"有经验的承包人无法合理预料"的依据。尽管业主对一些招标资料不负责任,仅列入参考资料行列,但若实际情况出入较大,业主是无法推卸掉这些责任的。

⑦技术规范和工程图纸。所有招标过程的技术规范和开工后补充的技术规范,都是工程技术的法规文件,必须认真检查、执行和保存;所有的工程图纸,包括招标时的图纸、技术设计图纸等,都必须编号归类进行检查、使用和保存,以作为工程计量的原始资料。

⑧工程报告及工程照片。承包人的工程报告包括一般的工程进度报告、施工技术与管理报告、工程质量检查报告、工程试验报告、工程事故报告等,这些都是对工程的真实记录和描述。另外,根据不同的施工承包合同要求,业主和监理工程师可要求承包人将工程的不同进展阶段、不同部位特别是隐蔽工程拍摄的工程照片,或者工程摄像,作为工程竣工资料的组成部分。从承包人自身角度看,也应经常拍摄工地工程照片,作为特定时间、部位工程实况的图片证明。

⑨工程财务报告。工程进展中业主和承包人最关注的问题之一就是有关经济和财务的问题。因此,承包人必须建立符合国际惯例和财务制度的报告及报表系统。这些内容主要有以下一些方面:工人劳动计时卡及工资报表;工程材料、机械设备及货物的采购单及发出单;收款单据和付款收据;工程款及索赔款拖期付款记录;拖期付款利息报表;施工进度款目报表及收款记录;索赔款目报表及收款记录;现金流动计划报表;向分包人付款报表;办理担保及保险费用记录;会计日报表;会计总台账;批准的财务报告;会计来往文件及信函;通用货币汇率变化报表等。对这些详细而准确的财务数据报表应完整保存,以便索赔时有选择地使用必要的数据资料作为证明。

综前所述,承包人的索赔证据资料准备是多方面的和大量的,为了妥善保存,防止遗失,并能够迅速而准确地找出所需要的资料,承包人最好建立健全档案资料管理制度,并借助计算机系统,将其分类编号编程存入计算机中,以便利用计算机进行现代化的信息资料管理工作,为工程服务。

(3)索赔事件结束后提交正式的索赔报告。

索赔报告是承包人按监理工程师提交的要求,要求业主给予一定经济补偿和延长工期的正式书面报告。索赔报告的水平与质量如何,直接关系索赔的成败与否。大型土木工程项目的重大索赔报告,承包人都是非常慎重、认真而全面地进行论证并邀请专家帮助编写索赔报告的,以尽力争取索赔成功。承包人的索赔报告必须能有力地证明自己正当合理的索赔资格、受损失的时间和金钱以及有关事项与损失之间的因果关系。

合同条款第23.1款对索赔报告作了规定:"索赔事件具有连续影响的,承包人应按合理时间间隔继续递交延续索赔通知,说明连续影响的实际情况和记录,列出累计的追加付款金额和(或)工期延长天数;在索赔事件影响结束后的28天内,承包人应向监理人递交最终索赔通知书,说明最终要求索赔的追加付款金额和延长的工期,并附必要的记录和证明材料。"该条款规定的含义是:若引起索赔的事件仍在继续发生,承包人一般应以合适的时间间隔继续上报临时的详细索赔报告,监理工程师也应在合理的时间段里检查索赔的同期记录,并提出其任何不同意之处,或希望得到的进一步资料。若引起索赔的事件不再持续,但该事件还没过去很久,现场人员还能立刻为之提供事实和记录时,承包人有义务,同时也有权利向工程师提出索赔,以征得同意或进行商讨。下面具体论述索赔报告的特点、准确性、格式和内容。

①索赔报告的特点。每一索赔事件的报告,都必须要能反映该索赔事件的特性,应突出重点,充分论证,使业主和监理工程师认为合情合理。

a.索赔权的论证。索赔报告中应首先论证索赔资格成立的理论根据。国际上通行的主要有两种经济补偿理论:其一是根据施工承包合同中某些具体的条款规定,承包人有资格为合同和工程变更或追加额外工作获得额外费用补偿或工期延长;其二是业主违约理论,即对业主或业主代表违约而引起承包人的损失,承包人有权索赔经济和时间补偿。因此,承包人在索赔报告中必须论证发生的索赔事件和客观事实与业主的失误之间有内在的、必然的因果关系。比如对于施工索赔来说,如果损失的出现是由业主违约或合同变更等的存在所必然引起的,两者之间就存在因果关系。

b.索赔报告的准确性。在充分论证和肯定了自己的索赔权后,索赔报告证据资料的充分性和准确性将对索赔能否成功起决定作用。一份认真准确的索赔报告,可以说明承包人对此项索赔工作是严肃的、经过深思熟虑的。若索赔报告中只有定性,而在定量中出现错误就会降低整个索赔的可信和可靠性,特别是在提供索赔证据资料时,一定要注意数据的准确性和索赔价款计算的严格性。要做到事实根据充分,并附有现场照片或记录的证明,使业主和监理工程师一目了然,能承认索赔的合理性。

编写索赔报告本身是一项复杂和艰难的工作。承包人应该充分注意对客观事实准确的描述,不应有主观随意性,不应对事实夸大其词。应该在报告中抓住事实的本质和关键,不要没有重点地泛泛而谈;应该言简意明,用词明确,不含糊其辞,模棱两可;应该注意计算准确无误;应该完整准确地引用合同条款,而不可断章取义,牵强附会。当然,在实际的索赔操作过程中,承包人由于这样或那样的考虑,往往使所编的索赔报告有不同程度的夸大。但必须注意一定的分寸和限度,否则,会弄巧成拙。因为虚假夸张的证据资料,只会引起监理工程师和业主的反感,很可能导致连合理的索赔要求也一并遭到拒绝。

②索赔的格式和内容。索赔报告的格式没有一定的严格规定,可根据索赔事件的大小来编写。一般情况下,索赔报告应以"金字塔"的格式编写。最前面是一封致工程师的关于索赔事项的说明信。信的内容包括:简单地叙述索赔的事项、理由和经济损失额或时间损失值;说明随函所附的索赔报告正文及证明材料情况等。索赔报告正文由三大部分组成,即标题和日期、事实与证据资料、索赔款额具体计算等。索赔报告的标题也就是结论部分,应该准确地概括出索赔的中心内容,如索赔概述,具体索赔要求,索赔报告编写及审核人员名单(应注明其职称及施工索赔经历),以示索赔报告的严肃性和权威性。事实与证据资料部分要论证索赔报告的合理性,要准确地按索赔事件发生、发展、处理的过程叙述客观事实。全文要准确地引用有关的合同条款规定,联系施工现场情况,进行正确的论证推理,说明客观事实与损失结果之间的因果关系,论证索赔的合理合法性及索赔款额计算准确性。对于每一开支款项,均应附以相应的证据或单据,这一部分主要是计算额外开支和汇总计算结果。一般在索赔报告后面附上详尽的计算书和证明材料等,作为对索赔报告正文的补充和支持,这是索赔报告的重要组成部分。

索赔报告正文该编写至何种程度,须附上多少证明材料,计算书应该详细和准确到何种程度,都要根据监理工程师详审索赔报告的内容而定。依据合同条款第53.3款规定,若工程师或业主想要非常详细的证据资料和复杂的计算书,承包人应及时提供。对承包人来说,可以用过去的索赔经验或直接询问工程师或业主的意图,以便配合协调,有利于施工和索赔工作的开展。对索赔报告要引用证据资料时,承包人也可配合以图纸、照片、报表或影像等证据资料。图表对解释某些复杂的情况很有用,可以使人看后一目了然,起到文字和数据无法起的作用,也可以与文字、数据一起清楚解释说明有关索赔的情况。例如工程进度计划与实际进度的比较,实际成本与预算成本的比较,物价上涨幅度等,都可用图表来显示。其最终目的是让索赔报告评审通过,得到时间和经济的补偿。有关承包人依据合同条款第23条申请索赔的程序,如图5-6所示。

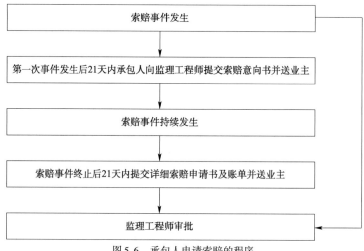

图5-6 承包人申请索赔的程序

3. 监理工程师对索赔的评价与审批

当承包人将费用索赔报告交监理工程师后,监理工程师首先应予以审核和评价,然后与业主和承包人一起协商处理。

(1) 监理工程师审核与处理索赔的准则。

审核与处理索赔的准则:一是依据合同中的条款实事求是对待索赔事件;二是各项记录、报表、文件、会议纪要等索赔证据的文件资料要准确齐全;三是核算的数据要正确无误。

由于承包人提出的索赔往往是机会性的,索赔数量较大,有时还采用夸大、虚报、移花接木和行贿等手段希望索赔成功,而业主则总希望监理工程师可以拒绝承包人提出的一切费用索赔,以减少工程成本。因此,监理工程师必须正确对待合同条款赋予的裁决索赔的权力,大公无私、不偏不袒地以独立裁判人的身份调查索赔原因是否成立,审核索赔费用是否实际,做到既维护业主利益又保护承包人的合法权益,进而树立监理工程师的良好威信。

(2) 监理工程师处理费用索赔的程序。

① 查证索赔的原因。监理工程师首先应查看承包人的索赔申请是否有合同的依据,然后再查看承包人所附的原始记录和账目等,并与驻地监理工程师所保存的记录核对,以了解以下情况。

a. 工程因怎样的情况减慢或停工,主要是要弄清发生的原因。

b. 在上述事件发生时,承包人与监理工程师各自采取了什么措施。

c. 监理工程师必须弄清楚,承包人所声称的损失,是否是由于其自己的工作效率低或管理不善所致。

d. 索赔是否成立。

② 查证索赔的依据。索赔依据的查证主要从以下 3 个方面进行。

a. 是否符合法律规定。

b. 根据合同条款、技术规范、图纸予以认证。

c. 如双方对合同条款的理解有分歧,由监理工程师做出解释。

③ 核实索赔费用的数量。如果承包人的费用索赔理由成立,还应查看承包人的数量计算是否正确;或监理工程师认为正确的费用应该是多少。索赔费用数量计算应注意以下 3 个方面问题。

a. 索赔费用构成是否合理。

b. 索赔费用金额计算是否准确、合理。应注意扣除因承包人自身责任而造成的损失费用以及未执行监理工程师指令而造成的损失费用。

c. 费率取舍是否合理。

对承包人采用的费率,审核就较为困难。要成功地控制承包人的索赔费用,监理工程师必须熟悉和了解承包人在费用索赔中采用费率的种类以及影响承包人成本的多方面因素,特别是在市场经济情况下。在费用索赔中,承包人一般采用的费率为:采用工程量清单中的有关费率或从工程量清单有关费率中推算出的费率;三方协商定价;执行官方公布的单价;执行票据单价。

原则上,承包人提出的所有费用索赔均可不采用工程量清单中的费率而重新计算。

监理工程师在审核承包人提出的费用索赔时应注意:索赔费用只能是承包人实际发生的

费用,而且必须符合工程项目所在国或所在地区的有关法律和规定。另外,绝大部分的费用索赔是不包括利润的,只涉及直接费和管理费,只有遇到工程变更时,才可以索赔费用和利润。

(二)索赔的方法

依据合同条款规定,索赔在工程实施过程中经常会遇见并有具体的处理方法。下面我们将依据《范本》合同条款,并结合一些工程实例,详细阐述索赔事件的处理方法。

1. 承包人依据合同条款向业主索赔

(1)由于图纸延迟交出造成的索赔。

据合同条款第1.6.1款所述,承包人因下列情形多付出款项,应该得到赔偿:当工程师未能按合同规定或在承包人要求的合理时间内发出有关图纸、指示或给予批准;承包人已向工程师发出书面通知,讲明工程进度等可能会受到阻延。

除非工程师在合理时间内另行发出图纸、指示或给予批准,承包人不能索赔。

例如在某项道路工程中,工程师建议把通道与涵洞归类,以提高道路等级,且此图应由工程师的工作人员设计交图,但图已出晚了(延误合同规定时间),所以承包人提出索赔要求。但是总的设计变更后,即使承包人索赔了一些费用,却业主节省了较多的工程款。

这里应注意:这种索赔的工程量及合同总价变更小于15%总合同价时,承包人只可索取增加工程成本,而无权索取利润;若变更大于15%,在合同价格中则要增加一笔款项。这一条款也要求工程师监理工程及实施变更必须早有计划及严密组织。若是因监理工程师拖延了承包人的施工进度,业主就要多付出款项。

例如,某工程合同及工程规范中规定,工程师应详细测量,确定所有下水道的正确位置、高度和角度。该工程共有258条下水道。工程刚开工不久,承包人就通知工程师,要工程师必须在半月之内交出258条下水道的施工详细图,如不能按时得到图纸,工程便会受到延误,将要向其索赔工程受阻所需的费用。

工程师审理后答复:合同条款第6.2条规定,工程师必须在合适的时间内发出图纸和指示,但要求在同一时间内发出258条下水道的图纸是不合理的。据承包人已获批准的工程进度表显示,在半个月之内只需要20份图纸,这些图纸已发给承包人。因此,不批准承包人索赔的请示。

工程师又给承包人发出通知:以后会分批交付图纸,让承包人在准备进行某条下水道施工之前,收到有关的图纸。

(2)由于不利的实物障碍和不利的自然条件引起的索赔。

合同条款第4.11条的内容是,如遇到下面的情形,承包人享有额外付款和工期延长的权力。承包人遇到不利物质条件(除天气情况外),实物阻碍(如人工构造物等),且以上情况不易由一个十分有经验的承包人所预知。但合同条款第4.10.2条同时规定:承包人应对施工场地和周围环境进行勘查,并收集有关当地地质、水文、气象条件、交通条件、风俗习惯以及其他与完成合同工作有关的资料。在全部合同工作中,应视为承包人已充分估计了应承担的责任和风险。

①作为承包人的索赔管理人如何应用和掌握合同条款第12条也是很重要的。合同条款第12条中对风险分担的划分是这样规定的。

a. 能被有经验的承包人所察觉的任何风险,承包人有责任去承担花费的款项。

b. 未能预料到的风险(即使是有经验的承包人),业主有责任承担花费的款项。

有问题的风险大都是当工程进行时,由工地的地质情况和人为阻碍物导致。工地地质情况通常是指地面下的地质土层和岩层;人为阻碍物包括人为的地下结构物,如供水管道、电缆、废弃地基、暗渠等类似的结构物。

②作为承包人,若要应用合同条款第4.11条去获得满意的索赔,必须在未呈交标书前,做以下事情:熟悉工地;获得能影响投标的必要风险资料。

③根据合同条款第4.11条规定,索赔时应注意:若是由于雨天(气候原因)使工地不能正常作业,只能根据合同条款第11.4条予以延长合同时间,而不能得到额外支付的款项。

若是由于地质和人工阻碍物的原因提出索赔,根据合同条款第4.11条规定,业主要支付的风险款项是只计工程成本(包括管理费),不计利润。

④执行合同条款第21条的优点是:业主可以得到承包人正确的合理标价的投标书。若要让承包人承担全部未能预料的风险,承包人必然会将风险费多算,而使投标价提高;若将来未有风险发生,业主则要支付过多的风险款项。因此,由业主支付能预料的风险款项对各方都是公平的。

⑤合同条款第21条经常被一些利用索赔而获利的承包人所滥用。如有一些承包人将一些事故或困难看作是未能预料的地质情况或人为阻碍,并利用索赔专家来引用第21条,能安排出上百个索赔项目;承包人还常常将"工程成本"看成是对任何未能预料风险的负担。因此,当承包人的工作效率不佳和成本高时,业主可能要多付一些款项。

⑥合同条款中第21条不利的实物障碍和不利的自然条件又可细分为以下两个方面。

第一种情况是施工现场的水文地质条件与技术规范和图纸上所描述的条件有实质性的不同,这可把合同中指明的施工现场条件与施工现场实际遇到的相比较。常见的不利现场情况有:施工所遇到的土质的可利用性与业主提供的钻孔资料所显示的差别很大;在合同中未显示有岩石的地方挖方时遇到岩石;在钻探资料显示具有良好岩石的地方遇到松软土质;开挖后遇到很多地下建筑物废墟或管线等人工障碍,而设计和勘测资料并未显示;土场或采石场不能根据标前资料合理预料的那样生产出合格的材料,或生产过程中废料太多;需要压实的路基土壤含有比合理预料的更高的湿度。

第二种情况是施工承包合同中未做描述,但有经验的承包人也无法合理预料的非常现场条件。比如,施工现场的地下水由于受某些化学工业排污的阻塞或影响,具有很强烈的事先未知的腐蚀性,造成承包人地下设备的损坏。一般来说,这种情况要论证索赔会较复杂一些。但只要承包人能与投标前所预计的情况以及一些工程的正常现场条件相比,则可以提出索赔。

例题 5-3

某独立大桥工程,在施工桥梁的水下基础时,承包人使用的钢筋混凝土沉井在挖基下沉时,遇到了原招标钻探资料中未显示的倾斜岩层,使沉井基础一边刃脚已抵到岩层上,而另一边仍为粗砂岩土,且不停地抽水,也无法排干沉井的水和泥沙,使沉井严重倾斜,难以纠偏。承包人上报业主和监理工程师,召集有关专家的召开专门咨询会议,确定使用煤矿矿井的冷冻技术来对桥梁基础施行冷冻,以封住地下水和泥沙,制止沉井继续偏移,然后再对先遇到岩石的一侧进行炸挖,直至所有的沉井刃角下至岩层为止。该不可预料的地质条件使该沉井工作延期了三个月才完成,且在工期的关键线路上;又因采用非常施工技术,使承包人的施工工程成本大增。因此,承包人提出了索赔要求。

例题 5-4

应用合同条款第 21 条对建造公路路基进行索赔。

合同详情:为世界银行在某国的工程项目,中标的承包人要修建 59km 长的公路项目,原合同建造时间为 24 个月,后延期至 36 个月。

路基体积。

投标时:1178000m³;

实际工程:1672000m³;

增加了:494000m³;

工程造价。

投标时:1310 万美元;

实际花费:1450 万美元;

增加了:140 万美元(10.6%)。

① 索赔背景及情况。

在 10km 长的沼泽地上,沉陷量较预期大;主路堤的体积超出了工程量清单的 42%;增加的数量据工程量清单的价款已付给承包人;由于路堤的体积增加,承包人将延期完成整个工程(无须支付拖期违约损失偿金);承包人声称不习惯在亏损情形下作业;承包人提出 19 个索赔项目来弥补损失;

当提出所有索赔时,施工延期快要结束。

② 承包人所提出的索赔。

涉及路堤施工及根据合同条款第 21 条,承包人所面对的恶劣地质情况在投标中是不可预料的;路堤体积增加,材料运距增长,工程工期延长。

③ 承包人分 4 步计算索赔。

步骤一:承包人在投标报价时,路堤填方的价格原是取决于以下材料,即道路挖掘,从借土区所用的普通土,沙滩的沙;但因路堤体积增加而造成以上的资源不平衡,所以必须采用更多的高价材料。因此要求索赔 206000 美元。

步骤二:因土和材料调查报告失误而使承包人可以采用借土区的土来填筑路堤,后来发现若要将太湿的泥土压实至要求的密实度时,平均需要 20 个工作日。因此,承包人申诉是被迫采用粒状的石料来建造路堤。因爆破和粉碎成粒状的石子比较昂贵,且很多借土区采的土中,粉状石料并不足够。因此要求索赔 1374000 美元。

步骤三:由于更换材料的运输路途增加而使运费增加,由 1.8km(投标书)变为 2.3km(实际)。因此索赔 607000 美元。

步骤四:施工延期会使机具和劳力费用价格增加,又因通货膨胀的影响,与原计划的进度比较,原来需 22.7 个月完成的土方工程现需要 32 个月,因此工效降低至:

$$\frac{22.7}{32} \times 100\% = 71\%$$

工效降低的原因是：大量的沉陷和土崩，须挖开更多的取土口，粒状的石子需爆破和粉碎，土地征用延误(延误227天)，因此要求索赔2320000美元。

以上四个步骤累计索赔的直接总款项为4507000美元。再加上33.3%的经营管理费用为1502333美元，总共索赔金额为6009333美元。

这一索赔款项的总数是总工程费用的43%。

④监理工程师审理后的答复。

路堤增加的体积是根据改变了承包人投标书中假设的借土来源地而计算的。这具有争论性，这是能被有经验的承包人事先发觉的。因为，招标时已讲明有10km长的路会穿过沼泽地；土壤和材料报告早已提及沉陷在沼泽地发生的可能性，但沉陷量是不易从沉积层的性质中测定的。即使沉陷作为恶劣的地质条件不能预料(如合同条款第12条)，但承包人的作业也不会为此而变得更困难或增加成本。因为在任何时间，在这10km长的沼泽地附近都有足够的可供利用的借土区，这些材料的数量很多，同时也极易提取。也就是说，事实上，路堤的沉陷并不会使建造更为昂贵，整个路堤的修建是一层接一层至完工为止。所以，步骤一不容许有额外的付款。

普通土到粒状石料的转换，依据是所谓一般泥土不适于路堤建筑。实际上，招标文件中已指出这些需要压实的一般土壤非常湿；工程规范也说明在未执行土压时，太湿的泥土必须干燥；承包人没有遵从工程师的劝告将路面上的泥土弄松来加快泥土变干；一般的土不能用作路堤建造的结论是错误的，因为在整个东南亚，修筑路堤都是用同样的泥土；由于承包人在投标中没有遭遇任何不可预料的变故，在这时用合同条款第21条是不适合的；承包人发现采用由同一借土区的粒状石料作为填土更为方便；承包人可以自由选择用怎样的材料来填筑路堤，但这一选择不能达到他享有额外付款的目的。

综上所述，步骤二不容许有额外付款。

运输距离从1.8km变为2.3km，是不正确的；从工程师详细计算中可知：在承包人投标中所列出的平均运距是2.39km，在实际建造时的平均运距是1.64km，因此并不需要将筑路堤的泥土运送一段长距离。承包人自己所开采出使用的借土区比计划多了两倍。

因此对步骤三不容许有额外付款。

延期所增加的费用是根据通货膨胀及降低效率计算的。

承包人以前已得到过赔偿。因为合同内的物价指数公式与物价上涨指数不符，也显示出每月物价的变动，如水泥、钢筋、柴油、沥青、劳工等。工程师不同意承包人所提出的以下原因而引致的工作效率下跌至71%：沉陷和土崩，需更多的借土区，开采粒状的借土区需爆破和粉碎，土地延迟等。

由承包人算出的71%是根据实际的土工作业与计划进度作比较；而工程师认为工效的降低的几乎完全是因承包人本身管理不善而致，应自负其责。这主要有以下几点因素：承包人调动迟缓；通往工地的临时便桥延迟修建；在沼泽区的土工作业从开始至完工并没有遵守规范的要求；压实试验证明，因经常不能达到设计要求的标准而返工。

恶劣的天气是一个问题，但合同条款第21条并不适用。

从以上各点来看,工程师能够提出土工作业正如承包人所述可以在22.7个月内完成,可使上述承包人本身导致的延迟不会发生。

所以,对步骤四不容许有额外付款。

从以上四步来看。承包人未能成功地提出,他遭遇到如合同条款第12条所述的未能预料的恶劣情况和产生地质条件所引起的额外费用。因此工程师不批准所提出的额外费用。

总的来讲,合同条款第21条主要是处理承包人与业主之间的风险分担。承包人应负责他可以合理预测的风险,这里所谈风险主要是:工地地质情况和人为阻碍;正确地运用合同条款第21条时,能确保投标中的公平竞争性。

(3)由于工程师提供的水准点、基线等测量资料不准确造成的失误与索赔。

①据合同第8.1款,应注意下列事项:

a. 提供基准点、基准线、基准标高,以交付给承包人开展工程。

b. 这些测量资料应以书面形式提供。

c. 承包人应负责核准测量资料。如发现工程师提供的书面测量资料有错,改正这类错误的费用,应由业主承担。

②使用第8.1款应注意以下事项:

a. 若测量资料出错误是因承包人自己的错,则承包人应自费负责改正错误。

b. 若测量资料出错是因工程师提供的不正确资料所引起,承包人从事了针对该项错误的补救,而改正工程时,有权索取工程费用和利润。

这里要强调指出的是:关于基准点,基线等方面的原始资料出错,可能会使业主蒙受巨大损失。因此,监理工程师必须尽早仔细核对关于测量方面的资料,避免失误,这点极为重要。

也有一些合同文件中写明:所有测量资料中,丢失两个以上水准点,由工程师补齐。

例题 5-5

某路桥工程项目,先修桥,后修筑引道。桥梁工程完工后,测量时发现比预定路线标高低了1m。原因是工程师下属的工作人员给指定的一临时水准点低了1m,但是,当时承包人并没有报临时水准点的正式资料经工程师批准,而经工程师书面提供的正式固定基准点都是对的。则承包人对此事项提出索赔要求将桥梁再修高1m的改正费用应由业主承担。

工程师批复:在桥梁工地附近确定临时基准点,应是承包人自己的责任,不应该依赖工程师下属的测量员所给的临时水准点。合同条款第8.3条规定:"发包人应对其提供的测量基准点、基准线和水准点及其书面资料的真实性、准确性和完整性负责。"因此,承包人必须自费改正测量方面的错误,将桥梁高程提高,不允许索赔。

(4)因施工中承包人开挖到化石、文物、矿产等珍贵物品,要停工处理引起的索赔。

例题 5-6

某土木工程项目,施工开挖土方作业时,发现了汉俑等古代文物。监理工程师及时下令暂停工程,又专程派人及时赶到有关文物管理部门鉴定处理,以尽量减少工程延误,妥善保护国家文物。因为文物鉴定处理的期间,造成承包人的人员和机具设备闲置等,带来了时间和经济上的损失,承包人提出了索赔,监理工程师和业主给予承包人合理的费用补偿和工期延长。

(5)由于额外样品与试验而引起的索赔。

例题 5-7

在某道路工程施工快结束时,发现一段2km长的人行道沥青路面出现"泛油"及"拥包"等现象,据承包人在试验室进行的试验显示,工程及材料符合规范要求。工程师估计是由于承包人所进行的试验出错,故又另请一家独立的权威试验单位进行试验。

①独立试验进行的现场采样抽查显示,沥青路面所含的有害化学成分,远远超过规范规定的含量。

②工程师处理意见:据合同条款第13.6条,承包人应支付独立的试验费用,上述的2km长沥青路面,不批准交接验收。

③承包人建议,在该段路面上再铺一层2cm厚的沥青,并自行承担费用。工程师同意了这一补救措施。

④监理工程师提出:若独立试验结果显示,该段沥青路面符合规范,则业主须承担试验费用。

(6)由于对隐蔽工程的剥露或开孔检查引起的索赔。

合同条款第13.5条所述如下。

13.5.1 通知监理人检查

经承包人自检确认的工程隐蔽部位具备覆盖条件后,承包人应通知监理人在约定的期限内检查。承包人的通知应附有自检记录和必要的检查资料。监理人应按时到场检查。经监理人检查确认质量符合隐蔽要求,并在检查记录上签字后,承包人才能进行覆盖。监理人检查确认质量不合格的,承包人应在监理人指示的时间内,待修整返工后,由监理人重新检查。

13.5.2 监理人未到场检查

监理人未按第13.5.1项约定的时间进行检查的,除监理人另有指示外,承包人可自行完成覆盖工作,并做相应记录报送监理人,监理人应签字确认。监理人事后对检查记录有疑问的,可按第13.5.3项的约定重新检查。

13.5.3 监理人重新检查

承包人按第13.5.1项或第13.5.2项覆盖工程隐蔽部位后,监理人对质量有疑问的,可要求承包人对已覆盖的部位进行钻孔探测或揭开重新检验,承包人应遵照执行,并在检验后重新覆盖恢复原状。经检验证明工程质量符合合同要求的,由发包人承担由此增加的费用和(或)工期延误,并支付承包人合理利润;经检验证明工程质量不符合合同要求的,由此增加的费用和(或)工期延误由承包人承担。

13.5.4 承包人私自覆盖

承包人未通知监理人到场检查,私自将工程隐蔽部位覆盖的,监理人有权指示承包人钻孔探测或揭开检查,由此增加的费用和(或)工期延误由承包人承担。

例题 5-8

承包人据合同条款第 13.5 条款提出索赔及处理案例。

具体情况:在监理工程师检查箱涵之前,承包人已在箱涵之上覆盖了土。监理工程师下令承包人再度将沟壕挖开,以便检查该箱涵质量。经检查后发现,箱涵已符合合同的规定,且箱涵及回填都符合质量要求。因此,承包人提出下列索赔要求。

据合同条款第 13.5 条规定,承包人已在箱涵回填之前通知监理工程师,而监理工程师未能按时来检查,因此不属于承包人的责任。

此项索赔的费用计算如下。

再度开挖已回填箱涵所需费用: 6213 美元
另行回填之费用: 3892 美元
挖开后等待监理工程师检查时间:3 天
工人和机械设备闲置费用: 3155 美元
小计
直接费总额: 13260 美元
管理费 30%: 3987 美元
合计: 17238 美元
利润 10%: 1724 美元
总计索赔额: 18926 美元

监理工程师审理后的答复:据合同条款第 13.5 款,承包人的要求是合理的。因为承包人已给予工程师检查机会和时间,并已按规定发出通知;被揭开检查的工程符合图纸及规范要求。所以,承包人应获得索赔的款额为 18962 美元。该款额由业主支付。

(7)由于工程中断引起的索赔。

例题 5-9

一座桥梁回填桥台后在桥头引道填土时,发现桥墩中的桩柱出现裂缝,原因是地基基础产生不均匀沉陷。工程师于 4 月 1 日下令暂停有关桥梁及引道工程。4 月 15 日工程师又下令附近另一座桥梁暂停施工,因为该桥梁可能也会产生地基沉陷问题。这两座桥墩台都已建好,上部预应力梁也已准备好,随时可以架设。工程师应承包人的要求,于 4 月 20 日撤销暂停架梁的指令。承包人又于 5 月 10 日正式书面通知工程师,根据合同第 40.2 款的规定,就上述两项停工指令,索赔额外费用,包括机械的空闲费、架桥小组的空闲费、雇人看守的额外费用、没有引道的环境下架设桥梁所需的附加设备费等。

工程师批复如下。

各方一致认为暂停施工是因为设计出错所致,因此承包人的索赔要求是可以接受的。但承包人索赔的书面通知时间为。

①第一次停工索赔是在工程师已发出停工指令后 40 天提出。

②第二次停工索赔是在工程师发出停工令后25天提出。

因此,根据合同第23.1款,只可接纳有关第二次停工的索赔要求。原因是:此条款规定,承包人的索赔必须在工程师下令暂停施工后28天内提出。第二次停止工程所导致的额外费用,由业主支付,但不包括利润。

(8)由于业主将土地延迟移交引起的索赔。

例题 5-10

三原—铜川高速公路工程项目中的铜川立交桥工地的用地问题一直推迟拆迁不了,已拖了3个多月,承包人提出土地延迟移交索赔200多万元并要求延长工期。监理工程师一方面考虑调整工点,另外安排承包人到其他工地施工,以减少承包人的经济和时间损失;一方面又到承包人的工地现场抽查核对其闲置的人员机具,以审核其索赔计算方法及工程成本等。经过监理工程师细致、认真和公正的处理,最后支付的索赔费用不到100万元,并适当延长了工期。此索赔处理,业主和承包人均感满意。

(9)由于非承包人原因造成因工程缺陷需要修复而引起的索赔。

例题 5-11

某公路工程项目的一座桥梁,其上部结构为钢筋混凝土空心板梁,当承包人将板梁架好并经监理工程师验收合格签字后不久,由于天空下陨石雨,刚好有三大块陨石砸在板梁上,使其中5片板梁被砸断或损坏。事情发生后,监理工程师下令,让承包人另换5片板梁以满足合同文件及工程技术规范的要求。承包人据合同条款第21.3款向业主提出索赔要求,监理工程师予以认可,并由业主支付修复替换的5片梁的工程费用和利润。

(10)由工程变更引起的索赔

依据合同条款第15.1条的规定,工程变更的含义是非常广泛的,包括对全部工程项目或部分工程项目其中的任何一种进行变更、增加或取消等。既包括工程进展中形式的变更,工程数量的变更,或工程质量要求及标准方面的变更,同时又包括合同方面任何形式的、内容的、数量的变更等。

承包人依据合同条款第15.1条、第15.4条及第15.5条索赔工程变更款项时,既可索赔到工程费用,也可能索赔到利润。有时,工程变更后原工程量表中无此细目单价。

例题 5-12

工程变更后承包人提出的索赔要求及处理。

某公路工程有一部分工程为人行天桥工程,施工中发现原设计图纸错误,工程师通知承包人暂停一部分工程,并下了工程变更令,待图纸修改后再继续施工。另外,还增加了额外工程,于是,工程师又下达了变更令。承包人对此两项延误除提出延长工期外,还根据合同条款第15条提出了费用索赔。

(1)承包人的计算。

①因图纸错误造成停工与工程变更,使3台机械设备停工,损失共计37天。

汽车吊:45 美元/台班×2 台班×37 个工作日 = 3330 美元;
大型空压机:30 美元/台班×2 台班×37 个工作日 = 2220 美元;
其他辅助设备:10 美元/台班×2 台班×37 个工作日 = 740 美元;
小计:　　　　　　　　　6290 美元;
现场管理费附加 15%:　　　943.5 美元;
总管理费附加 10%:　　　　629.0 美元;
利润 5%:　　　　　　　　393.12 美元;
合计:　　　　　　　　　　8255.62 美元。

②增加额外工程的变更,使工程的工期又延长一个半月,要求补偿现场管理费。
24000 美元/月×1.5 月 = 36000 美元
以上两项共计:承包人索赔损失款为 44255.62 美元。

(2)监理工程师的计算。
经过工程师和有关监理的计量人员审查和讨论分析,原则上同意承包人的两项索赔,但在计算方法上有分歧。

①因图纸错误造成工程变更和延误,有工程师指示变更和暂停部分工程施工的证明,承包人只计算了受影响的机械设备停工损失,这是正确的。但不能按台班费计算,而只能按租赁或折旧率计算,核减为 5000 美元。

②额外工程变更方面,经过监理方审查后认为,增加的工作量已按工程量清单的单价支付过,按投标书的计价方法,这个单价是包括现场管理费和总部管理费的。因此,工程师不同意另外支付延期引起的补偿费用。

就额外工程增加所需的实际时间计算是需一个半月,这也是工程师已同意过的。但所增加的工程量与原合同工程量及其相应工期比较,原合同工程量应为 0.6 个月的时间。即按工程量清单中单价付款时,该 0.6 个月的管理费及利润均计入在投标计算的合同单价中,而 1.5 月 - 0.6 月 = 0.9 月的管理费和利润则是承包人应得到而受损失的费用。

监理工程师按下面方法计算补偿费。
每月现场管理费:　　　　　19073 美元(见投标书中的计算)
现场管理费补偿:　　　　　19073×0.9 = 17165.7 美元
总部管理费补偿 10%:　　　1716.6 美元
利润 5%:　　　　　　　　(17165.7 + 1716.6)×5% = 944.1 美元
合计:　　　　　　　　　　19826.4 美元
以上两项补偿总计:　　　　25026.4 美元

(3)比较承包人和工程师方面的计算。
承包人索赔金额比工程师算出的高 25319.22 美元。但工程师的计算是公正合理的,承包人感到基本满意。这是一项因工程变更引起的索赔较好的案例。

(11)因合同解除的索赔。
合同解除是指在合同成立后开始履行或完全履行之前,因一定的原因使维持合同成为不可能或不必要时,一方当事人行使解除合同的权利。常见解除合同的情况如下。

①业主单方解除合同。这一般是在承包人没有违约的情况下,只是业主为了自己的方便

而解除合同。这在通用合同条款没有明文规定,但业主也可以在专用条件中予以规定。

②业主重大违约或工程师重大失误,承包人解除合同。常见的情况有以下几点:

a. 业主未能在规定时间内发布开工令。

b. 业主未能在合同规定的时间内付款。

c. 业主无正当理由拒绝对工程师所发布的有关证书的批准。

d. 由于业主财务混乱或产生危机而无法继续履行合同义务。

e. 业主未经承包人同意而单方面转让合同等。

③承包人重大违约,业主解除合同。常见的情况有以下几点:

a. 收到中标通知书后,承包人未能在规定时间内提供履约担保。

b. 承包人未经业主或工程师同意而擅自分包部分工程。

c. 承包人收到开工令后,未能在规定时间内开工。

d. 承包人未取得业主同意而单方面转让合同。

e. 承包人在工程师发出拒收某些材料或工程的书面指令后,未能在规定时间移走这些材料或工程等。

f. 承包人在多次违反合同规定,工程师给予警告后,仍未按合同规定实施工程等。

④因遇到不可抵抗的自然力,使合同无法继续实施而解除合同。

合同一方当事人因不可抗力不能履行合同的,应当及时通知对方解除合同。合同解除后,承包人应按照合同条款第22.2.5项约定撤离施工场地。已经订货的材料、设备由订货方负责退货或解除订货合同;不能退还的货款和因退货、解除订货合同发生的费用,由发包人承担;因未按时退货造成的损失由责任方承担。合同解除后的付款,参照合同条款第22.2.4项约定,由监理人按合同条款第3.5条商定或确定,但由于解除合同应赔偿的承包人损失不予考虑。下面举例说明。

例题 5-13

某政府工程项目,要修建一条长6km的隧道工程项目,以便缩短运距,将本地的矿产运到海外销售。合同总承包中标价为4000万元。在隧道工程已开工掘进258m后,政府领导人换届改选。新政府又决定不修该隧道工程,就提前解除了合同。承包人对已经发生的工程成本及利润损失进行索赔,最后实际得到了2340万元经济赔偿。这种情况属于业主方解除合同。若发生强烈地震等自然界不可抗力,业主遭受重大经济损失而无力再进行工程,也只能解除合同。

(12)业主违约引起工程终止等的索赔。

①合同条款第22.2.1款主要规定了业主的违约情况,即:

a. 发包人(业主)未能按合同约定支付预付款或合同价款,或拖延、拒绝批准付款申请和支付凭证,导致付款延误的。

b. 发包人原因造成停工的。

c. 监理人无正当理由没有在约定期限内发出复工指示,导致承包人无法复工的。

d. 发包人无法继续履行或明确表示不履行或实质上已停止履行合同的。

e. 发包人不履行合同约定其他义务的。

②发包人发生除第22.2.1(4)项以外的违约情况时,承包人可向发包人发出通知,要求发包人采取有效措施纠正违约行为。发包人收到承包人通知后的28天内仍不履行合同义务,承包人有权暂停施工,并通知监理人,发包人应承担由此增加的费用和(或)工期延误,并支付承包人合理利润。

发生第22.2.1(4)项的违约情况时,承包人可书面通知发包人解除合同。

③承包人按22.2.2项暂停施工28天后,发包人仍不纠正违约行为的,承包人可向发包人发出解除合同通知。但承包人的这一行动不免除发包人承担的违约责任,也不影响承包人根据合同约定享有的索赔权利。

(13)由于物价变动引起的工程成本增减的索赔。

根据合同条款第16.1款,除专用合同条款另有约定外,因物价波动引起的价格调整按照本款约定处理。

四、反索赔

(一)反索赔的概念

在国际通用的FIDIC合同条款中,对施工合同双方都赋予了合理地向对方索赔的权利,以维护经济受损害一方的正当经济利益。反索赔的概念是相对于索赔提出的。依据国际工程承包人施工的惯例,一般把承包人向业主提出的索赔叫作施工索赔或费用与工期索赔;而把业主向承包人提出的索赔要求叫作反索赔。

从反索赔的作用和意义上看,反索赔是被要求索赔一方向要求索赔一方提出的反驳或新索赔要求,是变被动为主动的一个措施,常见的有业主对承包人的反索赔,承包人向分包人的反索赔,承包人和供货商之间的反索赔等。反索赔与索赔一样,都必须依据合同条款和工程实际发生的情况有理有据地进行,而绝不是胡乱狡辩和随意的讨价还价或漫天要价。

业主的反索赔或向承包人的索赔具有以下特点:首先,反索赔是业主反过来向承包人的索赔,其发生频率要低得多,原因是工程业主在工程建设期间,本身的责任重大,除了要向承包人按期付款,承担施工现场用地和协调管理工程的责任外,还要承担许多社会环境、自然条件等方面的风险,且这些风险是业主所不能主观控制的。因而业主要扣留承包人在现场的材料设备;承包人违约时发生提取履约保函金额等的概率很小。其次,在反索赔时,业主处于主动的有利地位,业主在经监理工程师证明承包人违约后,可以直接从应付工程款中扣回款项,或从银行保函中得以补偿。一般从理论上讲,反索赔和索赔是对立的统一关系,是相辅相成的,有了承包人的索赔要求,业主也会提出一些反索赔要求。

(二)反索赔的种类与内容

依据工程承包的惯例和实践,常见的业主反索赔主要有5种,其具体内容如下。

1. 工程质量缺陷的反索赔

土木工程承包合同都严格规定了工程质量标准,有严格细致的技术规范和要求,因为工程质量的好坏直接与业主的利益和工程的效益紧密相关。业主只承担直接负责设计所造成的质量问题，监理工程师虽然对承包人的设计、施工方法、施工工艺工序以及对材料进行过批准、监督、检查，但只负间接责任，但并不能因此免除或减轻承包人对工程质量应负的责任。在工程施工过程中，若承包人所使用的材料或设备不符合合同规定或工程质量不符合施工技术规范和验收规范的要求，或出现缺陷而未在缺陷责任期满之前完成修复工作，业主均有权追究承包人的责任，并提出由承包人造成的工程质量缺陷所带来的经济损失的反索赔。

常见的工程质量缺陷表现为：

(1) 由承包人负责设计的部分永久工程和细部构造，虽然经过监理工程师的复核和审查批准，仍出现了质量缺陷或事故。

(2) 承包人的临时工程或模板支架设计安排不当，造成了施工后的永久性工程缺陷。如悬臂连续浇注混凝土施工时，由于挂篮设计强度及稳定性不够，造成梁段下挠严重，致使跨中无法合拢。

(3) 承包人使用的工程材料和机械设备等不符合合同规定和质量要求，从而使工程质量产生缺陷。

(4) 承包人施工的分项分部工程，由于施工工艺或方法问题，造成严重开裂、下挠、倾斜等缺陷。

(5) 承包人没有完成按照合同条款规定的工作或隐含的工作，如对工程的保护和照管，安全及环境保护等。

对于工程质量所出现的缺陷，若承包人没按监理工程师的要求进行修补或返工，监理工程师可以拒绝签发月工程进度付款证书，业主可以暂停支付工程款。在缺陷责任期内，若承包人不修复由其造成的工程缺陷，业主和监理工程师有权雇用其他承包人来修理缺陷，所需款项可从保留金中支出（并扣回承包人的款项）。另外，业主向承包人提出工程质量缺陷的反索赔要求时，往往不仅包括工程缺陷所产生的直接经济损失，也包括该缺陷带来的间接经济损失。比如，承包人修建的桥梁工程，在交工验收时发现栏杆和照明灯具不符合合同的规定，业主不仅提出修复和更换的直接费用损失要求，还提出由于更换栏杆和灯具使桥梁推迟开通运营而造成的过桥费收入损失的补偿要求。

2. 拖延工期的反索赔

依据土木工程施工承包合同和 FIDIC 合同条款规定，承包人必须在合同规定的时间内完成工程的施工任务。如果由承包人的原因造成不可原谅的完工日期拖延，会影响业主对该工程的使用和运营生产计划，从而给业主带来经济损失。按合同条款第 11.5 条规定，业主有权向承包人索取"逾期竣工违约金"。此项业主的索赔，并不是业主对承包人的违约罚款，而只是业主要求承包人补偿延期完工给业主造成的经济损失。承包人应按签订合同时双方约定的赔偿金额以及拖延时间长短向业主支付这种赔偿金，而不再需要去寻找和提供实际损失的证据去详细计算。对于大中型土木工程项目，延长工程的竣工期限是经常发生的事，一旦发生施工进度计划被打乱，施工的实施进度落后于计划进度，就应该分析原因，划清工程进度滞后的责任。

3. 经济担保的反索赔

经济担保是国际工程承包活动中的不可缺少部分，担保人要承诺在其委托人不适当履约的情况下代替委托人来承包赔偿责任或原合同所规定的权利与义务。在土木工程项目承包施工活动中,常见的经济担保有预付款担保和履约担保等。

(1)预付款担保反索赔。预付款是指在合同规定开工前或工程价款支付之前,由业主预付给承包人的款项。预付款通常包括调遣预付款、设备预付款和材料预付款。预付款实质上是业主向承包人发放的无息贷款。对预付款的偿还,施工合同中都规定承包人必须对预付款提供等额的经济担保。若承包人不能按期归还预付款,业主就可以从相应的担保款额中取得补偿。这实际上是业主向承包人的索赔。另外,由于承包人的过失给业主的材料设备或人员造成了伤亡,业主也有权要求承包人给予补偿。在承包人严重违约,给业主造成重大的经济损失,用预付款担保亦不足以补偿业主的损失时,业主还可行使留置权,留置承包人的工程材料、设备、施工机械及临时工程等财产以作补偿。这些措施是为了保护业主的利益,同时也是对承包人如期履约的监督。

(2)履约担保反索赔。履约担保是承包人和担保方为了业主的利益不受损害而作出的一种承诺,担保承包人按施工合同所规定的条件进行工程施工。履约担保有银行担保和担保公司担保两种,以银行担保较常见。担保金额一般为合同价的10%~20%。担保期为工程竣工期或缺陷责任期满。

当承包人违约或不能履行施工合同时,持有履约担保文件的业主,可以很方便地从承包人担保人的银行中取得经济补偿。一般业主会在向担保人索要金额之前及时通知承包人,给予承包人改正错误的机会,促使合同履行及工程正常进展。

4. 保留金的反索赔

保留金是对履约担保的补充形式。一般的工程合同中都规定有保留金的数额,为合同价的5%的左右,合同条款第60条也有相应规定。保留金是从应支付给承包人的月工程进度款中扣下一笔合同价百分比的基金,由业主保留下来,以便在承包人一旦违约时直接补偿业主的损失。所以说保留金也是业主向承包人索赔的手段之一。保留金一般应在整个工程或规定的单项工程完工时退还保留金款额的50%,最后在缺陷责任期满后再退还剩余的50%。

5. 业主其他损失的反索赔

依据合同规定,除了上述业主的反索赔外,业主在受到其他由于承包人原因造成的经济损失时,仍可提出反索赔要求。比如由于承包人的原因,在运输施工设备或大型预制构件时损坏了旧有道路或桥梁;承包人的工程保险失效,给业主造成损失等。总之,业主的反索赔面比较广泛,业主要运用反索赔的权利保护自身利益并促使工程三大目标的实现,承包人应注意做好自己的工作,以尽量减少和避免业主反索赔。

五、工程索赔的管理

在国际的土木工程施工承包合同中,发生索赔与反索赔的事情是很正常的,但由于索赔与反索赔事件容易引发合同争端,因此给工程项目进展带来了不必要的麻烦与困难。由此可知,在履行施工承包合同的过程中,业主、监理工程师和承包人三方都应采取积极措施,尽量预防和减少索赔事件的发生,把索赔事件减少到最低限度。下面分别从业主和承包人双方的角度,阐述双方处理和预防索赔的责任,以及应采取的预防索赔的管理措施等。

1. 业主方如何预防和减少承包人的索赔

业主方是工程承包合同的主导方,关键问题的决策都要由业主掌握。监理工程师受业主的信任和委托,代表业主管理工程。因此,若业主和监理工程师都积极主动地采取预防措施,防止和避免一些不必要的索赔事件发生,将会大大减少索赔争端。依据工程承包合同实际情况和 FIDIC 合同条款,业主和监理工程师能采取的措施如下。

(1) 业主和监理工程师预防索赔的措施。

①由于意外风险和不可预见的地下条件发生的索赔事件。业主和监理工程师要加强工程的风险意识,及早了解自然界和社会风险来源的可能性,尽早采取措施,防患于未然。对于合同条款第12条所指工程遇到不可预见的不良地质或人为阻碍情况最好是在设计及招标阶段,尽可能将地质情况及地下障碍的资料收集齐全。在工程进展中还可以及时补充地质调查研究情况。另外,要及早采取措施,搞好地下管线拆迁工作,以免延误工程。

②由于工程变更引起的索赔。若监理工程师本身不是设计者,应尽量避免设计变更。业主若提出变更,应尽可能在监理方发出变更指令时,向承包人说明支付方式,取得协商一致意见,并在申报月进度工程款时予以支付,避免工程变更的价格调整款变成索赔款。

③不要随意下达工程停工令干扰施工。有的业主随意要求增减工程改变作业顺序,从而引起工程进度延误。业主应该采取措施,保证和加强良好施工环境与条件的创造,尽量避免工程延期而引起索赔。

④避免由于业主违约引起的索赔。监理工程师要及时为业主做好参谋,及时提醒业主,搞好征地拆迁,让设计单位按合同规定准时交图,让业主及时支付工程进度款,以免导致承包人的费用索赔。

⑤严格控制工程范围。因为工程范围的变化,可能会引起工程投资失控,也会引起设计图图纸、技术规范、施工工期等一系列的变化,都会引发索赔事件发生。

⑥应迅速及时处理合同争端。在工程进展过程中,若出现业主和承包人双方的合同争端,业主首先要与监理工程师一起,与承包人协商解决争端。争端的及时处理和解决,会有助于工程的顺利进展,也将避免许多不必要的索赔事件的发生。

⑦避免由于监理工程师失误和其他原因出现的索赔,如发生监理工程师的指令错误而使工程受阻或损失等。

(2) 业主方和监理工程师减少索赔的措施。

在大型的土木工程施工过程中,如公路工程或独立大桥,隧道工程、水利工程等,不发生一例索赔事件是不可能的。一旦发生了索赔事件,业主和监理工程师应公正对待并处理索赔事件,并尽可能减少索赔所发生的款额。

①据合同条款第4.11条索赔的处理及国际土木工程建设经验,因第4.11.1条提出的索赔,由未知情况及地下障碍提出的索赔数额并不大,其中机械闲置而引起的费用索赔占一大部分。因此,当未知情况及障碍突然发生时,驻地工程师最好是鼓励承包人计划干一些其他工作,以便在必须停一部分工作时,仍有其他工作可做。另外要马上与承包人就解决问题的方法和有关的费用达成协议。

例题 5-14

西安—三原高等级公路工程项目，在施工涵洞下挖土方时，不小心将地下通信电缆挖断了，造成工程停工，承包人以在招标文件中未写明地下有通信电缆为理由，据 FIDIC 第 12 条为未可预见的地下障碍，提出要求延期与索赔。监理工程师一面立即联系通信电缆拆迁事宜，一面想办法与承包人属下的挖土方工程小组协商，以后挖到一定高程就先停止，以免再将电缆等挖断造成更大的损失，并对由此引起的工程延误给予一定的合理的延期与费用。

②根据合同条款第 4.11 和 15.1 条，工程变更引起的索赔。承包人对监理工程师提出的变更或增加工作所定的费用数额觉得少了，便提出索赔要求，这种索赔要求往往是针对费用多少发生，因此索赔几乎不可避免。这时，监理工程师在定价格时，要从多方面予以慎重考虑，不应偏高或偏低，应与业主和承包人反复协商再决定。

从减少工程变更的原因来看，可能主要在于标书和合同文件的不健全，进而导致一些工程变更及索赔。例如，工程中临时用地问题。主要看业主征地拆迁是否困难较大。若业主征地拆迁工作易做，合同中可写明由业主提供施工临时用地；若业主征地拆迁困难大，可在合同中写明，由承包人自行解决，业主予以协助办理，并支付经费。例如我国的情况，业主是政府，征地拆迁困难较大。但若是承包人去办理施工临时用地，出一些钱即可买到，因而减少了扯皮等索赔问题出现，再如公路工程项目中小桥涵问题。在合同文件中若处理不好，也常发生争执和索赔。因为在设计时确定的小桥涵一般较粗略或偏少。而招标施工后，也许要增加小桥涵或地下通道，因此会使工程变更设计，造成了索赔问题。

我国利用世行贷款修建的京—津—塘高速公路工程项目，设计时只给出小桥涵的标准图并在招标文件中写明待招标后开始施工时，由刚进入工地的承包人再进行一次详细的勘测，由承包人根据业主需要，经工程师许可，出施工详图，最后由监理工程师审定认可，这样就在工程进展中，减少了许多工程变更问题，也省去了监理工程师变更调价的麻烦及工程费用的索赔处理。

③因工程延期而引进的索赔。根据合同文件中一些条款均可提出工期索赔，对此监理工程师及驻地监理工程师要特别注意。

因合同文件出错一项，经验表明，不论合同文件是否由专业人员拟定，几乎所有的文件都会出错，此种文件出错的有关支出额较大，应早日更正。若导致了承包人的额外支出费用，在经监理工程师证明合理后，业主应支付承包人索赔款项。

④因图纸迟交或测量资料不准引起的索赔会影响工程师和监理组织的声誉和威信。一般来讲，这类索赔应尽可能避免，必要时监理工程师可请设计人员前往工地。监理工程师要使用合格负责的测量员；待资料交付与承包人后，要有记录并保证准确性。

⑤有关样品与试验，工程的揭露与开孔等引起的索赔。若监理工程师是指令承包人做合同中未列明的事项时，这种索赔要求不能完全避免。但一般情况下，若承包人的工作情况都令人满意，则应使这种命令保持较少的次数。

⑥工程的中断或由于业主的延误而引起的费用索赔，这种索赔往往数额很大，监理工程师

和驻地监理工程师应慎重处理。如果中断工程由业主引起的原因可以预见,监理工程师应用计划调整来加以避免。若这种原因不可预知又发生了,监理工程师便应采取以下适当措施以减少因业主延误而引起的支出。

a. 尽可能缩短阻延的时间。

b. 设法尽快把闲置的机具和人员转到其他工作上去。

c. 若有可能,工程师还可立即发出变更令。

综上所述,若要避免或减少索赔,监理工程师应尽早开始对监理工作进行准备,最好在合同谈判前就能着手准备。并应尽可能使自己熟悉有关工地及环境、工程进度计划、合同文件及附件、承包人的情况及招标投标等所有事务。业主也可在许多方面发挥积极和主导作用,尽量避免和减少索赔。

2. 承包人方面预防和减少业主反索赔的措施

合同条款为了维护承包人应得的经济利益,赋予了承包人索赔权利。承包人一方面要建好工程,加强合同管理和成本管理,控制好工程进度,预防业主的反索赔;另一方面要善于申报和处理索赔事项,尽量减少索赔的数量,并实事求是地进行索赔。一般地讲,承包人在预防和减少索赔与反索赔方面,可以采取如下措施:

(1)严肃认真地对待投标报价。在每项工程招标投标与报价过程中,承包人都应仔细研究招标文件,全面细致地进行施工现场勘查,充分了解该工程所在地的水文地质条件、进/出场道路、社会和人文环境等,对砂石料等当地材料应进行细致的询盘问价。要认真地进行投标估算,正确地决策报价,切不可随意报价,或为了中标,故意压低标价,企图在中标后靠索赔弥补而盈利。实际上这种索赔很难成功,还往往会影响承包人的经济效益和信誉。

(2)注意签订合同时的协商与谈判。承包人在中标以后,在与业主正式签订合同的谈判过程中,应对工程项目合同中存在的疑问进行澄清,并就重大工程风险问题,提出来与业主协商谈判,以修改合同中不适当的地方。特别是对于工程项目承包合同中的专用合同条款,如不允许索赔、付款无限制期限、无利息等,都要据理力争,促成对这些合同条款的修改,以"合同谈判纪要"的形式写成书面内容,作为本合同文件的有效组成部分。这样,将合同中的问题都补充为明文条款,也可预防和避免施工中不必要的索赔争端。

(3)加强施工质量管理。承包人应严格按照合同文件中规定的设计、施工技术标准和规范进行工作,并注意按设计图施工,对原材料及各工艺工序严格把关,推行全面的质量管理,尽量避免和消除工程质量事故和缺陷,避免业主对施工缺陷的反索赔事件的发生。

(4)加强施工进度计划与控制。承包人应尽力做好施工组织与管理,从各个方面保证施工进度计划的实现,防止由于承包人自身管理不善造成的工程进度拖延。若由于业主或其他客观原因造成工程进度延误,承包人应及时申报延期索赔申请,以获得合同的工期延长。

(5)承包人应注意业主不能随意扩大工程范围。另外,所有的工程变更都必须有书面的变更指令,以便对变更工程进行计价。若业主或监理工程师下达了口头变更指令,要求承包人执行变更工作,承包人应按合同条款规定,在7天之内以书面记录通知要求监理工程师予以确认。以免使承包人自己处于无认证的不利地位。

(6)加强工程成本的核算与控制。承包人的工程成本管理工作是保证实现施工经济效益的关键工作,也是避免和关系索赔与反索赔工作的关键所在。承包人自身要加强工程成本核算，严格控制工程开支，使施工成本不超过投标报价时的成本计划，当成本中某项直接费用的支出款额超过投标报价时的成本时，要立即进行分析，查清原因。若属于业主方面原因或其他客观原因，要熟悉施工单价调整方法，熟悉和掌握索赔款具体计价的方法，采用实际工程成本法、总费用法或修正的总费用法等，使索赔款额的计算比较方便实际。总之，承包人在预防和减少索赔与反索赔方面有很多工作可做，要注意学会使用合理与科学的方法来保护自身权益，并与业主和监理工程师协商，共同促进工程目标的早日实现。

第六节 违约与争端的处理

在土木工程承包合同的履约过程中，不可避免地会出现一些违约事件，致使各种争端经常发生。究其原因是土木工程承包合同涉及的问题比较广泛和复杂，涉及勘探测量、设计咨询、物资供应、现场施工、竣工验收和缺陷责任期修复等，有些工程承包甚至还涉及人员培训、试运营管理，乃至备件供应和保证生产等工程竣工交接后的责任，而每一项进程中又都会牵涉劳务、质量、进度、监理、计量和付款等问题。上述这些都要在合同中明确规定，并且要求双方全面地、严格地执行合同。因此，不发生任何变化和争议，是很困难的。尽管国际上公开招标的土木工程合同已十分周详，且逻辑严密，但由于土木工程承包合同履约时间很长、难免会遇到国际和国内环境条件、法律法规、经济政策的变化，业主意愿的变化等，这些主客观情况的千变万化，使合同中难免有某些缺陷，有考虑不周或双方理解不一致之处。特别值得提出的是，几乎所有合同条款都同工程成本、价格、计量支付和相应的责任与义务等发生联系，可以直接影响业主和承包人的权利、义务和经济利益，这也易使合同的双方各持己见，由分歧而发展成争端。

要完全避免合同的违约与争端事件发生，一般是不切实际的。但不管争端与违约事件起因于何处，一旦发生合同违约与争端事件，对业主和承包人来说，都是一件不愉快的事，大家都要因此花费不少时间、精力和金钱。因此，作为业主、承包人和监理工程师都希望尽量减少引起争端的潜在因素。为了尽可能地减少合同争端及违约事件发生，各方当事人都应从以下两方面入手去解决问题。

首先，签订合同要严肃认真。许多合同履行中的矛盾与争端往往来源于合同本身不严密。在签合同之前，业主和承包人之间应当认真地进行磋商谈判。许多土木工程合同违约及争端的实践证明，在议标和商签合同期间，业主和承包人大都把注意力集中在合同价格方面，认为只要价格能符合各自的要求，其他方面则可以适当退让和谅解。其结果却忽视了合同中许多易引起争议的条款。从业主和承包人双方的利益考虑，应该对这些合同条款慎重地、仔细地研究。若合同通用条件是使用 FIDIC 合同条款的，对合同的专用条件也要经过仔细讨论分析，使双方达成共同一致的理解。否则，一旦工程实施中出现问题，双方各引用对自己有利的条款，必将引起矛盾和争端。

其次，在履约过程中，合同各方当事人应及时交换意见，或按合同条款规定，及时交与监理工程师,由三方协商解决,以尽可能将合同执行中的问题分别及时地加以适当处理。

一、违约的种类

(一)承包人的延误工期及处理

1. 承包人的延误工期

承包人在依据投标书附件与业主商签合同时,已对竣工时间做了明确规定。当承包人未能在合同规定的时间内或者在监理工程师批准的延长时间之内完成工程,工程的竣工时间将出现延期。这种因承包人自身组织与管理失误造成的工期延误,其必须向业主支付投标书附件中约定的延期损害赔偿费。对于延期违约损害赔偿费的金额,应由业主在招标之前决定,以作为对延期竣工时,业主将遭受实际损害费的合理估价,并在投标书附件中注明其限额值。对全部将支付的损害赔偿费的限额作出规定是很重要的,它会使承包人在投标时,就意识到他们的义务和工作的性质。

2. 延误工期损害赔偿费的支付

(1)如果延期违约损害赔偿费到期应支付,业主和监理工程师则可按合同条款规定扣款。

(2)如果竣工延误不影响整个工程,可根据FIDIC《土木工程施工合同条款》(通用条件)(以下简称"合同通用条件"),按比例扣除。如业主认为按比例扣除不公平,也可在合同的专用条件中加入替代条款。

(二)承包人的违约与对策

1. 承包人的违约

在土木工程施工的承包合同签订以后或合同执行中,如果承包人已无力偿还到期应付的债务,并因经济混乱而停顿,陷入破产;或承包人同意向其权力人进行转让;其财产的主要部分被接管;承包人资产的任何重要部分已被强制抵押;承包人已经违反了合同通用条件第3.1款有关合同转让的规定;承包人的货物被扣押;监理工程师向业主证明,并通知承包人,认为承包人有下述情况发生时,认定承包人违约。

(1)承包人违反第1.8款或第4.3款的约定,私自将合同的全部或部分权利转让给其他人,或私自将合同的全部或部分义务转移给其他人。

(2)承包人违反第5.3款或第6.4款的约定,未经监理人批准,私自将已按合同约定进入施工场地的施工设备、临时设施或材料撤离施工场地。

(3)承包人违反第5.4款的约定使用了不合格材料或工程设备,工程质量达不到标准要求,又拒绝清除不合格工程。

(4)承包人未能按合同进度计划及时完成合同约定的工作,已造成或预期造成工期延误。

(5)承包人在缺陷责任期内,未能对工程接收证书所列的缺陷清单的内容或缺陷责任期内发生的缺陷进行修复,而又拒绝按监理人指示再进行修补。

(6)承包人无法继续履行或明确表示不履行或实质上已停止履行合同。

(7)承包人不按合同约定履行义务的其他情况。

承包人发生第(6)条约定的违约情况时,发包人(业主)可通知承包人立即解除合同,并按有关法律处理。承包人发生除第(6)条以外的其他违约情况时,监理人可向承包人发出整改通知,要求其在指定的期限内改正。承包人应承担其违约所引起的费用增加和(或)工期延误。经检查证明承包人已采取了有效措施纠正违约行为,具备复工条件的,可由监理人签发复工通知让其复工。

监理人发出整改通知28天后,承包人仍不纠正违约行为的,发包人可向承包人发出解除合同通知。合同解除后,发包人可派员进驻施工场地,另行组织人员或委托其他承包人施工。发包人因继续完成该工程的需要,有权扣留使用承包人在现场的材料、设备和临时设施。但发包人的这一行动不免除承包人应承担的违约责任,也不影响发包人根据合同约定享有的索赔权利。

2. 补救措施

为了不影响工程的进展和工程竣工投入生产运营,当发生上述承包人违约事件并终止了对承包人的雇佣后,业主在进驻工程现场后,可以自己去完成工程,也可雇佣其他承包人去完成该工程。业主或其他承包人为完成该工程,可以使用合适数量的承包人的装备、材料或临时工程。

(1)合同提前终止时的估价。

当业主因承包人违约提前终止合同进驻工程现场后,监理工程师应单方或与各方协商,并在调查与核证后,尽快地决定并证明在合同终止之时,承包人按其合同规定完成的工程应收入的款额(如果有),以及未曾使用或部分使用了的任何材料、承包人的装备及临时工程的价值。监理工程师的决定以及为之开具的证书将确定双方在合同终止时的应付款项。

(2)合同提前终止后的付款。

如果业主终止对承包人的雇佣,则应在承包人的缺陷责任期之前或之后,在监理工程师对施工、竣工及修补任何缺陷的费用、竣工拖延的损害赔偿费(如果有)以及由于承包人违约而使业主支付的其他费用开具证书之前,业主没有义务向承包人支付任何进一步的款项。

此后,承包人仅有权得到监理工程师证明承包人合格完工时,原应支付给他的款项,并应相应扣除上述违约款后的此类款额。如果承包人违约给业主造成损失的款额超过承包人合格完工时原应支付给他的款额,则根据规定,承包人应将此超出部分付款给业主,并应视为承包人欠业主而应付的债务。

(3)合同提前终止时协议利益的转让。

在业主提前终止与承包人的合同并进驻工程现场14天后,如果监理工程师发出指示且法律允许,承包人应将其为该合同目的而签订的有关任何货物或材料供应或服务及有关实施工程的任何协议的权益转让给业主。

以上论述了承包人拖延工期及违约事件发生时的处理与补救措施,主要是预防因承包人违约给工程带来的损害。违约事件发生,会给承包人带来严重不利的后果,因此,作为业主和监理工程师应及早防范,一旦发生承包人违约事件,应立即采取措施补救。

(三)业主的违约与延误

1. 业主违约

合同签订后与工程进展中,业主违约与延误事件的发生,主要有以下几种情况。

(1)发包人未能按合同约定支付预付款或合同价款,或拖延、拒绝批准付款申请和支付凭证,导致付款延误的。

(2)发包人原因造成停工的。

(3)监理人无正当理由没有在约定期限内发出复工指示,导致承包人无法复工的。

(4)发包人无法继续履行或明确表示不履行或实质上已停止履行合同的。

(5)发包人不履行合同约定其他义务的。

这里强调了业主不能中断支付承包人应得款项的重要性,并讲明了发生了上述业主违约事件后,将给承包人带来严重的损失和不利的后果。因此针对业主的延误与违约事件,承包人可以采取相应措施予以弥补。

2. 业主违约后承包人的对策

当业主违约事件发生后,承包人有权采取下列措施进行处理和补救。

(1)承包人终止合同。

发生第(4)项的违约情况时,承包人可书面通知发包人解除合同。承包人按合同通用条件第22.2.2项暂停施工28天后,发包人仍不纠正违约行为的,承包人可向发包人发出解除合同通知。但承包人的这一行动不免除发包人承担的违约责任,也不影响承包人根据合同约定享有的索赔权利。这里应当注意,终止合同是一个重要的法律问题,除了合同条款之外,业主和承包人双方还应依据《合同法》彻底弄清终止合同对双方的影响。

(2)承包人准备的撤离。

因发包人违约而解除合同后,承包人应妥善做好已竣工工程和已购材料、设备的保护和移交工作,并将承包人设备和人员撤出施工场地。承包人撤出施工场地应遵守合同通用条件第18.7.1项的约定,发包人应为承包人撤出提供必要条件。

(3)承包人有权暂停工程。

发包人发生除上述第(4)条以外的违约情况时,承包人可向发包人发出通知,要求发包人采取有效措施纠正违约行为。发包人收到承包人通知后的28天内仍不履行合同义务,承包人有权暂停施工,并通知监理人,发包人应承担由此增加的费用和(或)工期延误,并支付承包人合理利润。这种暂停工程可以是全部停工(只负责安全工作以保护现场和已完成的工作),也可以是工作量方面名义上的减少以表示承包人的不满情绪,究竟怎么做可以警告业主由承包人来选择。

当业主的违约事件改正和消除后,承包人一方面要恢复正常工程进度;另一方面有权得到延长竣工工期和额外花费费用的补偿。监理工程师与承包人和业主协商后确定延长的工期并将所发生的费用加到合同价格上去。

(4)复工。

如果业主在收到承包人的暂停工程或减缓工程进度的通知后,恢复向承包人支付应付的款项并包括延期付款的利息。这时,若终止合同的通知尚未发出,则据合同通用条件的规定,承包人暂停工程的权利应予终止,承包人应尽快恢复正常施工程序。

(5)合同提前终止时的付款。

因发包人违约解除合同的,发包人应在解除合同后28天内向承包人支付下列金额,承包人应在此期限内及时向发包人提交要求支付下列金额的有关资料和凭证。

①合同解除日以前所完成工作的价款。

②承包人为该工程施工订购并已付款的材料、工程设备和其他物品的金额。发包人付款后,该材料、工程设备和其他物品归发包人所有。

③承包人为完成工程所发生的,而发包人未支付的金额。

④承包人撤离施工场地以及遣散承包人人员的金额。

⑤由于解除合同应赔偿的承包人损失。

⑥按合同约定在合同解除日前应支付给承包人的其他金额。

发包人应按本项约定支付上述金额并退还质量保证金和履约担保,但有权要求承包人支付应偿还给发包人的各项金额。

二、争端的解决

按照合同条款,对于土木工程承包合同履约中产生争端的处理方式,一般有协商友好解决,或由监理工程师和其他第三方调解做出决定解决争端,还可将争端提交仲裁或进行法律诉讼等。

在解决争端的方式中,谈判协商和调解决定,是一种非对抗性处理争端的方法(不属于法律程序)。仲裁和诉讼,则属于正式的法律程序,是一种对抗性的处理争端的方法。

在大型的土木工程承包合同中,一般应当明确规定解决争端的方式。可以选择两种甚至两种以上的解决方式,并且合同中应明确选择解决争端方式的顺序,还应规定解决争端的终结方式。下面我们主要介绍《建筑工程施工合同(范本)》条款所规定的争端的处理方式。

发包人和承包人在履行合同中发生争议的,可以友好协商解决或者提请争议评审组评审。合同当事人友好协商解决不成、不愿提请争议评审或者不接受争议评审组意见的,可在专用合同条款中约定下列一种方式解决:①向约定的仲裁委员会申请仲裁;②向有管辖权的人民法院提起诉讼。

1. 友好解决

在提请争议评审、仲裁或者诉讼前,以及在争议评审、仲裁或诉讼过程中,发包人和承包人均可共同努力友好协商解决争议。

2. 争议评审

(1)采用争议评审的,发包人和承包人应在开工日后的28天内或在争议发生后,协商成立争议评审组。争议评审组由有合同管理和工程实践经验的专家组成。

(2)合同双方的争议,应首先由申请人向争议评审组提交一份详细的评审申请报告,并附必要的文件、图纸和证明材料,申请人还应将上述报告的副本同时提交给被申请人和监理人。

(3)被申请人在收到申请人评审申请报告副本后的 28 天内,向争议评审组提交一份答辩报告,并附证明材料。被申请人应将答辩报告的副本同时提交给申请人和监理人。

(4)除专用合同条款另有约定外,争议评审组在收到合同双方报告后的 14 天内,应邀请双方代表和有关人员举行调查会,向双方调查争议细节;必要时争议评审组可要求双方进一步提供补充材料。

(5)除专用合同条款另有约定外,在调查会结束后的 14 天内,争议评审组应在不受任何干扰的情况下进行独立、公正的评审,并作出书面评审意见,说明理由。在争议评审期间,争议双方暂按总监理工程师的确定执行。

(6)发包人和承包人接受评审意见的,由监理人根据评审意见拟定执行协议,经争议双方签字后作为合同的补充文件,并遵照执行。

(7)发包人或承包人不接受评审意见,并要求提交仲裁或提起诉讼的,应在收到评审意见后的 14 天内将仲裁或起诉意向书面通知另一方,并抄送监理人,但在仲裁或诉讼结束前应暂按总监理工程师的确定执行。

3. 仲裁

(1)仲裁的特点。仲裁既有法律手段解决争端的严肃性,裁决有法律约束力,又有较大的灵活性,比司法程序来得简便、快捷,且效率高。在仲裁前,双方可选择仲裁地点、机构、程序和仲裁员等;仲裁比上法庭审理的费用少。因此,仲裁裁决更适合解决土木工程承包合同争端。其主要特点如下。

①必须有仲裁协议为前提。

②仲裁先于诉讼。当事人达成仲裁协议,一方向人民法院起诉的,人民法院不予受理,但仲裁协议无效的除外。

③当事人可自主选择仲裁委员会和仲裁员。

④独立、公正,及时裁决。

⑤仲裁实行一裁终局制。裁决做出后,当事人就同一纠纷再申请或者向人民法院起诉的,仲裁委员会或者人民法院不予受理。

⑥仲裁不实施级别管辖和地域管辖。

⑦仲裁可不公开进行。

⑧仲裁裁决的执行具有国际性。

⑨法院监督原则。人民法院既对仲裁裁决予以执行,又对仲裁进行必要的监督。

(2)仲裁的协议。业主和承包人在订立工程承包合同之前,已就仲裁条款达成协议,且已在合同中写明将来履行工程承包合同发生争端提交仲裁时,仲裁的机构、地点、范围、规则和法律效力。按国际惯例,仲裁裁决即为最终裁决,对双方具有法律约束力,任何一方都不能再采取诉诸法院等措施来改变裁决的决定。

(3)仲裁程序。

①仲裁的申请和受理。当事人申请仲裁应当符合有关条件,即有仲裁协议,有具体的仲裁请求和事实、理由且属于仲裁委员会的受理范围。仲裁委员会收到仲裁申请书之日起 5 天内,认为符合受理条件的,应当受理,并通知当事人;认为不符合受理条件的,应当书面通知当事人不予受理,并说明理由。

②仲裁庭的组成。仲裁庭可以由3名仲裁员或者1名仲裁员组成。

③开庭和裁决。仲裁委员会应当在仲裁规则规定的期限内将开庭日期通知当事人;当事人在仲裁过程中有权进行辩论。辩论结束后,首席仲裁员或独任仲裁员应当征询当事人的最后意见。仲裁庭在做出裁决前,可先调解。调解不成的,应当及时做出裁决。

1. 什么是风险?有哪些分类?
2. 风险的责任是如何划分的?
3. 对风险有哪些对策?
4. 监理工程师避免自身风险的要点有哪些?
5. 什么是工程分包?有哪些形式?
6. 简述一般分包、指定分包的特点。
7. 分包合同的主要内容有哪些?
8. 简述工程变更的范围。
9. 简述工程变更的程序。
10. 处理工程变更时应注意哪些事项?对工程变更的现场应如何处理?
11. 承包人申请延期有无时间限制?
12. 工程延期如何分类管理?
13. 监理工程师审批延期的程序和依据是什么?
14. 《建筑工程施工合同》(范本)条款所规定的争端的处理方式有哪些?

附录一 APPENDIX ONE

2015年监理工程师合同管理考试题及答案

一、单项选择题(共50题,每题1分。每题的备选项中,只有1个最符合题意)

1. 工程建设涉及的合同中,采用定金担保的合同是( )。
   A. 施工合同　　　B. 监理合同　　　C. 勘察合同　　　D. 仓储合同

2. 在借款合同中,货币表现为合同法律关系的( )。
   A. 主体　　　　　B. 客体　　　　　C. 权利　　　　　D. 义务

3. 下列合同法律关系的客体中,属于行为的是( )。
   A. 建筑材料　　　B. 建筑设备　　　C. 勘察设计　　　D. 知识产权

4. 在招标代理过程中,由代理行为过程产生的后果,应由( )承担责任。
   A. 招标代理机构　B. 招标监管部门　C. 投标人　　　　D. 招标人

5. 根据《担保法》,不能作为质押担保的是( )。
   A. 建设用地使用权　B. 股权　　　C. 注册商标专用权　D. 专利权

6. 某工程施工招标,合同估算价为3000万元,招标人要求提交的投标保证金额度应不超过( )万元。
   A. 60　　　　　　B. 80　　　　　　C. 350　　　　　　D. 300

7. 下列在建设工程中发生的事件中,属于建筑工程一切险除外责任的是( )。
   A. 台风导致脚手架坍塌　　　　　B. 雷电引起火灾
   C. 建筑材料运输车在工地被吊袋砸坏　D. 洪灾引起的沉降

8. 关于标准施工招标文件的说法,错误的是( )。
   A. 标准施工招标文件能够完整地约束招标投标主体行为
   B. 标准施工招标文件是施工的示范文本,招标人应优先选用
   C. 标准施工招标文件规定了招标投标过程中各阶段参与方的行为
   D. 标准施工招标文件具有强制性

9. 技术复杂的项目可分两阶段招标,下列关于两阶段招标的说法,错误的是( )。

A. 两阶段招标可采用公开招标,也可采用邀请招标

B. 第一阶段招标属于工程项目实施方案选择阶段

C. 第一阶段投标的实施方案允许附带报价

D. 第一阶段招标开标时,可以请投标人各自讲解递交的投标方案

10. 关于招标项目标底或投标限价的说法,正确的是( )。

A. 若招标项目设有标底,开标时应当公布

B. 设有最高投标限价地,应规定最低投标限价

C. 评标时可以投标报价是否接近标底作为中标条件

D. 可以投标报价超过标底上下15%作为否定投标的条件

11. 工程投标时,投标保证金对投标人具有约束力的期限是( )。

A. 申请资格预审日起,至开标日止

B. 购买招标文件日起,至开标日止

C. 自投标截止日起,至招标人确定中标人日止

D. 自投标截止日起,至招标人中标人签订合同日止

12. 按照《招标投标法实施条例》,开标时宣布流标的情形是指投标人的数量少于( )家。

A. 3　　　　　　B. 4　　　　　　C. 5　　　　　　D. 7

13. 关于评标委员会成员组成的做法,下列正确的是( )。

A. 招标代表人2人,专家3人

B. 招标代表人2人,专家4人

C. 招标代表人2人,专家6人

D. 招标代表人2人,专家7人

14. 有资格作为设计施工总承包项目投标人的是( )。

A. 与本项目监理人同为一个法定代表人的单位

B. 与本项目前期准备提供过设计咨询服务的单位

C. 与本项目代建人相互控股的单位

D. 有人在本项目招标代理机构任职的单位

15. 根据《标准施工招标文件》,当重新招标时评标委员会否决所有投标,招标人应当( )。

A. 再次发布招标公告进行招标　　　　　B. 降低对投标人的资格要求再次招标

C. 降低工程质量标准再次招标　　　　　D. 采用直接发包形式委托施工任务

16. 根据《标准施工招标文件》,下列评审工作中,不属于初步评审阶段工作内容是( )。

A. 形式评审　　　B. 资格评审　　　C. 响应性评审　　　D. 施工方案合理性评审

17. 关于工程设计招标的说法,下列错误的是( )。

A. 发包任务一般分为初步设计招标和施工图设计招标

B. 设计招标的评标应采用经评审的最低投标价法

C. 招标人可以实行勘察设计一次性总体招标

D. 设计招标通常采用设计方案竞选的方式

18. 根据《标准施工招标文件》,关于评标委员会对投标文件质疑的说法,下列错误的是( )。
   A. 评标委员会以书面形式要求投标人书面澄清质疑问题
   B. 评标委员会约请投标人当面澄清并做会议记录
   C. 评标委员会不接受投标人主要提出的澄清说明
   D. 投标人的书面澄清说明作为投标书的组成文件

19. 备采购招标评标中,对零配件及其售后服务的评审,应以设备运行( )年内各类易损备件的获取途径和价格作为评审要素。
   A. 1   B. 2   C. 3   D. 4

20. 关于机电设备招标的说法,错误的是( )。
   A. 可以采用公开招标或邀请招标方式
   B. 招标程序与施工招标基本相同
   C. 评审要素和量化比较的方法与施工招标基本相同
   D. 招标文件应对要求提供的货物、招标过程和合同条款予以说明

21. 某国外设备投标的到岸价为300万美元,评审供货范围偏差增加评标价4万美元,商务偏差调整值为+2.5%,技术偏差调整值为+3%,则该设备投标价格的调整额为( )万美元。
   A. 7.5   B. 11.5   C. 13.0   D. 20.5

22. 关于勘察成果的说法,下列错误的是( )。
   A. 应根据勘查成果文件进行工程设计
   B. 应根据勘查成果文件组织施工
   C. 勘查成果应真实、准确
   D. 施工单位应根据现场工程地质情况修正勘察结果

23. 关于设计合同履行的说法,下列正确的是( )。
   A. 初步设计完成后,发包人向设计人支付第一笔设计费
   B. 提交施工图设计文件10天内,发包人一次性支付设计费
   C. 合同生效后3天内,发包人向设计人支付设计费总额的20%作为定金
   D. 合同生效后5天内,发包人向设计人支付设计费总额的25%作为定金

24. 关于设计文件的说法,下列正确的是( )。
   A. 发包人可要求监理人修改不重要的设计
   B. 监理人可修改施工承包人发现的设计图纸错误
   C. 监理人发现的设计图纸错误应通过发包人要求设计人修改
   D. 设计审批部门对设计文件不审批的风险由设计人承担

25. 关于工程设计管理的说法,下列正确的是( )。
   A. 设计人可允许其他单位以本单位名义承担设计业务
   B. 除有特殊要求的建筑材料与专用设备外,设计人不得指定生产厂家或供应商
   C. 设计注册执业人员可受聘于其他设计单位完成专门的设计任务

D. 设计人不应当参与与设计相关的工程质量事故分析

26. 根据《标准施工合同》,关于监理人指示的说法,下列错误的是(　　)。
    A. 发布指示前与当事人双方协商,尽量达成一致
    B. 监理人的指示无权免除合同约定的承包人义务
    C. 监理人的指示无权变更合同约定的承包人权力
    D. 监理人的指示有权变更合同约定的发包人义务

27. 根据《标准施工合同》,履约担保和预付款担保采用的担保形式是(　　)。
    A. 均采用无条件担保　　　　　　　　B. 分别采用无条件担保和有条件担保
    C. 均采用有条件担保　　　　　　　　D. 分别采用有条件担保和无条件担保

28. 采用《简明施工合同》的工程,负责材料和设备的供应人通常为(　　)。
    A. 分包人　　　　B. 发包人　　　　C. 施工项目部　　　　D. 承包人

29. 根据《标准施工合同》,就图纸、通用合同条款和已标价的工程量清单而言,优先解释的顺序是(　　)。
    A. 已标价的工程量清单—通用合同条款—图纸
    B. 已标价的工程量清单—图纸—通用合同条款
    C. 通用合同条款—已标价的工程量清单—图纸
    D. 通用合同条款—图纸—已标价的工程量清单

30. 施工合同履行期间市场价格浮动对施工成本造成影响时,是否允许调整合同价格要视(　　)来决定。
    A. 合同工期长短　　　　　　　　　　B. 材料价格浮动幅度
    C. 合同计价方式　　　　　　　　　　D. 劳动力价格浮动幅度

31. 根据《标准施工合同》,承包人需要变动保险合同条款时,正确的处理方式是(　　)。
    A. 直接与保险人协商一致后,通知发包人
    B. 直接与保险人协商一致后,通过监理人
    C. 应事先征得发包人同意,并通知监理人
    D. 应事先征得监理人同意,并通知发包人

32. 根据《标准施工合同》,监理人在工程施工准备阶段的职责是(　　)。
    A. 组织施工图设计交底　　　　　　　B. 审查承包人质量管理体系
    C. 组织专项施工方案论证　　　　　　D. 审查暂估价及暂列金额

33. 根据《标准施工合同》,因承包人原因逾期竣工时,承包人应支付的逾期竣工违约金最高限额为签约合同价的(　　)。
    A. 1%　　　　　B. 2%　　　　　C. 3%　　　　　D. 5%

34. 根据《标准施工合同》,关于签约合同价总金额的说法,下列正确的是(　　)。
    A. 只包括暂列金额,不包括暂估价　　B. 既不包括暂列金额,也不包括暂估价
    C. 不包括暂列金额,只包括暂估价　　D. 既包括暂列金额,也包括暂估价

35. 根据《标准施工合同》,采用公式法调价方式考虑市场价格浮动对合同价的影响,仅适用于工程量清单中的(　　)部分。
    A. 单价支付　　　B. 工程材料费用　　　C. 总价支付　　　D. 人工费用

36. 根据《标准施工合同》,"合同进度计划"是指( )。
   A. 承包人投标书内提交的进度计划
   B. 施工准备阶段承包人编制的进度计划
   C. 承包人按监理人指示修改后经监理人批准的进度计划
   D. 承包人按监理人指示修改后经发包人批准的进度计划

37. 根据《标准施工合同》,缺陷责任期满承包人提交最终结清单前,仍有权提出索赔要求。索赔的原因应是在( )发生的事项。
   A. 施工期间   B. 竣工验收期间   C. 缺陷责任期间   D. 合同有效期间

38. 建设工程采用设计施工总承包模式的特点是( )。
   A. 容易获得最优设计方案   B. 发包人便于控制实施过程
   C. 合同责任明确   D. 承包人承担的风险小

39. 建设工程采用设计施工总承包模式时,对于发包人同意的分包工作,承包人的正确做法是( )。
   A. 只向发包人提交分包合同副本
   B. 应向发包人和监理人提交分包合同副本
   C. 应向监理人提交分包合同副本
   D. 不需向发包人和监理人提交分包合同副本

40. 根据《标准设计施工总承包合同》,对于发包人要求中的错误,正确的处理方式是在订立合同时( )。
   A. 选用无条件补偿条款或有条件补偿条款
   B. 将无条件补偿条款写入专用条款
   C. 将有条件补偿条款写入专用条款
   D. 明确复核未发现原始数据错误造成的损失由承包人承担

41. 根据《标准设计施工总承包合同》,投保工伤险和人身意外伤害险的正确做法是( )。
   A. 承包人和分包人应投保,发包人和监理人不需要投保
   B. 承包人、分包人及监理人应投保,发包人不需要投保
   C. 承包人和监理人应投保,发包人和分包人不需要投保
   D. 发包人、监理人、承包人和分包人均应投保

42. 根据《标准设计施工总承包合同》,"变更管理"的正确程序是( )。
   A. 发包人发出变更指示—承包人提交实施方案—监理人审批方案—监理人签发变更指令
   B. 监理人发出变更意向书—承包人提交实施方案—监理人审批方案—监理人签发变更指令
   C. 监理人发出变更意向书—承包人提交实施方案—发包人同意实施方案—监理人签发变更指令
   D. 发包人发出变更意向书—承包人提交实施方案—发包人同意实施方案—监理人签发变更指令

43. 根据《标准设计施工总承包合同》，工程实施中应给予承包人延长工期、增加费用并支付合理利润的情形是( )。
    A. 发包人提供的材料不符合要求　　B. 监理人的指示错误
    C. 不可预见的物质条件　　　　　　D. 异常恶劣的气候条件

44. 材料采购合同履行中，若当事人没有约定材料交付地点或者约定不明确，则首先应考虑的处理方式是( )。
    A. 按合同有关条款执行　　B. 按交易习惯确定
    C. 执行买受人要求　　　　D. 达成补充协议

45. 材料采购合同履行中，可用来验收现场交货材料数量的方法是( )。
    A. 衡量法　　B. 经验鉴别法　　C. 物理检验法　　D. 化学分析法

46. 材料采购合同履行中，支付货款的条件是( )。
    A. 转账结算或托收承付　　B. 托收承付或验单付款
    C. 验单付款或验货付款　　D. 验货付款或转账结算

47. 设备采购合同履行中，对于木质包装材料，需要按规定预先进行( )处理。
    A. 熏蒸　　B. 刷漆　　C. 封蜡　　D. 烘干

48. 根据FIDIC《土木工程施工合同条件》，可以调整合同约定单位的条件之一是：与工程量清单中估价工程量相比，实际计量的工程量变化超过( )。
    A. 5%　　B. 10%　　C. 15%　　D. 20%

49. 根据FIDIC《土木工程施工合同条件》，保留金在工程师颁发( )后分两次返还。
    A. 工程履约证书和移交证书　　　　B. 工程移交证书和接收证书
    C. 缺陷责任期终止证书和工程接收证书　D. 工程接收证书和履约证书

50. 风险型建筑工程管理的合同计价方式是( )。
    A. 采用成本加酬金的计价方式，建筑工程管理承包人可赚取总包、分包合同的差价
    B. 采用成本加酬金的计价方式，建筑工程管理承包人不赚取总包、分包合同的差价
    C. 采用固定总价的计价方式，建筑工程管理承包人可赚取总包、分包合同的差价
    D. 采用固定总价的计价方式，建筑工程管理承包人不赚取总包、分包合同的差价

二、多项选择题(共30题，每题2分。每题的备选项中有2个或2个以上符合题意，至少有1个错项。错选，本题不得分；少选，所选的每个选项得0.5分)

51. 合同法律关系主体是指享有相应权利、承担相应义务的合同当事人，包括( )。
    A. 自然人　　　　　　B. 企业法定代表人
    C. 企业法人　　　　　D. 非企业法人
    E. 其他组织

52. 能够引起合同法律关系产生、变更和消灭的法律事实有( )。
    A. 合同当事人违约　　B. 代理发生变化
    C. 法院判决　　　　　D. 仲裁机构裁定
    E. 物价正常波动

53. 根据代理权产生的依据不同，代理可分为( )。
    A. 招标代理　　　　　B. 委托代理

C. 法定代理
D. 追加代理
E. 指定代理

54. 根据《担保法》，同一财产向两个以上债权人抵押的，拍卖、变卖抵押财产所得价款，债权人受偿的原则有（　　）。
   A. 抵押权已登记的、顺序相同的，按照债权比例受偿
   B. 抵押权无论是否登记，均按照债权比例受偿
   C. 抵押权已登记的，先给未登记的受偿
   D. 抵押权已登记的，按照登记的先后顺序受偿
   E. 抵押权未登记的，按照债权比例受偿

55. 招标人自行组织招标应具备的条件和能力（　　）。
   A. 有与招标工程规模和复杂程度相应的经历
   B. 有与招标工程规模和复杂程度相适应的专业人员
   C. 有办理招标手续的人员及能力
   D. 有编制招标文件的能力
   E. 有组织评标的能力

56. 在建设工程施工招标投标过程中，可以没收投标保证金的情形有（　　）。
   A. 投标截止日期前，投标人撤回投标文件的
   B. 投标人在投标有效期内撤销投标文件的
   C. 收到中标通知书后，中标人无正当理由拒绝签订合同的
   D. 收到中标通知书后，未按招标文件规定提交履约担保的
   E. 未中标投标人在中标公示期满对评标结果有异议的

57. 根据《标准施工招标文件》，应当进行重新招标的情形有（　　）。
   A. 投标截止时间后，招标人不同意开标的
   B. 投标截止时间止，投标人少于3家的
   C. 投标人投诉中标人的
   D. 经评标委员会评审后否决所有投标的
   E. 招标人不接受评标评审结果的

58. 建设工程施工招标初步评审过程中，应判定为废标的情形有（　　）。
   A. 投标文件中大写金额与小写金额不一致的
   B. 投标文件中总价金额与单价金额不一致的
   C. 不同投标人的投标文件异常一致的
   D. 不同投标人的投标保证金从同一单位的账户转出的
   E. 不按评标委员会要求澄清、说明或补正投标文件偏差的

59. 根据《标准施工招标文件》，下列关于建设工程施工评标的说法，正确的有（　　）。
   A. 评标过程可分为初步评审和详细评审两个阶段
   B. 初步评审检查投标书是否对招标文件做出实质性响应
   C. 评标委员会不得主动提出对投标文件澄清或补正要求
   D. 初步评审有不符合评审标准的，在进行详细评审后再处理

E. 招标文件没有说明的评标标准和方法不得作为评标依据

60. 根据《标准施工招标文件》,不应作为评标委员会专家的人员有( )。
    A. 招标人代表
    B. 招标工程项目主管部门代表
    C. 行政监督部门代表
    D. 投标人参股公司的代表
    E. 总监理工程师

61. 世界银行贷款项目采购招标采用的评标价法,除投标价外的评审要素还应有( )。
    A. 运输费用
    B. 技术性能,维修运行费
    C. 售后服务
    D. 标准备件
    E. 企业财务状况及银行信用

62. 关于大型工程设备采购招标中交货期的说法,下列正确的是( )。
    A. 设备制造厂家生产计划是否合理
    B. 允许交货时间与招标文件要求的时间有一定的偏差
    C. 如果交货时间不能接受,视为非响应投标
    D. 提前交货不考虑降价评标价
    E. "投标资料表"中规定的备品备件能否与主机设备同时交货

63. 下列项目勘察设计文件经有关部门批准后,可以直接发包的是( )。
    A. 房地产开发项目
    B. 高速公路项目
    C. 采用特定专利或专有技术的项目
    D. 市政给水排水项目
    E. 建筑造型有特殊要求的项目

64. 在工程设计合同履行过程中,发包人的责任有( )。
    A. 监督设计人有序开展设计工作
    B. 提供必要的现场工作条件
    C. 负责与设计相关的外部协调工作
    D. 保护设计人的知识产权
    E. 控制工程设计概算

65. 工程设计合同约定发包人承担违约责任的情形有( )。
    A. 设计审批工作延误
    B. 设计工作内容变更
    C. 经设计人同意,委托其他人变更设计
    D. 延误支付设计费
    E. 非设计人原因要求解除合同

66. 根据《标准施工合同》,合同协议书中需要明确填写的内容有( )。
    A. 签约合同价
    B. 合同工期
    C. 双方义务
    D. 质量标准
    E. 项目经理人选

67. 根据《标准施工合同》,关于市场物价浮动对合同价格影响的说法错误的有( )。
    A. 工期12个月以上的施工合同,应设有调价条款
    B. 发包人和承包人共同分担市场价格变化风险
    C. 施工合同价格可采用票据法进行调整
    D. 调整价格的方法适用于工程量清单中所有工程款
    E. 总价支付部分不考虑物价浮动对合同价格的调整

68. 根据《标准施工合同》,保险的正确处理方式有( )。

A. 发、承包双方应分别为自己在现场所有人员投保人身意外和伤害险
B. 发包人应以自己的名义投保工程设备险
C. 承包人应以自己的名义投保施工设备险
D. 发包人应为履行合同的本方人员缴纳工伤保险费
E. 承包人应以自己的名义投保进场材料险

69. 根据《标准施工合同》，工程施工准备阶段承包人应履行的义务有（　　）。
A. 收集地下管线资料　　　　　　B. 建立专门的质量检查体系
C. 测施工控制网　　　　　　　　D. 组织施工图纸会审
E. 提交工程开工报审表

70. 根据《标准施工合同》，关于暂估价的说法，下列正确的有（　　）。
A. 暂估价中涉及的专业工程一定会实施
B. 暂估价是签约合同价的组成部分
C. 暂估价中涉及的专业工程不需要进行招标
D. 暂估价金额需要在合同履行阶段最终确定
E. 暂估价金额由监理人控制使用

71. 根据《标准施工合同》，承包人的施工安全责任有（　　）。
A. 赔偿工程对土地占有所造成的第三者财产损失
B. 编制施工安全措施计划
C. 制定施工安全操作规程
D. 配备必要的安全生产和劳动保护措施
E. 赔偿施工现场所有人员工伤事故损失

72. 根据《标准施工合同》，关于单位工程验收的说法，下列正确的有（　　）。
A. 移交后的单位工程由发包人负责照管
B. 所有单位工程均在工程竣工时一并验收
C. 单位工程验收应由发包人组织
D. 单位工程验收成果和结论应作为全部工程竣工验收申请报告的附件
E. 单位工程验收合格后，应由监理人出具经发包人签认的单位工程验收证书

73. 根据《标准设计施工总承包合同》，关于承包人的说法，下列正确的有（　　）。
A. 总承包合同的承包人必须是联合体
B. 联合体协议经发包人确认后作为合同附件
C. 合同履行过程中，监理人仅与联合体牵头人联系
D. 承包人不得擅自改变联合体组成和修改联合体协议
E. 联合体组成和内部分工是重要的评标内容

74. 根据《标准设计施工总承包合同》，承包人建议书应包括的内容有（　　）。
A. 工程设计方案　　　　　　　　B. 工程施工方案
C. 工程分包方案　　　　　　　　D. 工程报价清单
E. 工程质量标准

75. 根据《标准设计施工总承包合同》，承包人在编制进度款支付分解表时，对拟支付的款

项进行分解应考虑的因素有( )。
    A. 工程效率   B. 费用性质
    C. 计划发生时间   D. 相应工程量
    E. 人员安排

76. 根据《标准设计施工总承包合同》，关于竣工后试验的说法，下列正确的有( )。
    A. 发包人应将竣工后试验的日期提前21天通知承包人
    B. 发包人在场的情况下承包人进行竣工后试验
    C. 竣工后，试验由监理人组织发包人和承包人进行
    D. 监理人在竣工后试验合格时向承包人签发工程接收证书
    E. 竣工后，试验通常在缺陷责任期内工程稳定运行一段时间后进行

77. 建设工程材料设备采用非即时买卖合同的种类有( )。
    A. 货样买卖   B. 分期交付买卖
    C. 试用买卖   D. 异地交付买卖
    E. 分期付款买卖

78. 根据《机电产品采购国际竞争性招标文件》，卖方应在设备包装箱相邻的四面用不可擦除的油漆和明显的英语字样标出该包装箱的( )。
    A. 重心   B. 合同号
    C. 目的港   D. 起吊点
    E. 发货标记

79. 根据FIDIC《土木工程施工合同条件》，为了不损害承包人的合法利益，关于指定分包人的说法，下列正确的有( )。
    A. 指定分包人的工作内容由工程师和承包人协商确定
    B. 承包人对指定分包人的违约不承担责任
    C. 给指定分包人支付工程款不从承包人的中标价中支出
    D. 承包人对指定分包人的施工协调收取相应的管理费
    E. 招标文件中已说明指定分包人的工作内容

80. 根据英国NEC(New Engineering Contract)《工程施工合同》，关于风险预警机制早期警告的说法，下列正确的是( )。
    A. 项目经理和承包人可以要求召开早期预警会议
    B. 早期预警会议应由雇主主持
    C. 可以邀请地方行政机关代表参加会议
    D. 项目经理应对会议做出的决定记录在案，会后发给承包人
    E. 承包人未对某事件发出早期警告的，可适当减少承包人应得的补偿

答案：

一、单项选择题
1. C   2. B   3. C   4. D   5. A   6. A   7. C   8. B   9. C   10. A
11. D   12. A   13. D   14. B   15. D   16. D   17. B   18. D   19. B   20. C

21. D 22. D 23. C 24. C 25. B 26. D 27. A 28. B 29. D 30. A
31. C 32. B 33. C 34. D 35. A 36. C 37. C 38. C 39. B 40. A
41. D 42. C 43. B 44. D 45. A 46. C 47. A 48. B 49. D 50. B

二、多项选择题

51. ACDE 52. ACD   53. BCE   54. ACDE 55. BDE   56. BCD   57. BD
58. CDE   59. ABE   60. BCD   61. ABCD 62. BCD   63. CE   64. BCD
65. ADE   66. ABDE 67. CD   68. ACD   69. BCE   70. ABD   71. BCD
72. ACDE 73. BDE   74. AC   75. BCD   76. ABE   77. ABCE 78. BCE
79. BDE   80. ACD

附录二 APPENDIX TWO
2016年监理工程师合同管理考试题及答案

一、单项选择题(共50题,每题1分。每题的备选项中,只有1个最符合题意)

1. 市场经济主要是依据(　　)规范当事人的交易行为。
   A. 行政手段　　　B. 合同　　　C. 诚信　　　D. 道德

2. 根据《民法通则》,自然人作为合同法律关系主体必须具备的条件是(　　)。
   A. 取得相应的执业资格证书
   B. 有依法成立的公司
   C. 具有中华人民共和国国籍
   D. 具备相应的民事权利能力和民事行为能力

3. 下列合同中,合同法律关系客体属于物的是(　　)。
   A. 借款合同　　　　　　　　B. 勘察合同
   C. 施工合同　　　　　　　　D. 技术转让合同

4. 下列引起合同法律关系产生、变更与消灭的法律事实仲裁,属于"行为"的是(　　)。
   A. 因国际禁运解除进口设备运输合同
   B. 因战争导致在建工程合同工期延长
   C. 因建设意图改变,建设单位和施工单位协商变更工程承包范围
   D. 因工程所在地山体滑坡,建设单位和施工单位协商解除合同

5. 施工企业法定代表人授权项目经理进行工程项目投标,中标后的合同义务由(　　)承担。
   A. 施工企业法定代表人　　　B. 拟派项目经理
   C. 施工项目部　　　　　　　D. 施工企业

6. 公司甲以其自有办公楼作为抵押物为公司乙向银行申请贷款,并在登记机关办理了抵押登记,该担保法律关系中,抵押人为(　　)。
   A. 公司甲　　　B. 公司乙　　　C. 银行　　　D. 登记机关

7. 某施工招标项目投标截止日为4月30日,评标时间为5个工作日,招标人发出中标通知书的时间为5月15日,招标人与中标人签订的合同时间为6月14日,则该项目施工投标保证的有效期截止时间为( )。
   A. 4月30日　　　　B. 5月5日　　　　C. 5月15日　　　　D. 6月14日

8. 某工程投保了建设工程一切险,在施工期间现场发生下列事件造成损失,保险人负责赔偿的事件是( )。
   A. 大雨造成现场档案资料损毁　　　　B. 雷电击毁现场施工用配电柜
   C. 设计错误导致部分工程拆除重建　　D. 施工机械过度磨损需要停工检修

9. 在编制施工招标项目的资格预审文件和招标文件时,必须不加修改地引用《标准施工招标资格预审文件》和《标准施工招标文件》中的( )。
   A. 申请人须知前附表　　　　B. 资格审查办法
   C. 投标人须知前附表　　　　D. 资格预审公告

10. 根据《招标投标法实施条例》,招标人可以采用两阶段招标的项目是( )。
    A. 建设规模100万m²以上,建设周期3年以上的项目
    B. 项目初步设计已完成但施工图设计尚未完成的项目
    C. 技术复杂或者无法精确拟定技术规范的项目
    D. 构成内容多且专业性强的大型项目

11. 招标项目设有标底的,标底应当在( )时公布。
    A. 公布招标公告　　B. 发售招标文件　　C. 开标　　D. 评标

12. 某招标项目,招标人在原定投标截止之日前10天发出最后一份书面答疑文件,则此时投标截止时间至少延长( )天。
    A. 5　　　　B. 10　　　　C. 15　　　　D. 20

13. 关于延长投标有效期的说法,错误的是( )。
    A. 需要延长投标有效期时,招标人应以书面形式通知所有投标人
    B. 投标人统一延长投标有效期,其投标保证金的有效期相应延长
    C. 投标人可以拒绝延长投标有效期,但会失去参与投标竞争的资格
    D. 投标人拒绝延长投标有效期的,无权收回投标保证金

14. 根据《招标投标法》,投标人可以在( )期间撤回标书并收回投标保证金。
    A. 收到中标通知书至签订合同　　B. 评标结束至确定中标人
    C. 开标至评标结束　　　　　　　D. 提交标书至投标截止时间

15. 根据《标准施工招标资格预审文件》,应在资格预审初步审查阶段对投标申请人审查的内容是( )。
    A. 提供资料的有效性和完整性　　B. 企业资质条件
    C. 拟派项目经理资格　　　　　　D. 企业类似工程业绩

16. 施工评标中,审查投标人名称与资质证书的名称是否一致,属于( )评审的内容。
    A. 资格　　　　B. 程序　　　　C. 响应性　　　　D. 形式

17. 根据《标准施工招标文件》,对于大型复杂工程,有特殊专业施工技术和经验要求的施工招标,宜采用的评标方法是( )。

A. 最低投标价法   B. 经评审的最低投标价法
C. 最合理报价评审法   D. 综合评估法

18. 在施工评标过程中,发现投标报价大写金额与小写金额不一致时,评标委员会正确的处理办法是(　　)。
   A. 以小写金额为准修正投标报价并经投标人书面确认
   B. 以大写金额为准修正投标报价并经投标人书面确认
   C. 由投标人书面澄清,按大写或按小写来计算投标报价
   D. 将该投标文件直接作废标处理

19. 某采用经评审的最低投标价法评标的项目,其评标价比较如下表所示。则第一中标候选人的评标价格和投标报价分别为(　　)万元。

投标人	甲	乙	丙
投标报价(万元)	3200	3500	3400
××××(万元)	0	−100	−50
××××(万元)	160	−50	20

  A. 3200 和 3200   B. 3360 和 3200   C. 3350 和 3500   D. 3370 和 3400

20. 对复杂而又缺乏经验的工程设计,可采用三阶段设计,一般不单独进行(　　)招标。
   A. 概念设计   B. 初步设计   C. 技术设计   D. 施工图设计

21. 设计评标时,设计进度计划评审的主要设计进度计划(　　)。
   A. 满足边设计边施工的要求
   B. 有利于加快施工进度
   C. 与工程勘察实际进度同步
   D. 满足招标人指定的项目建设进度计划要求

22. 制订工程材料设备采购招标工作方案时,分阶段招标的计划应以(　　)为关键约束条件。
   A. 最大限度减少资金时间价值   B. 到货时间满足施工进度计划
   C. 采购资金落实到位情况   D. 保证库存周期最短

23. 根据勘察设计管理的规定,不得承接某专业工程设计业务的是取得(　　)的企业。
   A. 工程设计综合资质   B. 本专业所属行业相应等级设计资质
   C. 本专业所属行业更高等级设计资质   D. 工程设计专项资质

24. 根据《建设工程勘察合同(示范文本)》,若有毒、有害等危险勘察现场作业需要看守时,应由(　　)安排人员负责安全保卫工作。
   A. 发包人   B. 勘察人   C. 监理人   D. 项目施工单位

25. 根据《建设工程设计合同(示范文本)》,下列关于违约责任的说法,正确的是(　　)。
   A. 发包人要求终止合同,设计人未开始工作的,不退还定金
   B. 合同生效后,设计人要求终止合同的,应全额返还定金
   C. 发包人上级部门对设计文件不审批导致项目停建,设计人应减收设计费
   D. 因设计错误导致工程质量事故的,设计人应免收工程全部设计费

26. 根据《标准施工合同》,合同附件格式包括(　　)。
   A. 项目经理任命书　B. 合同协议书　　　C. 工程设备表　　　D. 建筑材料表

27. 根据《标准施工合同》,关于预付款担保方式及生效的说法,下列正确的是(　　)。
   A. 采用无条件担保方式,并自预付款支付给承包人起生效
   B. 采用有条件担保方式,并自预付款支付给承包人起生效
   C. 采用无条件担保方式,并自合同协议书签订之日起生效
   D. 采用有条件担保方式,并自合同协议书签订之日起生效

28. 根据《标准施工合同》,当中标通知书、图纸和专用合同条款出现含义或内容矛盾时,合同文件的优先解释的顺序是(　　)。
   A. 图纸→专用合同条款→中标通知书　　B. 图纸→中标通知书→专用合同条款
   C. 中标通知书→图纸→专用合同条款　　D. 中标通知书→专用合同条款→图纸

29. 为了明确划分由于政策法规变化或市场物价浮动对合同价格影响的责任,《标准施工合同》中的通用条款规定的基准日期是指(　　)。
   A. 投标截止日前第 14 天　　　　　　B. 投标截止日前第 28 天
   C. 招标公告发布之日前第 14 天　　　D. 招标公告发布之日前第 28 天

30. 根据《标准施工合同》,投保"建筑工程一切险"的正确做法是(　　)。
   A. 承包人负责投保,并承担办理保险的费用
   B. 发包人负责投保,并承担办理保险的费用
   C. 承包人负责投保,发包人承担办理保险的费用
   D. 发包人负责投保,承包人承担办理保险的费用

31. 根据《标准施工合同》,发包人在工程施工准备阶段的义务是(　　)。
   A. 组织施工单位测设施工控制网　　B. 组织监理单位编制施工组织设计
   C. 组织设计单位进行设计交底　　　D. 组织监察单位进行现场勘查

32. 根据《标准施工合同》,合同工期应自(　　)载明开工日起计算。
   A. 发包人发出的中标通知书　　B. 监理人发出的开工通知
   C. 合同双方签订的合同协议书　D. 监理人批准的施工进度计划

33. 根据《标准施工合同》,因承包人原因逾期竣工时,承包人应支付逾期竣工违约金,最高赔偿限额为(　　)。
   A. 工程结算价的 2%　　　　B. 签约合同价的 2%
   C. 工程结算价的 3%　　　　D. 签约合同价的 3%

34. 根据《标准施工合同》,对于发包人提供的材料和工程设备,承包人应在约定时间内(　　)共同进行验收。
   A. 会同监理人在交货地点　　　　　B. 会同发包人代表、监理人在交货地点
   C. 会同监理人在施工现场　　　　　D. 会同发包人代表、监理人在施工现场

35. 根据《标准施工合同》,因承包人原因未在约定的工期内竣工时,原约定竣工日的价格指数和实际支付日的价格指数会有所不同,后续支付时应将(　　)作为支付计算的价格指数。
   A. 两个价格指数中的较高者　　　　B. 两个价格指数的均值

C. 两个价格指数中的较低者　　　　　D. 两个价格指数按约定计算的均值

36. 在工程施工过程中,对于变更工作的单价在已标价工程量清单中无法适用或类似子目时,应由监理人按照( )的原则商定或确定。
   A. 成本加酬金　　　　　　　　　　B. 成本加利润
   C. 成本加规费　　　　　　　　　　D. 直接成本加间接成本

37. 根据《标准施工合同》,发包人在收到承包人竣工验收申请报告( )天后未进行验收,视为验收合格。
   A. 14　　　　B. 28　　　　C. 42　　　　D. 56

38. 建设工程采用设计施工总承包模式的优点有( )。
   A. 减少设计变更　　　　　　　　　B. 易获得最优设计方案
   C. 加强发包人对承包人的监督　　　D. 减少承包人的风险

39. 根据《标准施工总承包招标文件》中的《合同条款及格式》,下列文件中,属于设计施工总承包合同组成文件的是( )。
   A. 工程量清单　　B. 发包人要求　　C. 单位分析表　　D. 发包人建议

40. 建设工程设计施工总承包合同中"承包人文件"最重要的组成内容是( )。
   A. 价格清单　　B. 分析软件　　C. 设计文件　　D. 计算书

41. 根据《标准施工总承包招标文件》中的《合同条款及格式》,承包人应保证其投保需第三者责任险在( )前一直有效。
   A. 签发工程验收证书　　　　　　　B. 出具最终结清证书
   C. 提交竣工验收报告　　　　　　　D. 颁发缺陷责任期终止证书

42. 根据《标准施工总承包招标文件》中的《合同条款及格式》,承包人应根据价格清单中的价格构成、费用性质、计划发生时间和相应工作量等因素编制( )。
   A. 工程进度款支付分解表　　　　　B. 投资计划使用分配表
   C. 工程进度款使用计划表　　　　　D. 建设资金平衡表

43. 根据《标准施工总承包招标文件》中的《合同条款及格式》,竣工试验分三阶段进行,其中第一阶段进行的是( )。
   A. 联动试车　　　　　　　　　　　B. 保证工程满足合同要求的试验
   C. 功能性试验　　　　　　　　　　D. 产能及环保指标测试

44. 建设工程材料设备采购合同属于买卖合同,除法律有特殊规定外,作为合同成立的条件是( )。
   A. 标的物交付　　　　　　　　　　B. 当事人之间意思表示一致
   C. 货款交付　　　　　　　　　　　D. 材料设备所有权转移

45. 对于需要进行抽样检查的工程材料,应在材料采购合同中约定的内容有( )。
   A. 抽检比例和取样方法　　　　　　B. 抽检数量和检测方法
   C. 检测方法和抽检比例　　　　　　D. 取样方法和抽检数量

46. 材料采购合同履行中,可采用判定现场交货材料质量是否符合要求的方法是( )。
   A. 类比衡量法　　B. 理论换算法　　C. 尾差分析法　　D. 经验鉴别法

47. 在设备采购合同履行中,卖方根据合同规定承担的与供货有关的辅助服务称为( )。

A. 附加服务 B. 额外服务
C. 伴随服务 D. 增至服务

48. FIDIC《施工合同条件》中的"助手"相当于我国工程项目管理中的（　　）。
   A. 专业监理工程师 B. 建设单位代表
   C. 监理员 D. 施工项目技术负责人

49. 根据FIDIC《施工合同条件》，关于指定分包人的说法，下列正确的是（　　）。
   A. 承包人部分拒绝与雇主选定的分包单位签订指定分包合同
   B. 承包人对指定分包人的施工协调收取相应管理费
   C. 在施工合同履行过程中，雇主可根据需要指定分包内容
   D. 承包人对指定分包人的违约承担连带责任

50. 根据NEC《工程施工合同》，对于签订合同时价格已经确定的合同属于（　　）。
   A. 目标合同 B. 标价合同 C. 管理合同 D. 成本补偿合同

二、多项选择题（共30题，每题2分。每题的备选项中有2个或2个以上符合题意，至少有1个错项。错选，本题不得分；少选，所选的每个选项得0.5分）

51. 在下列施工合同条款中，属于合同法律关系内容的有（　　）。
    A. 发包人名称 B. 承包人名称
    C. 发、承包项目名称 D. 提供施工场地的约定
    E. 工程价款结算的约定

52. 关于无权代理的说法，下列正确的有（　　）。
    A. 超越代理权限而为的"代理"行为属于无权代理
    B. 代理权终止后的"代理"行为的后果直接归属"被代理人"
    C. 对无权代理行为，"被代理人"可以行使"追认权"
    D. 无权代理行为按一定程序可以转化为合法代理行为
    E. 无权代理行为由行为人承担民事责任

53. 根据《担保法》，保证合同对担保范围设有约定时，保证担保的范围包括（　　）。
    A. 主债权及利息 B. 违约金
    C. 行政罚款 D. 损害赔偿金
    E. 实现债权的费用

54. 在项目实施过程中发生下列情况时，发包人可以凭施工履约保证索取保证金的有（　　）。
    A. 中标人在签订合同时向招标人提出附加条件
    B. 承包人在施工过程中毁约
    C. 发生不可抗力导致合同无法履行
    D. 承包人破产、倒闭使合同不能履行
    E. 因宏观经济形势变化，发包人要求推迟完工时间

55. 关于施工招标资格预审和资格后审的说法，下列正确的有（　　）。
    A. 两者均是考查投标人是否具备圆满完成招标工程地施工能力
    B. 通过资格预审的，在评标过程中不须对投标人资格进行复查

C. 资格后审在评标后定标前进行
D. 资格后审和资格预审的时间不同
E. 资格后审的内容比资格预审少

56. 采用两阶段招标的项目,关于第二阶段的说法,正确的有(　　)。
    A. 第二阶段开标会上只宣读修改后的技术标
    B. 第二阶段评标不再召开投标书问题澄清会
    C. 未按第一阶段提出的要求进行修改的标书将被淘汰
    D. 第二阶段评标的重点是各投标人的投标报价
    E. 第二阶段要对各投标人的投标报价进行评审

57. 下列文件中,属于招标文件组成内容的有(　　)。
    A. 投标人针对招标文件提出的质疑
    B. 投标预备会的会议纪要
    C. 对投标人质疑的书面解答
    D. 招标人发布的资格预审公告
    E. 招标人对投标文件的修改

58. 关于投标预备会的说法,正确的有(　　)。
    A. 投标预备会是法定的招标程序
    B. 投标预备会上应进行招标工程交底
    C. 投标预备会由工程监理单位组织召开
    D. 投标预备会应澄清投标人提出的质疑
    E. 投标预备会后投标人不得再提出质疑的问题

59. 根据《标准施工招标资格预审文件》,在下列单位中,将被拒绝作为资格预审申请人的有(　　)。
    A. 承担本标段设计任务的设计施工总承包单位
    B. 本标段的监理人
    C. 与本标段招标代理机构同为一个法定代表人的单位
    D. 与招标人同属一个行政主管部门的单位
    E. 招标人不具备独立法人资格的附属机构

60. 根据《招标投标法实施条例》,在下列情形中,将被视为投标人相互串通的有(　　)。
    A. 投标人的投标报价与招标标底一致
    B. 不同投标人的投标文件由同一单位编制
    C. 不同投标人委托同一单位办理投标事宜
    D. 不同投标人的投标函格式相同
    E. 不同投标人的投标文件异常一致

61. 关于经评审的最低投标价法的说法,下列正确的有(　　)。
    A. 该方法适用于具有通用技术、性能标准没有特殊要求的项目评标
    B. 该方法一般将投标人施工组成设计审查放在初步评审阶段
    C. 中标人应按其经评审的最低投标价与招标人签订合同
    D. 投标人不得在标书中以若中标可以优惠降低的方式提出两个报价
    E. 投标人可以低于成本的价格报价

62. 国有资金控股必须依法招标的项目,招标人可以选择排名第二的中标候选人为中标人的情形有( )。
    A. 排名第一的中标候选人放弃中标
    B. 排名第一的中标候选人因不可抗力提出不能履行合同
    C. 招标人认为排名第一的中标候选人价格提高
    D. 第一中标候选人未按招标文件要求提交合约保证金
    E. 第一中标候选人为接受招标人提出缩短工期要求

63. 机电设备采购招标范围的伴随服务内容包括( )。
    A. 负责所供货的设备监造
    B. 提供货物组装和维修所需的专用工具
    C. 提供详细的操作和维护手册
    D. 监管施工承包人的设备安装并对安装质量负责
    E. 对买方的维修、运行和管理人员进行培训

64. 建设工程勘察合同委托的工作内容有( )。
    A. 工程放线测量   B. 大地测量
    C. 结算工程量测量   D. 水文地质勘察
    E. 工程地质勘察

65. 根据《建设工程设计合同(示范文本)》,设计方的合同责任有( )。
    A. 保护设计方案、图纸、数据等知识产权
    B. 保证设计质量满足规定的标准和合同要求
    C. 施工图设计完成后报送建设行政主管部门审批
    D. 负责向发包人和施工单位进行设计交底
    E. 解决施工过程出现的设计问题

66. 根据《标准施工合同》,在合同协议书中需要明确填写的内容有( )。
    A. 施工工程或标段   B. 工程结算方式
    C. 质量标准   D. 合同组成文件
    E. 变更处理程序

67. 根据《标准施工合同》,如果承包人有专利技术且有相应设计资质,双方约定由承包人完成部分工程施工图设计时,需要在订立合同时明确的内容有( )。
    A. 发包人提交施工图审查的时间   B. 承包人的设计范围
    C. 承包人提交设计文件的期限   D. 承包人提交设计文件的数量
    E. 监理人签发图纸修改的期限

68. 如果投保工程一切险的保险金额少于工程实际价值,下列做法正确的有( )。
    A. 保险公司按投保的保险金额所占百分比赔偿实际损失
    B. 损失赔偿的不足部分由保险事件的风险责任方负责赔偿
    C. 永久工程损失赔偿的不足部分由发包人承担
    D. 已完成工程损失由承包人承担
    E. 施工设备和进场材料损失由保险公司承担

69. 根据《标准施工合同》,关于签约合同价的说法,下列正确的有(   )。
   A. 签约合同价不包括承包人利润
   B. 签约合同价即为中标价
   C. 签约合同价包含暂列金额、暂估价
   D. 签约合同价是承包方履行合同义务后应得的全部工程价款
   E. 签约合同价应在合同协议书中写明

70. 根据《标准施工合同》,下列关于工程计量的说法,正确的有(   )。
   A. 单价子目已完工程量按月计算
   B. 总价子目的计量支付不考虑市场价格浮动
   C. 总价子目已完工程量按月计算
   D. 总价子目表中标明的工程量通常不进行现场计量
   E. 总价子目表中标明的工程量通常不进行图纸计量

71. 根据《标准施工合同》,工程施工中承包人有权获得费用补偿和工期延期,并获得合理利润的情形有(   )。
   A. 发现文物、石化等的处理
   B. 发包人改变合同中任何一项工作的质量要求
   C. 发包人未按合同约定及时支付工程进度款导致暂停施工
   D. 隐蔽工程重新检验质量合格
   E. 不可抗力事件发生后的清理工作

72. 工程施工专业分包人与劳务分包人的区别有(   )。
   A. 保险责任不同   B. 安全生产管理职责不同
   C. 劳务人员管理方式不同   D. 施工组织不同
   E. 施工质量责任期限不同

73. 根据《标准设计施工总承包招标文件》中的《合同条款及格式》,下列关于联合体承包的说法,正确的有(   )。
   A. 联合体协议经监理人确认后作为合同附件
   B. 联合体牵头人负责组织和协调联合体成员全面履行合同
   C. 承包人可根据需要自行修改联合体协议
   D. 联合体的组织和内容分工是重要的评标内容
   E. 承包人可根据需要自选调整联合体组成

74. 根据《标准设计施工总承包招标文件》中的《合同条款及格式》,通常有两种约定形式,需要合同双方在专用条款中约定的内容有(   )。
   A. 施工场地临时道路通行权的取得   B. 材料和工程设备的提供方
   C. 计日工和暂估价的补偿方式   D. 施工图设计文件的提供方
   E. 竣工后试验的责任方

75. 根据《标准设计施工总承包招标文件》中的《合同条款及格式》,发包人应投保的保险有(   )。
   A. 职业责任险   B. 现场人员工伤保险

C. 第三者责任险 D. 设计和工程保险
E. 现场人员意外伤害保险

76. 根据《标准设计施工总承包招标文件》中的《合同条款及格式》，下列关于竣工验收及竣工后试验的说法，正确的有（　　）。
   A. 承包人应在竣工试验通过后按合同约定进行工程设备试运行
   B. 承包人应提前21天将申请竣工试验的通知送达监理人
   C. 工程验收合格后，发包人直接向承包人签发工程接收证书
   D. 竣工后试验通常在缺陷责任期内工程安全稳定运行一段时间后进行
   E. 工程接收证书中注明的实际竣工日期以验收合格的日期为准

77. 材料采购合同履行中，可用于现场交货数量验收的方法有（　　）。
   A. 磅差分析法 B. 查点法
   C. 经验鉴别法 D. 衡量法
   E. 理论换算法

78. 根据《机电产品采购国际竞争性招标文件》，卖方应在设备包装箱相邻的四面用不可擦除的油漆和明显的英语字样标出该设备的（　　）。
   A. 合同号 B. 目的港
   C. 出发港 D. 收货人编号
   E. 提单号

79. 根据FIDIC《施工合同条件》，保证金在工程款颁发（　　）后分次返还。
   A. 工程移交证书 B. 工程接受证书
   C. 履约证书 D. 缺陷责任期终止证书
   E. 工程保修

80. 下列关于风险CM模式的说法，正确的有（　　）。
   A. CM合同属于管理承包合同
   B. CM合同采用成本加酬金的计价方式
   C. CM承包人不赚取总包、分包合同的差价
   D. CM承包人属于专业咨询机构
   E. CM承包人在工程设计阶段参与合同管理

答案：

一、单项选择题

1. B	2. D	3. A	4. C	5. D	6. A	7. D	8. B	9. B	10. C
11. C	12. A	13. D	14. C	15. A	16. C	17. D	18. B	19. C	20. D
21. D	22. B	23. C	24. A	25. C	26. B	27. A	28. D	29. B	30. A
31. C	32. B	33. D	34. A	35. C	36. B	37. D	38. A	39. B	40. C
41. D	42. A	43. C	44. B	45. A	46. D	47. C	48. A	49. B	50. B

二、多项选择题

51. DE　　52. ACD　　53. ABDE　　54. BCDE　　55. ABD　　56. ACD　　57. BCE

58. BD	59. BCD	60. BCE	61. ABD	62. ABD	63. BCE	64. BDE
65. ABDE	66. ACD	67. BCDE	68. BC	69. BC	70. ABD	71. BCD
72. ADE	73. BD	74. ACE	75. BE	76. ABD	77. BDE	78. ABD
79. BC	80. ABC					

参 考 文 献

[1] 李文儒,杨永顺.实用公路工程监理指南[M].北京:人民交通出版社,2002.
[2] 雷俊卿.合同管理[M].北京:人民交通出版社,2001.
[3] 文德云.公路工程建设招标与投标[M].北京:人民交通出版社,2003.
[4] 张立波.公路工程项目管理实务全书[M].北京:中国环境科学出版社,2000.
[5] 交通运输部.公路工程标准施工招标文件(2018年版)[M].北京:人民交通出版社股份有限公司,2018.
[6] 吴浩,宿迟.最新合同法实务全书[M].北京:改革出版社,2004.
[7] 徐崇禄,董红梅.建设工程施工合同系列文本应用[M].北京:中国计划出版社,2003.
[8] 刘维庆,董书华.土木工程施工招标与投标[M].北京:人民交通出版社,2001.
[9] 方自虎.建设工程合同管理实务[M].北京:中国水利水电出版社,2005.
[10] 张起群,郭云开.公路工程监理工程师执业资格考试复习指南[M].北京:人民交通出版社,2005.
[11] 沈其明,等.公路工程合同管理索赔及案例分析[M].北京:人民交通出版社,2005.
[12] 卢谦编.建设工程招投标与合同管理[M].北京:中国水利水电出版社,2005.
[13] 田恒久.工程招投标与合同管理[M].北京:中国电力出版社,2004.
[14] 王清池,秦骧远.公路工程招标与投标指南[M].北京:人民交通出版社,2002.
[15] 邬晓光.公路工程施工招投标标书编制手册[M].北京:人民交通出版社,2004.
[16] 王利明,姚欢庆,张俊岩.合同法教程[M].北京:首都经济贸易大学出版社,2002.
[17] 王利明.民法[M].北京:中国人民大学出版社,2000.